U0793919

21世纪高等学校教材

普通高等教育汽车类专业（方向）系列教材

新能源汽车

主　编　臧　杰
副主编　张德生　余文明
参　编　朱荣福　范东溟
主　审　王青海

机械工业出版社

本教材以国内外常见的天然气汽车、液化石油气汽车、醇类汽车、生物柴油汽车、电动汽车等新能源汽车为例介绍其基本结构、工作原理、安装位置、总体布置、应用及发展方向、技术关键等知识，在一定的传统汽车知识的基础上，突出科技创新、技术改造、高新技术在新能源汽车制造业中的应用，注重体现工程实践和应用性，特别是维护内容与专业课结合，为学生就业拓宽途径，是《汽车构造》教材的后续教材。

本教材适用于车辆工程专业、汽车服务工程专业、交通运输专业教学使用，也可供汽车类工程技术人员及汽车爱好者使用。

为方便教学，本书配有 PPT 电子课件，位于机械工业出版社教材服务网上（www. cmpedu. com），向使用本书的授课教师免费提供。

图书在版编目（CIP）数据

新能源汽车/臧杰主编．—北京：机械工业出版社，2013. 4
（2024. 7 重印）
21 世纪高等学校教材　普通高等教育汽车类专业（方向）系列教材
ISBN 978-7-111-41287-8

Ⅰ．①新…　Ⅱ．①臧…　Ⅲ．①新能源—汽车—高等学校—教材
Ⅳ．①U469. 7

中国版本图书馆 CIP 数据核字（2013）第 016404 号

机械工业出版社（北京市百万庄大街 22 号　邮政编码 100037）
策划编辑：冯春生　责任编辑：冯春生　武　晋　王保家
版式设计：张　薇　责任校对：刘怡丹　樊钟英
封面设计：张　静　责任印制：单爱军
北京虎彩文化传播有限公司印刷
2024 年 7 月第 1 版第 12 次印刷
184mm × 260mm · 11. 75 印张 · 287 千字
标准书号：ISBN 978-7-111-41287-8
定价：35. 00 元

电话服务　　网络服务
客服电话：010-88361066　　机　工　官　网：www. cmpbook. com
010-88379833　　机　工　官　博：weibo. com/cmp1952
010-68326294　　金　书　网：www. golden-book. com
封底无防伪标均为盗版　　机工教育服务网：www. cmpedu. com

普通高等教育汽车类专业（方向）

教材编审委员会

序

汽车被称为“改变世界的机器”。由于汽车工业具有很强的产业关联度，因而被视为一个国家经济发展水平的重要标志。近10年来，我国汽车工业快速而稳步发展，汽车产量年均增长15%，是同期世界汽车产量增长量的10倍。汽车工业正在成为拉动我国经济增长的发动机。汽车工业的繁荣，使汽车及其相关产业的人才需求量大幅度增长。与此相应，作为人才培养主要基地的汽车工业高等教育也得到了长足发展。据不完全统计，迄今全国开办汽车类专业的高等院校已达百余所。

从未来发展趋势看，打造我国自主品牌、开发核心技术是我国汽车工业的必然选择，但当前我国汽车工业还处在以技术引进、加工制造为主的阶段，这就要求在人才培养时既要具有前瞻性，又要与我国实际情况相结合。要在注重培养具有自主开发能力的研究型人才的同时，大力培养知识、能力、素质结构具有鲜明的“理论基础扎实，专业知识面广，实践能力强，综合素质高，有较强的科技运用、推广、转换能力”特点的应用型人才。这也意味着对我国高等教育的办学体制、机制、模式和人才培养理念等提出了全新的要求。

为了满足新形势下对汽车类高等工程技术人才培养的需求，在中国机械工业教育协会机械工程及自动化学科教学委员会车辆工程分委员会的领导下，成立了教材编审委员会，组织制定了多个系列的普通高等教育教材。其中，为了解决高等教育应用型人才培养中教材短缺、滞后等问题，组织编写了“普通高等教育汽车类专业（方向）系列教材”。

本系列教材在学科体系上适应普通高等院校培养应用型人才的需求；在内容上注重介绍新技术和新工艺，强调实用性和工程概念，减少理论推导；在教学上强调加强实践环节。此外，本系列教材将力求做到：

1）全面性。目前本系列教材包括汽车设计与制造、汽车运用与维修、汽车服务工程、物流工程等专业方向，今后还将扩展专业领域，更全面地涵盖汽车类专业方向。

2）完整性。对于每一个专业方向，今后还将继续根据行业变化对教学提出的要求填平补齐，使之更加完善。

3）优质性。在教材编审委员会的领导下，继续优化每一本教材的规划、编审、出版和修订过程，让教材的生产过程逐步实现优质和高效。

4）服务性。根据需要，为教材配备CAI课件和教学辅助教材，召开新教材讲习班，在相应网站开设研讨专栏等。

相信本系列教材的出版将对我国汽车类专业的高等教育产生积极的影响，为我国汽车行业应用型人才培养模式作出有益的探索。由于我国汽车工业还处于快速发展阶段，对人才不断提出新的要求，这也就决定了高等教育的人才培养模式和教材建设也处于不断变革之中。我们衷心希望更多的高等院校加入本系列教材建设的队伍中来，使教材体系更加完善，以更好地为高等教育培养汽车专业人才服务。

中国汽车工程学会　常务理事
中国机械工业教育协会
车辆工程分委员会　副主任
林　逸

前　言

近年来随着我国汽车工业及汽车运用市场的高速发展，对节能与环保要求越来越高，新能源汽车已被列为我国汽车行业今后5年发展的重中之重，新能源汽车产业也被列为国家7个战略性新兴产业之一。预计到2020年，新能源汽车累计产销量达到500万辆。因此，需要有更多的学生从事新能源汽车的设计、制造、销售、运用、维护等工作，掌握新能源汽车构造已是必然。本教材就是为满足对汽车类高等工程技术人才培养的需求和发展而编写的。

本教材是《汽车构造》教材的后续教材，以国内外常见新能源汽车为例介绍其基本结构知识，在综合国内外最新相关资料的基础上介绍了相关的定义、结构原理、应用、特点和发展方向，在一定的常用汽车知识的基础上，突出科技创新、技术改造、高新技术应用到新能源汽车制造业中来，注重体现工程实践和应用性，特别是维护内容与专业课结合，为学生就业拓宽途径。

本书由臧杰任主编，王青海任主审，张德生、余文明任副主编。编写人员（分工）是：绪论（臧杰），第二章（余文明、臧杰），第三章（余文明），第四、五章（张德生），第六章（范东溟、臧杰），第七章（朱荣福），第八章（范东溟）。

由于水平有限，殷切期望广大读者对书中疏漏之处予以批评指正。

编　者

目　录

第一章 绪 论

第一节 新能源汽车概述

一、新能源汽车的定义

根据2009年中华人民共和国工业和信息化部公布的《新能源汽车生产企业及产品准入管理规则》的相关定义，新能源汽车是指采用非常规的车用燃料作为动力来源（或使用常规的车用燃料但采用新型车载动力装置），综合车辆的动力控制和驱动方面的先进技术形成的技术原理先进，具有新技术、新结构的汽车。非常规的车用燃料指除汽油、柴油以外的其他车用燃料，包括天然气（NG）、液化石油气（LPG）、生物燃料、氢燃料、乙醇汽油（EG）、甲醇、二甲醚、电能以及混合燃料等。

二、新能源汽车的分类

新能源汽车包括电动汽车（包括太阳能汽车）、气体燃料汽车、生物燃料汽车、氢气汽车及醚燃料汽车等。

1. 电动汽车

电动汽车包括纯电动汽车、混合动力汽车、燃料电池汽车。

纯电动汽车是由车载可充电蓄电池或其他能量储存装置提供电能，由电动机驱动的汽车。

混合动力汽车是能够从至少两类车载储能装置（传统的汽、柴油机和电池与电动机）中获得动力的汽车。

燃料电池汽车是由车载燃料电池提供电能，由电动机驱动的电动汽车。

2. 气体燃料汽车

气体燃料汽车是用压缩天然气、液化石油气和液化天然气作为燃料的汽车。

3. 生物燃料汽车

生物燃料汽车是燃用生物燃料或燃用掺有生物燃料的燃油的汽车。与传统汽车相比，生物燃料汽车结构上无大的改动，但其排放性能较好，如乙醇燃料汽车、生物柴油汽车等。

4. 氢气汽车

氢气汽车是以氢气为发动机燃料的汽车。

5. 醚燃料汽车

醚燃料汽车是以醚为燃料的汽车，具有高效率、低污染、无烟排放、冷起动和加速性能较好的特点，如二甲醚汽车等。

三、新能源汽车技术的管理方式

根据整车、系统及关键总成技术成熟程度，国家和行业标准完善程度以及产业化程度的不同，将新能源汽车产品所处阶段分为起步期、发展期和成熟期三个不同的技术阶段。

起步期产品是指技术原理的实现路径尚处于前期研究阶段，缺乏国家和行业有关标准，尚未具备产业化条件的产品。起步期产品只能进行小批量生产，在批准的区域、范围和条件下进行示范运行，并以适当的方式对全部车辆的运行状态进行实时监控。

发展期产品是指技术原理的实现路径基本明确，国家和行业标准尚未完善，初步具备产业化条件的产品。发展期产品允许进行批量生产，只能在批准的区域、期限、条件下销售、使用，并以适当的方式对销售车辆以不低于 20% 的比例进行运行状态实时监控。

成熟期产品是指技术原理的实现路径清晰，产品技术和生产技术成熟，国家和行业标准基本完备，可以进入产业化阶段的产品。成熟期产品与常规汽车产品的公告管理方式相同，在销售、使用上与常规道路机动车辆相同。

第二节 汽车工业面临的能源与环境问题

新能源汽车是低碳发展的必然选择，是汽车产业的发展趋势。

一、汽车与能源

目前世界汽车保有量约为 10 亿辆，预计到 2020 年全球汽车保有量将超过 12 亿辆，主要增幅来自发展中国家。国际能源机构（IEA）的统计数据表明，2001 年全球 57%的石油消费在交通领域（其中美国达到 67%），预计到 2020 年交通用油占全球石油总消耗的 62%以上。美国能源部预测，2020 年以后，全球石油需求与常规石油供给之间将出现净缺口，2050 年的供需缺口几乎相当于 2000 年世界石油总产量的两倍。

近 10 年，我国汽车工业一直保持高速增长态势，继 2009 年我国成为当年世界最大汽车市场后，2010 年又实现了 32% 的增长。2010 年全国汽车产销分别为 1826.47 万辆和 1806.19 万辆，产销量世界第一。2011 年我国实现汽车产销分别为 1841.89 万辆和 1850.51 万辆，同比分别微增 0.84%和 2.45%，我国汽车产销总量继续居全球第一位。我国历年汽车产销量如图 1-1 所示。相对于发达国家，我国目前的汽车人均保有量还很低，随着经济的快速增长，人们物质和文化生活水平的提高，可以预计我国汽车的产销量将持续保持快速增长的势头。

汽车消费的快速增长导致石油消耗快速增加。有资料显示，我国汽油消耗主要是汽车，约占 87%，汽车柴油消耗占 38%，所以汽油、柴油的来源——石油资源显得越来越重要。截至 2007 年底，全球可采石油探明储量为 1838.82 亿 t，其中中东占 56%，前苏联占 7%，北美占 15.6%，亚洲占 8.7%，欧洲占不足 4%；截至 2007 年底，世界天然气剩余探明可采储量为 177.10 万亿 m^3，全球煤炭探明储量为 8260 亿 t；全球能源可供使用年限，石油为 40 年，天然气为 65 年，煤炭为 162 年。我国已累计探明石油可采储量为 76.07 亿 t、天然气为 3.68 万亿 m^3，煤炭剩余可采储量为 900 亿 t。我国化石能源资源在世界已探明储量中，石油仅占 4.1%，天然气占 2.1%，煤炭占 10.1%，呈现“缺油、少气、多煤”的状况，但其

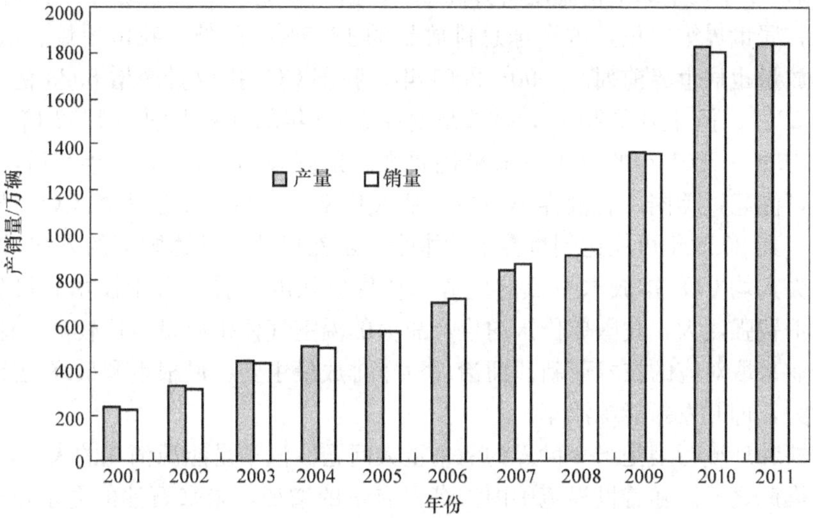

图 1-1 我国历年汽车产销量

产量占世界总产量的比例却分别高达 4.2%、1.5%和 33.5%。高速发展的经济导致石油大幅进口，自 1993 年起我国成为石油净进口国，对外依存度高达 40%，严重威胁着我国的能源安全。我国所面临的石油安全与汽车能源问题来势更猛，影响更大，挑战更加严峻。按传统汽车能源动力系统发展下去将不可持续，因此实现我国汽车能源动力系统转型是大势所趋。

二、汽车与环境

通常，汽车排放的污染物以及与交通源相关的主要污染物有：一氧化碳（CO）、氮氧化合物（NO_x）、碳氢化合物（包括苯、苯并［a］芘）和微粒等。这些一次污染物还会通过大气化学反应生成光化学烟雾、酸雨等二次污染。随着机动车保有量的持续增长，我国机动车污染物排放总量持续攀升。2003 年全国机动车碳氢化合物（HC）、一氧化碳（CO）和氮氧化物（NO_x）的排放量分别是 1995 年相应污染物排放总量的 2.51、2.05 和 3.01 倍。事实上，汽车所产生的空气污染物比任何其他单一的人类活动产生的空气污染物都多。全球因燃烧矿物燃料而产生的一氧化碳（CO）、碳氢化合物（HC）和氮氧化物（NO_x）的排放量，几乎 50%来自于汽油机和柴油机。柴油机颗粒物排放水平远高于汽油机，约为汽油机的 30～80 倍。柴油发动机颗粒物的排放会对大气环境产生巨大的负面影响。研究结果表明，柴油发动机排放颗粒物可能对人体肺部和脑部造成重大伤害，还可能发生遗传性基因突变。因此，各国都制定了严格的法规限制颗粒物排放浓度。

随着城市环境保护的进展，能源结构将会发生重大改变，即使每一辆车排放都合格，也不能保证城市的交通污染就一定能达到环境保护标准的要求。汽车排放污染将成为城市环境污染的主要污染源。

与此同时，能源消耗也是造成全球温室气体排放的主要来源之一，CO_2 是全球最重要的温室气体。大气中聚集了大量的温室气体使气候变暖。目前，全世界每年向大气排放的 CO_2 数量约为 50 亿 t。经预计，汽车尾气排放的 CO_2 总量从 1990 年的 29 亿 t 将增加到 2020 年的 60 亿 t。据测定，近一百多年来，全球平均气温已经提高了 0.5℃。大多数气候学家认为，今后50年，全球平均温度将升高3℃。据世界能源委员会统计，我国CO_2排放量仅次于美国，居世界第二位，占全球总排放量的13.5%。此外，我国甲烷、氧化亚氮等温室气体的排放量也居世界前列。1990～2001年，我国CO_2排放量净增8.23亿t，占世界同期增加量的27%；预计到2020年，排放量要在2000年的基础上增加1.32倍，这个增量要比全世界在1990～2001年的总排放增量还要大。预测表明，到2025年前后，我国的CO_2排放总量很可能超过美国，居世界第一位；从人均来看，目前我国人均CO_2排放量低于世界平均水平，到2025年可能达到世界平均水平，虽然仍低于发达国家的人均CO_2排放量水平，但已丧失人均CO_2排放水平低的优势。从排放强度来看，由于技术和设备相对陈旧、落后，能源消费强度大，我国单位国内生产总值的温室气体排放量也比较高。这些都要求必须对汽车产业采取对应的技术革新。而治理汽车排放最主要、最根本和最终的途径，就是改变汽车的动力，即开发新能源汽车。

能源短缺和环境污染是当今世界的两个重大问题。汽车是能源消耗的大户，同时也是环境的主要污染源之一。随着世界范围内汽车保有量的增加，未来石油的需求量会越来越大，环境污染也会越来越严重。为此，全球已达成共识：能源短缺和环境污染最终的解决之道不是限制汽车工业发展，而是寻找石油的替代品，开发新能源汽车。

第三节　新能源汽车的发展

新能源汽车的发展自19世纪末电动汽车诞生以来，在世界范围内经历过多次起落。

1881年，法国工程师Gustave Trouve装配了一辆以铅酸电池为动力的电动三轮车，由此引发电动车发展史上的变革，这比卡尔·本茨发明汽车还早了5年。19世纪末和20世纪初，电动汽车、内燃机汽车和蒸汽机汽车并行发展，电动汽车一度处于市场领先地位。在1881～1972年期间，电池技术进步缓慢，电池能量密度低，仅从1901年的18W·h/kg提高到33W·h/kg（只提高了0.8倍），无法满足大范围的交通出行需求，而内燃机技术水平的快速提高使得电动汽车逐步失去竞争优势，电动汽车逐步退出市场。1915年以后，随着美国、欧洲公路建设的大发展和内燃机汽车技术的不断进步，传统汽车逐步占据了主导地位。

1973年石油危机爆发，电动汽车再次受到高度关注，很多国家纷纷推出电动汽车发展计划。但此期间（1973～1989年），由于动力电池技术未取得重大突破，电池材料没有得到根本性改变（以铅酸电池为主），电池能量密度低（60W·h/kg以下，只提高了1.8倍），整车性能和成本无法满足消费者的需求，致使电动汽车发展缓慢，各国制定的发展目标大都没能实现。

随着汽车保有量的增加，环保压力促进混合动力汽车技术取得突破，1990～2004年，电动汽车逐步实现局部产业化。

石油短缺和全球变暖，促进新能源技术快速发展，2005年起，新能源汽车进入全面产业化初期推进阶段。

一、国外新能源汽车的发展

日本从20世纪70年代开始开发纯电动汽车。1971年三菱公司推出Minicab EV电动汽车，1997年后推出了装载镍氢、锂离子电池的第二代纯电动汽车。90年代末，丰田公司研制出

RAV-4 EV 型纯电动轿车，其动力装置是一台免维护的由 288V 镍氢电池（充电时间 5～6h）提供电能的 50kW 交流同步电动机，最高车速为 125km/h，续驶里程 215km。日产公司研制成功 Lunnet EV 5 座采用锂离子电池、最高车速为 120km/h、续驶里程为 230km 的纯电动轿车。2009 年日产公司在北京发布了 LEAF 纯电动轿车，该轿车采用锂离子电池，电池组的最大输出功率可以达到 90kW，电动机的输出功率则有 80kW，转矩峰值可以达到 280N·m。

然而由于技术与价格等方面的原因，纯电动汽车的产品开发向小型化发展，日本汽车企业选择了混合动力汽车作为重点发展方向。1997 年，丰田公司率先在日本推出了混合动力汽车 Prius。1999 年，本田公司率先在美国推出了混合动力汽车 Insight。2000 年，丰田公司将 Prius 推向了美国和欧洲的汽车市场。2002 年，本田公司在美国推出混合动力汽车 Civic。2005 年，丰田公司的雷克萨斯 RX 型越野型混合动力汽车也投放市场。混合动力汽车最先实现了产业化，其总销量已经达到 100 万辆以上，并开始赢利。日本在混合动力汽车技术领域处于世界领先地位。

2003 年起，日本对燃料电池汽车实施免税制度以鼓励其发展。日本丰田、本田、日产和马自达等汽车制造商已先后试制出燃料电池汽车。在日本燃料电池系统发展中，丰田公司处于领先地位。丰田公司的目标是开发能量转换效率达到传统汽油机 2.5 倍的燃料电池，且能和现用的汽（柴）油汽车一样方便地添加燃料。丰田公司于 1996 年 11 月推出了日本第一辆采用自制 PEMFC 装置和铅酸电池的混合电源系统、车速达到 100km/h 以上的燃料电池电动汽车。丰田-日野 FCHV-2 公共汽车是首辆获得日本土地、基础设施和交通部批准的公路燃料电池混合动力公共汽车。该车将氢储存在顶部封好的氢储藏箱内，有两个高性能丰田燃料电池堆，每堆燃料电池能输出 90kW 的功率，比一个燃料电池堆的汽车性能指标提高了 1 倍。2002 年，推出了 FCHV-4 燃料电池混合动力汽车，其主要特点是装有镍氢辅助蓄电池，可使汽车在制动时重新发电，最高车速可达 150km/h，续驶里程为 250km，可载 5 人，这意味着汽车在重添燃料之前可继续行驶一段比较长的里程。

美国人莫里森于 1891 年成功研制了第一辆四轮电动车，使得美国电动车向实用化迈出了重要一步。

1967 年，美国通用汽车公司与福特汽车公司分别研发了新型电动汽车，成为 20 世纪后电动汽车再次迎来黄金时期的开端。此后，美国通用汽车公司在兰辛市建成 EV-1 电动汽车总装厂；雪铁龙（Citroen）、标致（Peugeot）则将现有车型改装成小型电动汽车。以此为契机，全球掀起了开发电动汽车的热潮。

1990 年 9 月，美国加州政府通过的法规规定了“零排放车辆”（Zero Emission Vehicle，ZEV）的销售比例，随后其他各州仿效立法。这些措施推动了美国及世界范围内电动汽车的迅速发展。1991 年，美国三大汽车公司签订协议，合作研究电动汽车用先进电池，成立美国先进电池联合体（United States Advanced Battery Consortium，USABC）。1991 年 10 月，USABC 与美国能源部签订协议，在 1991～1995 年间共投资 2.26 亿美元来资助电动汽车高能电池的研究。同年同月，美国电力研究院 EPRI 也加入了先进电池联合体，参与镍-氢、锂-二硫化铁、钠-硫、锂聚合物和锂离子等高能电池的开发。其中，镍-氢电池、锂聚合物和锂离子电池将投入商业化生产。1990 年，通用汽车公司在洛杉矶展出“冲击”（Impact）牌电动轿车，该车采用铅酸电池与高新技术，从此掀起了一轮世界性的电动汽车研发热潮。通用汽车公司的 EV-1、S-1、Impact，福特汽车公司的 ETX-1、ETX-2、Rcostar、Ranger 等纯电动汽车纷纷推出。

2005 年，福特汽车公司推出了混合动力 Escape 小型越野汽车，通用汽车公司推出了混合动力 Saturn VUE 小型越野汽车。

2006 年，通用汽车公司推出了混合动力 Chevrolet Equinox 越野车，2007 年又推出了混合动力 Chevrolet Malibu 中型轿车。此外，通用汽车公司还推出了混合动力货车 GMC Sierra 和 Chevrolet Silverado。

1999～2008 年，美国市场共销售 19 个混合动力乘用车车型，总销量达到 132 万辆，其中 2008 年销量达到 31 万辆。

燃料电池汽车的开发时间最早要追溯到 1968 年，当年通用汽车公司生产出了世界第一辆可使用的燃料电池汽车。该车以厢式货车为基础制作，装载了最大功率为 150 kW 的燃料电池组，燃料为低温冷藏的液氢，汽车的续驶里程为 200km。但由于这种燃料电池组结构复杂，几乎占去了所有车内空间，给燃料电池汽车的总布置带来了很大的困难，当时人们的环境意识淡薄，能源供需矛盾也不突出，导致了后续的开发工作停止。近些年来，经过多个国家的汽车公司和燃料电池公司多年的努力，燃料电池的小型化发展迅速，已经应用到各种类型的燃料电池汽车上。

1987 年，美国能源部向美国国会提出了开发大客车用甲醇磷酸盐燃料电池动力系统项目的报告。美国能源研究公司 ERC 研制了一辆采用燃料电池和镍-镉电池的混合电源的电动公共汽车，并于 1989 年完成全部试验工作，燃料电池的功率为 32kW，镍-镉电池的功率为 30kW。1989 年，克莱斯勒-彭塔斯塔电子公司也制造了一辆采用燃料电池和铅酸蓄电池混合电源的电动公共汽车，其中燃料电池是液冷磷酸盐燃料电池，功率为 25kW，铅酸蓄电池的功率为 43kW。

1991 年，美国研制出世界上最早的燃料电池概念车 Laser Cell TM。该车使用储氢合金作为燃料来源，燃料电池功率为 12.5kW，续驶里程达 303km。1993 年，美国政府组织“新一代汽车联合体”燃料电池电动汽车开发计划，并为此资助约 15 亿美元，全方位地开展了对质子交换膜燃料电池（PEMFC）的研究。采用氢气、汽油、甲醇、乙醇和其他碳氢化合物等多种燃料进行试验，目标是实现 PEMFC 动力装置的轻量化和小型化，能快速起动和有良好的过渡响应；研发并批量生产百公里燃油消耗只有 3L 的超级轿车。美国通用汽车公司于 2002 年推出了基于欧宝赛飞利 MPV 改进的“氢动三号”（HydroGen3）燃料电池原型轿车，这标志着通用汽车公司燃料电池电动汽车技术已走在世界前列。通用汽车公司的“氢动一号”在 FCEV 中处于领先地位。美国杜邦公司（Du Pont）开发的全氟质子交换膜在 PEMFC 上已得到广泛的使用。“氢动三号”进一步优化了燃料电池系统，质量更轻，体积更小。同年，通用汽车公司还开发出“自主魔力”（Autonomy）燃料电池概念车。

20 世纪 70 年代末期，德国戴姆勒-奔驰汽车公司生产了一批 LE306 电动汽车。LE306 电动汽车采用铅酸电池供电，铅酸电池质量为 1000kg，电池电压为 180V，容量为 180A·h，电动机最高转速为 6000r/min，有效载荷为 1450kg，总质量为 4400kg，最高车速为 50km/h，续驶里程可达 120km。1981 年，欧宝公司与 BBC 公司（现在的 ABB 公司）合作研制了电动轿车。20 世纪 80 年代初，德国戴姆勒-奔驰汽车公司生产了电动大客车和商用电动汽车。1991 年，在法兰克福车展上亮相的宝马公司的 BMW E1 钠硫电池驱动概念车，其驱动电动机最大功率为 33kW，最高车速为 120km/h，续驶里程为 240km。宝马 MINIE 于 2008 年 11

月在洛杉矶车展上首次亮相，宝马公司成为全球首家推出500辆可供日常使用的全电能驱动车辆的高档汽车制造商。MINIE采用输出功率高达150kW的电动机，由一组高性能、可充电的锂离子电池提供电能，通过单级螺旋齿轮变速器将动力传输至前轮，动力传递宁静平顺，而且还实现了车辆的完整零排放。目前MINIE正在美国、英国等国的国际性超大城市，如洛杉矶、纽约、伦敦等地，通过个人和合作科研机构进行日常交通试验。

戴姆勒-奔驰汽车公司于1994～2000年研发了Necar-1～Necar-5燃料电池汽车和Nebus-1～ Nebus-4燃料电池大客车，先后采用了甲醇和汽油经过重整的氢气、压缩氢气等多种氢燃料进行了不同的性能试验。Necar-5是Necar-3的后继者，其仅用一个电堆就能产生75kW的功率，最高车速超过150km/h，被定位为全球第一个达到实用阶段的甲醇重整燃料电池汽车。经过几轮的试验和改进，Necar-5燃料电池轿车和Nebus-4燃料电池大客车已经投入运行。

法国政府为推广电动汽车制定了优惠政策。企业购买电动汽车第一年可以免税；电动汽车生产厂家每生产一辆电动汽车，法国电力公司向其提供1万法郎的补助。在拉-罗切里门（La Rochelle）市试验推广电动汽车的使用，投入了50辆小型4座电动客车，建立了9个普通充电站和3个快速充电站，进行两年的使用试验。法国政府还计划在巴黎等城市推广使用电动汽车，并出台了各种优惠政策。1990年，法国标致-雪铁龙公司所开发的J-5和C-25电动货车投入生产。1995年，法国能源部、标致-雪铁龙公司开发了用雪铁龙-AX型轿车改装的电动轿车、标致-106和SAXO型4座电动轿车。此外，还有雷诺汽车公司的Clio型4座电动轿车及其变型车等。1997年，法国的电动汽车产量达到2000辆左右。2001年，法国电力公司和博洛尔集团（Bollore Group）成立了一个联合子公司BatScap，开发了采用高性能聚合金属锂蓄电池（LMP）的电动蓝色轿车（Blue car），其最大续驶里程超过200km，最高时速达125km/h，6h必须100%的充电，但是只需要充电几分钟即可再获得一次安全的最大行程。

欧洲各国燃料电池开发较美、日稍晚，但目前也加快了燃料电池技术的引进开发。荷兰、意大利、德国、西班牙等国分别完成了10kW、100kW、280kW级碳酸盐型电池的开发，德国和瑞士分别进行了7kW和10kW级固体氧化物电池的开发。另外，亚洲的韩国、印度和中国台湾也都有燃料电池开发的报道。法国标致-雪铁龙公司开发的燃料电池出租车已投入了商业运行。

二、我国新能源汽车的发展

20世纪80年代伊始，我国就已经对新能源汽车开展了研究工作，主要是在压缩天然气、液化石油气、甲醇等方面开展部分研究，并成功研制了以菜籽油、大豆油、废煎炸油等为原料生产生物柴油的工艺。1988年，四川石油管理局从新西兰引进了充气装置和天然气汽车的改装件，并在南充建立了CNG加气站，成为全国使用CNG汽车的第一家。在天然气-柴油双燃料发动机汽车及其电控技术等方面，石油勘测研究院和吉林工业大学进行了合作。在国家自然科学基金的资助下，吉林工业大学在电控缸内喷气技术方面，天津大学在天然气稀燃技术方面均做了大量研究工作，处于国内领先水平。

1999年，我国政府有关部门组织开展“清洁汽车行动”，从此开始了较大规模的替代燃料发展计划，提出大力推广燃气汽车，加快关键技术和产品标准化进程，加强在用车改造的指导，加快车用加气站等配套基础设施的建设，加强产学研结合，推进燃气汽车产业化。到2010年，全国已有30个省80多个城市推广天然气汽车。天然气汽车和加气站主要集中在气源地附近和西气东输管网到达地，如四川、山东、重庆、乌鲁木齐、西安和兰州等省市。燃气汽车示范城市的CNG、LNG和LPG燃气汽车保有量为607984辆。其中，出租车有196676辆，占在用燃气汽车总保有量的32.3%；公交车有93881辆，占在用燃气汽车总保有量的15.4%。四川省的燃气汽车保有量最大，占在用燃气汽车总保有量的41%。我国燃气汽车生产企业超过60家。我国天然气汽车年产量（含底盘）达15万辆，整车超过6万辆。预计到2015年，我国天然气汽车将达到150万辆，到2020年我国天然气汽车将达到300万辆，成为重要的天然气汽车市场。

LNG公交客车和重型货车已在新疆、内蒙古、贵州、广东、福建、海南、江苏等地推广应用。目前LNG汽车保有量为3000辆，加气站超过100座。

新能源汽车产业化发展的直接推动力是国家的相关扶持政策。

2001年，我国启动了“863计划”电动汽车重大专项，涉及的电动汽车包括三类：纯电动、混合动力和燃料电池汽车，并以这三类电动汽车为“三纵”，以多能源动力总成控制、驱动电动机、动力蓄电池为“三横”，建立“三纵三横”的开发布局，基本跟上了全球的步伐，大体站到了世界同一“起跑线”。

2004年中华人民共和国国家发展和改革委员会（以下简称国家发改委）发布了《汽车产业发展政策》，提到“要突出发展节能环保、可持续发展的汽车技术”。从2005年开始，我国政府出台了优化汽车产业结构，促进发展清洁汽车、电动汽车政策措施，明确了2010年电动汽车保有量占汽车保有量的5%～10%，2030年电动汽车保有量占汽车保有量50%以上的发展目标。为完成上述目标，国家“863计划”节能与新能源汽车重大项目确定北京、武汉、天津、株洲、威海、杭州6个城市为电动汽车示范运营城市。

2005年2月2日，国家发改委发布了《产业结构调整目录》，2005年12月25日发布了《关于鼓励发展节能环保型小排量汽车的意见》。

“十五”期间，我国将纯电动汽车列入“863计划”，将混合动力汽车研发列入“863计划”进行技术攻关，以中国一汽（以下简称一汽）、东风汽车公司、长安汽车股份有限公司（以下简称长安汽车）和奇瑞汽车股份有限公司等单位牵头进行研究，完成了中度、轻度和微度混合动力乘用车，以及中度混合动力客车等多种车型的样车开发，其中混合动力客车率先进行了示范运行。此外，我国将燃料电池汽车及其关键技术列入“863计划”进行攻关。清华大学和北京市客车总厂合作承担研究燃料电池客车计划，上海汽车工业（集团）公司、同济大学、信息部电机研究所、上海燃料电池汽车动力系统公司承担了燃料电池轿车的研发任务。燃料电池系统主要由中国科学院大连化学物理研究所（以下简称大连化物所）和上海神力科技有限公司承担研制。

2006年2月，国务院发布的《国家中长期科学和技术发展规划纲要（2006—2020年）》将“低能耗与新能源汽车”和“氢能及燃料电池技术”分别列入优先主题和前沿技术。

2006年12月26日，国家发改委发布了《关于汽车工业结构调整意见的通知》。

2007年6月4日，国家发改委公布了《中国应对气候变化国家方案》，鼓励发展节能环保型汽车和鼓励混合动力汽车、纯电动汽车的生产和消费。

2007年11月1日起，《新能源汽车生产准入管理规则》正式开始实施。该规则对新能源汽车进行了定义，还对新能源汽车的生产企业资质、生产准入条件以及申报要求等内容作了具体的规定。这意味着新能源车有了自己规范的行业准则，也被业界看做是国家真正鼓励发展新能源汽车及市场化的开始，标志着我国新能源汽车发展迈入重要的起步年。2008 年北京奥运期间，我国成功组织实施了奥运历史上规模最大的电动汽车运输服务，为全面彰显北京奥运“绿色、科技、人文”三大理念以及“节能减排”战略作出了重要贡献。

2007 年 12 月 13 日，国家发改委出台了《新能源法》(征求意见稿)。

2007 年 12 月 18 日，国家发改委发布了《产业结构调整指导目录（2007 年本)》。在新目录中，压缩天然气、氢燃料、生物燃料、合成燃料、二甲醚类燃料及灵活燃料汽车和混合动力汽车、电动汽车、燃料电池汽车等新能源汽车整车，以及燃料电池及电催化器、电极、复合膜和双极板等电池关键材料，质子交换膜等关键零部件的开发及制造，都已列入了国家鼓励范围，享受鼓励政策。

2009 年 1 月 23 日，中华人民共和国财政部（以下简称财政部)、中华人民共和国科学技术部（以下简称科技部）共同发布了《关于开展节能与新能源汽车示范推广试点工作的通知》和《节能与新能源汽车示范推广财政补助资金管理暂行办法》，在北京、上海、重庆、长春、大连、杭州、济南、武汉、深圳、合肥、长沙、昆明、南昌等 13 个城市开展节能与新能源汽车示范推广试点工作。确定了新能源汽车推荐目录管理办法，提出直接针对用户采购不同类型和节能效果的新能源汽车进行补贴的额度和方法。鼓励试点城市率先在公交、出租、公务、环卫和邮政等公共服务领域推广使用节能与新能源汽车。

2009 年 3 月，国家发改委制定了《汽车技术进步和技术改造项目及产品目录》，明确了国家 100 亿专项资金重点支持项目。列入目录的是国家鼓励的项目或产品研发，如果企业有开展相关项目和技术研发，可申请技改资金支持，同时国家对研发贷款进行财政贴息。该目录三年调整一次。

2009 年 6 月 17 日，中华人民共和国工业和信息化部（以下简称工信部）发布了《新能源汽车生产企业及产品准入管理规则》，对新能源汽车的范围进行了定义，规定了新能源汽车企业及产品的准入条件，并将新能源汽车发展阶段清晰地划分为起步期、发展期和成熟期三个不同的技术阶段，对不同阶段产品实行差异化管理。

2009 年 8 月 11 日，财政部等四部委共同发布了《节能与新能源汽车示范推广应用车型目录》(第一批)。

2010 年 4 月 28 日，《电动汽车传导式充电接口》、《电动汽车充电站通用要求》、《电动汽车电池管理系统与非车载充电机之间的通信协议》、《轻型混合动力电动汽车能量消耗量试验方法》四项国家标准通过了全国汽车标准化技术委员会电动车辆分技术委员会审查。目前，我国已制订并发布了新能源汽车相关国家标准和行业标准共计 42 项，其中 22 项已列为新能源汽车产品准入的专项检验标准。

2010 年 5 月 1 日至 10 月 31 日，500 辆混合动力汽车、451 辆纯电动汽车、196 辆燃料电池汽车累计行驶一万公里，共节约燃油 2811t，圆满完成中国 2010 年上海世界博览会（以下简称上海世博会）交通服务。

2010 年 6 月 1 日，财政部、科技部、工信部、国家发改委联合印发了《关于开展私人购买新能源汽车补贴试点的通知》，确定自 2010 年起在上海、长春、深圳、杭州、合肥等五个城市启动私人购买新能源汽车补贴试点工作，中央财政对试点城市私人购买、登记注册和使用的插电式混合动力乘用车和纯电动乘用车给予一次性补贴。

2010年6月30日，国家发改委，工信部、财政部公告了“节能产品惠民工程”节能汽车（1.6L及以下乘用车）推广目录。包括安徽江淮汽车集团有限公司（以下简称安徽江淮）、比亚迪股份有限公司（以下简称比亚迪）、北京现代汽车有限公司（以下简称北京现代）、重庆长安汽车股份有限公司（以下简称重庆长安）等16家企业的71个车型入围第一批推广目录。以上车型的所有配置的汽车均已列入《车辆生产企业及产品公告》，通过了汽车燃料消耗量标识备案，获得了国家强制性产品认证（3C认证）证书，综合工况油耗比现行标准低20%左右。中央财政对消费者购买以上车型的节能汽车给予每辆3000元的补助，由生产企业在销售时兑付给消费者。

2010年7月1日上午，惠州市区200辆新出租车正式上路运营，其中100辆出租车CNG与汽油两用燃料环保出租车。预计100辆CNG出租车上路后，每年将可为惠州减少废气和污染物排放500t以上。

2010年8月10日湖北省首座电动汽车充电站——国家电网襄樊邓城电动汽车充电站正式建成并投入运行。襄樊邓城电动汽车充电站总投资1000万元，可满足10辆大型公共汽车、20辆中型公共汽车、30辆轿车同时充电，并设置50组蓄电池的电动汽车换电区。该充电站可选择三种充电模式：折叠充电、快速充电、直接更换电池。电动公交车一次充电的时间大约5h左右。

2010年10月14日，黄海客车公司与哈尔滨电车公司签订了60辆天然气公交客车的采购合同，使得2010年1～10月累计销往哈尔滨市场的公交客车突破了400辆。目前，哈尔滨市共有4600余辆公交车，其中液化气公交车占70%，天然气公交车占20%，柴油公交车占10%。

各地方政府为支持新能源汽车产业化推进，也纷纷出台了一系列的扶持政策。

“十一五”期间，我国将纯电动汽车列入“863计划”，研发的纯电动汽车产品包括纯电动公交客车、纯电动轿车和纯电动市政用车，主要用于对环保有特殊要求的场合。将混合动力汽车动力系统技术平台和产品开发列为863课题的重点，国内主要汽车厂都参与了混合动力汽车技术研究。我国自主研制的纯电动、混合动力和燃料电池三类新能源汽车整车产品相继问世；纯电动汽车实现了批量出口；在国家课题的带动下，混合动力汽车产业化前景良好，汽车行业也开始了混合动力汽车的研究。在为北京奥运会服务的新能源汽车中，混合动力汽车也是最主要的车型。2010年7月，国内多达25个城市开展了新能源汽车示范运行，2010年末，全年试点城市节能与新能源汽车总保有量超过1万辆，其中私人购买量超过1000辆，以纯电动和混合动力汽车为主，占新能源汽车总量的95%，主要集中在北京、上海、深圳、合肥、大连、杭州、广州、南昌、重庆等城市。燃料电池汽车的推广示范仅仅在以上海、广州为代表的个别城市进行，总量为80辆，占新能源汽车总量的5%。这些数据主要是靠城市公交、大客车和出租车的数据支撑，纯电动车客户主要是政府主导采购的各公交集团。上海、深圳、北京、长春、杭州、合肥等6个城市占据了国内节能与新能源汽车40.79%的市场份额。我国燃料电池汽车在整车集成技术、动力平台的成熟性、整车的可靠性方面有了新的提高，主要技术指标与国际先进水平相当。奇瑞汽车股份有限公司（以下简称奇瑞汽车公司）、浙江吉利控股集团（以下简称吉利集团）、比亚迪、长安等汽车企业的一系列新能源汽车产品纷纷亮相国际车展，如清源高速纯电动轿车、长安奔奔纯电动轿车、江淮纯电动电力工程车、长安杰勋混合动力轿车、清华燃料电池城市客车、奇瑞东方之子燃料电池轿车、华普海域甲醇动力轿车等。截至 2010 年年底，我国已经建设各种类型充电站大约 100 座，充电桩 300 多个。2006～2010 年我国新能源汽车产量如图 1-2 所示。2006～2010 年我国新能源汽车销量如图 1-3 所示。

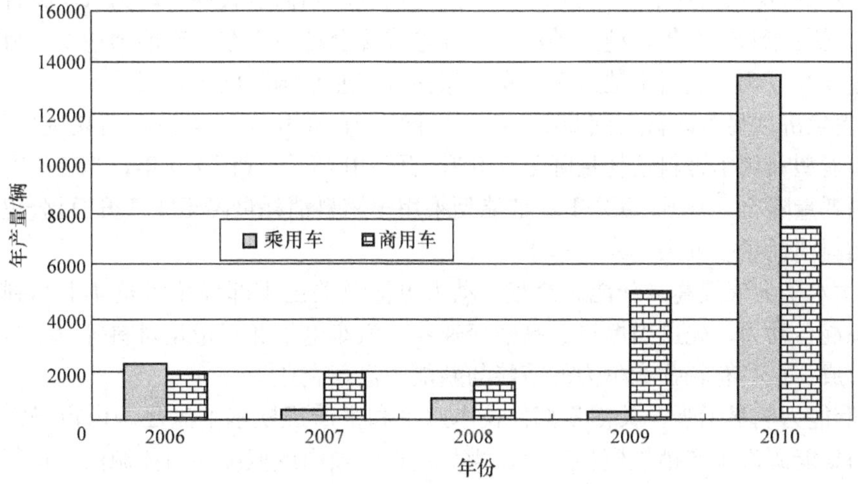

图 1-2 2006～2010 年我国新能源汽车产量

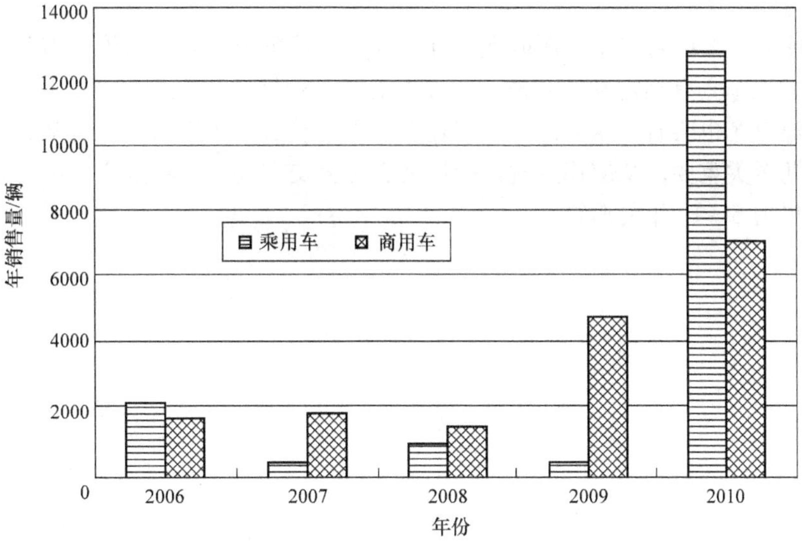

图 1-3 2006～2010 年我国新能源汽车销量

“十二五”期间，我国坚持把握世界车用能源多元化发展趋势，全面实施国家新能源汽车发展战略，积极推进汽车产品节能减排减碳，努力跟进世界新能源汽车发展步伐，深化创新技术研究，加快扎实稳步推进新能源汽车产业化进程，积极支持代用燃料汽车因地制宜、合理发展。

新颁布的《节能与新能源汽车产业发展规划（2012—2020 年》明确了十年内我国新能源汽车发展的总体目标和阶段目标，并且对新能源发展路线以及扶持政策提出了明确的要求。总的技术路线是以纯电驱动为新能源汽车发展和汽车工业转型的主要战略取向，当前重点推进纯电动汽车和插电式混合动力汽车产业化，推广普及非插电式混合动力汽车、节能内燃机汽车，提升我国汽车产业整体技术水平。

主要目标是：

1）产业化取得重大进展。到2015年，纯电动汽车和插电式混合动力汽车累计产销量力争达到50万辆；到2020年，纯电动汽车和插电式混合动力汽车生产能力达200万辆、累计产销量超过500万辆，燃料电池汽车、车用氢能源产业与国际同步发展。

2）燃料经济性显著改善。到2015年，当年生产的乘用车平均燃料消耗量降至6.9升/百公里，节能型乘用车燃料消耗量降至5.9升/百公里以下。到2020年，当年生产的乘用车平均燃料消耗量降至5.0升/百公里，节能型乘用车燃料消耗量降至4.5升/百公里以下；商用车新车燃料消耗量接近国际先进水平。

3）技术水平大幅提高。新能源汽车、动力电池及关键零部件技术整体上达到国际先进水平，掌握混合动力、先进内燃机、高效变速器、汽车电子和轻量化材料等汽车节能关键核心技术，形成一批具有较强竞争力的节能与新能源汽车企业。

4）配套能力明显增强。关键零部件技术水平和生产规模基本满足国内市场需求。充电设施建设与新能源汽车产销规模相适应，满足重点区域内或城际间新能源汽车运行需要。

5）管理制度较为完善。建立起有效的节能与新能源汽车企业和产品相关管理制度，构建市场营销、售后服务及动力电池回收利用体系，完善扶持政策，形成比较完备的技术标准和管理规范体系。

发展新能源汽车的背景是资源问题、环境问题。从国家的经济结构调整和“十二五”规划看，新能源汽车具有确定性的未来。从技术上看，短期内以混合动力、纯电动汽车为主，未来燃料电池汽车也会有一席之地。从产业发展看，政府的政策引导和对基础建设的投入在产业发展初期至关重要。从应用上看，短期适合在公交市场作一些推广，主要是客车。私人新能源汽车仍需5～10年的培育。

第二章　天然气汽车

第一节　概述

一、车用天然气

我国有着丰富的天然气资源，天然气探明储量进入了高速增长阶段。今后，我国天然气的需求增长速度将超过煤和石油，在一次能源结构中所占的比例将逐年提高。天然气主要成分是甲烷，随产地不同，甲烷的含量也不同，一般为 85%～95%。甲烷的沸点为 −161.5℃，与常温下处于液态的汽油、柴油的搬运和储存方法有很大差异。天然气的体积低热值和质量低热值略高于汽油、柴油，但理论混合气热值比汽油、柴油低。天然气只能点燃而不能压燃，而且具有很强的抗爆性能。通过提高压缩比，可以大幅度地提高天然气汽车的动力性和燃料经济性。天然气与空气混合后具有很宽的着火界限，这种性能为发动机稀燃技术提供了保证，从而进一步提高燃料经济性，降低排放。

总的来说，天然气与汽油和柴油相比较，它们的特性有很大差异，天然气与汽油的理化特性值对比见表 2-1。

表 2-1　天然气与汽油的理化特性值的比较

特性值	天然气	汽油
密度/(kg/m³)(气态)	0.718	5.093
低热值/(MJ/kg)	49.54	44.52
理论空燃比(质量比)	17.2	14.7
理论混合气热值/(MJ/m³)	3.36	3.82
沸点/℃(常压)	−162	100
汽化潜热/(kJ/kg)	510	297
自燃温度/℃(大气中)	650	500
点火界限燃料体积比(%)	5.3～15	1.2～6
点火界限当量比(Φ)	0.65～1.6	0.7～3.5

供应汽车使用的燃气必须进行加工处理。一般供应民用的天然气由于含有不少杂质，若直接用作汽车燃料，会对车辆造成损害，或使发动机燃烧不正常，影响车辆的寿命和排放效果。为此，天然气在用作汽车燃料前，应进行脱水、脱硫等处理。国家标准 GB 18047—2000《车用压缩天然气》对车用压缩天然气的热值、含硫、含水、含氧、含二氧化碳等技术要求有严格的规定(表2-2)。根据天然气的燃烧特性，按照国际上最常用的判别天然气互换性的华白数，将天然气分为 10T、12T、13T 三类（表 2-3），使发动机能够在一个特定条件中获得最优的燃烧效果。目前国内供应市场的天然气华白数基本都在 12T 范围内。对于加气站来讲，为使汽车保持良好的工作状态，应及时掌握气质变化情况，保证给汽车充装同一类别的天然气。

表 2-2 车用压缩天然气（CNG）的技术要求

项　目	技术指标	试验方法
高位发热量/(MJ/m^3)	>31.4	GB/T 11062
总硫(以硫计)/(mg/m^3)	≤200	GB/T 11060.4
硫化氢(H_2S)/(mg/m^3)	≤15	GB/T 11060.1
二氧化碳(CO_2)(%)	≤3.0	GB/T 13610
氧气(O_2)(%)	≤0.5	GB/T 13610
水露点/℃	在汽车驾驶的特定地理区域内，在最高操作压力下，水露点不应高于−13℃；当最低气温低于−8℃，水露点应比最低气温低5℃	GB/T 17283

注：1. 压缩天然气应有特殊气味，必要时加入适量臭味剂，保证CNG浓度在空气中达到爆炸下限的20%前能被察觉。
2. 气体体积的标准参比条件是101.325kPa，20℃。

表 2-3 压缩天然气的燃气类别

类　别	华白数 W/（MJ/m^3）	
	标称值	范　围
10T	40.7	38.3～44.0
12T	49.7	44.7～53.7
13T	52.5	50.5～54.7
干，101.325kPa，20℃状态		

二、天然气汽车的类型

可以使用天然气燃料的汽车称为天然气汽车。天然气汽车可以按以下方法进行分类。

1. 按燃料状态分类

（1）压缩天然气汽车（CNGV） 气瓶内的天然气以高压（通常是20MPa）气态储存，工作时经降压、计量和混合后进入气缸，也可以直接喷入气缸或进气管。

（2）液化天然气汽车（LNGV） 气瓶内的天然气以液态储存，工作时液化天然气经升温、计量和混合后进入气缸，也可以直接喷入气缸或进气管。由于天然气液化后的体积仅为标准状况下体积的1/625，储带方便，应用潜力较大。

（3）吸附天然气汽车（ANGV） 气瓶内的天然气以吸附方式（压力通常为3.5～6MPa）储存，工作时经降压、计量和混合后进入气缸，也可以直接喷入气缸或进气管。

2. 按燃料供给系统特征分类

（1）单燃料（CNG）汽车 仅使用CNG作为发动机的燃料，不再使用其他燃油或代用燃料的汽车。此类车辆的发动机在燃料供应系统、工作循环参数、配气机构参数等方面一般都针对CNG的物化特性进行了专门设计，因此燃烧热效率较高、经济性好。

（2）CNG-汽油两用燃料汽车 一般是指具有两套燃料供应系统，一套供给天然气，另一套供给汽油，两套燃料供给系统可分别但不可同时向气缸供给燃料的汽车。使用过程中可以在两种燃料之间进行灵活切换。此类汽车在燃用汽油时，不能同时使用CNG作为发动机的燃料；反之，燃用CNG时，也不能混烧汽油。此类汽车与单一燃料汽车相比，由于要兼顾两种燃料的物化特性，发动机结构参数几乎不作改造，因此燃烧热效率不高、经济性一般。

（3）CNG-柴油双燃料汽车　一般是指具有两套燃料供应系统，一套供给天然气，另一套供给柴油，两套燃料供给系统按预定的配比向气缸供给燃料，在缸内混合燃烧的汽车。CNG为主燃料，柴油起引燃作用。此类发动机结构参数也几乎不作改动，可以在单纯燃烧柴油和CNG与柴油同时混合燃烧两种工况灵活切换。

3. 按燃料供给的控制方式分类

（1）机械控制式天然气汽车　是指以机械方式为主控制天然气供给的天然气汽车。

（2）机电联合控制式天然气汽车　是指以机电联合控制方式控制天然气供给的天然气汽车。

（3）电控式天然气汽车　是指利用微机来控制不同工况天然气供给的天然气汽车。电控式又有开环和闭环之分。

三、天然气汽车总体布置

天然气汽车与燃油汽车总体布置的差异，主要在于燃气系统的专用装置元件的安装位置上。一般燃气供给系统元件（减压调节器、混合器等）均安装在发动机舱内，不同车型的总体布置方案主要差异在于气瓶数量和安装位置的不同，或加气口、主控阀、手动截止阀等元件安装位置有所不同。下面介绍我国天然气汽车的几种典型车型的改装总体布置方案。

1. 上海别克天然气汽车

上海通用汽车公司开发的天然气双燃料别克轿车的专用装置总体布置示意图如图2-1所示。该车配置的是碳纤维复合材料气瓶，布置在后行李舱内，高压管线13从整车左侧底部延伸到前部发动机舱内，减压调节器6布置在发动机舱内，天然气经闭环控制式混合器8在缸外与空气预混合后进入发动机气缸燃烧，加气口4采用按ISO/DIS14469规定的快换式充气插口，安装在发动机舱内前部，天然气/汽油转换开关14布置在仪表台左侧，气瓶10用钢带固定在固定架上成一体。

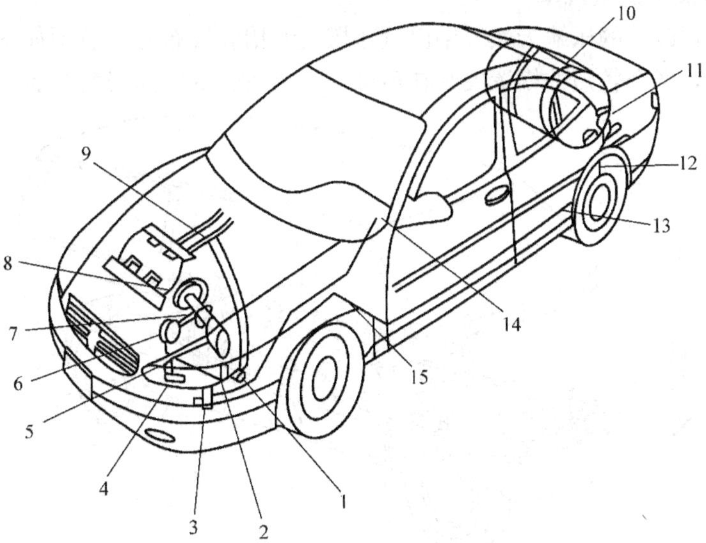

图2-1　通用别克天然气轿车专用装置总体布置示意图
1—高压截止阀　2—低压截止阀　3—电控单元　4—加气口　5—空气滤清阀
6—减压调节器　7—空气质量传感器　8—混合器　9—冷却水管
10—气瓶　11—气瓶手动截止阀　12—安全阀　13—高压管线
14—油气转换开关　15—手动截止阀

2. 天津夏利改装天然气汽车

夏利轿车采用 CYTZ-100 型调压减压器，改装为天然气汽车的平面布置示意图如图 2-2 所示。气瓶 5 安装在后部行李舱内，行李舱与乘客舱是连通的，改装时在气瓶阀座上加装了橡胶密封罩，两侧安装导气管直通行李舱地板下面，形成通风，导走气瓶阀的微弱漏气，防止天然气泄漏进入乘客舱。

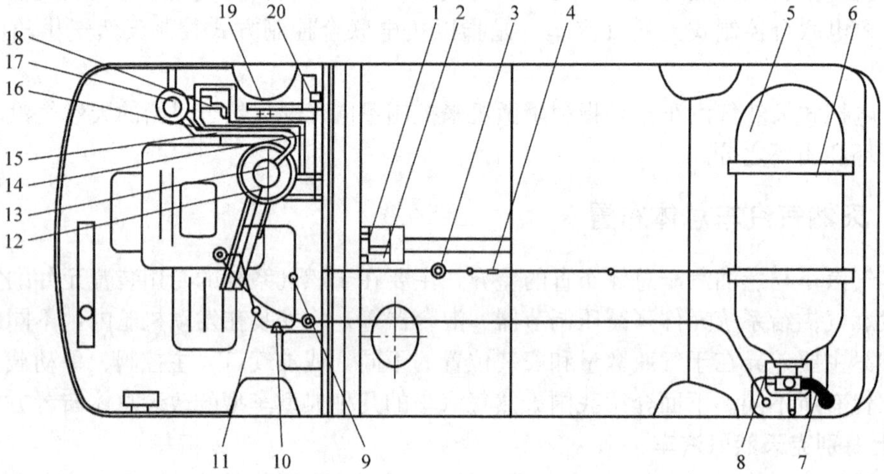

图 2-2 夏利改装天然气汽车平面布置示意图

1—气量显示器 2—油气转换开关 3—主气阀 4—天然气滤清器 5—气瓶 6—气瓶座 7—导气胶管 8—导气大胶管（气密盒） 9—油管 10—汽油电磁阀 11—油管 12—空气滤清器 13—混合器 14—水管 15—低压胶管 16—动力调节阀 17—减压阀总成 18—钢管（CNG 管路） 19—充气阀 20—高压电磁阀

3. 中巴车改装天然气汽车

美国福特公司改装的压缩天然气中巴汽车燃气专用装置布置示意图如图 2-3 所示。该车安装了 3 个气瓶，两个较短的横置安装在后部，一个较长的纵向安装在前后桥之间。

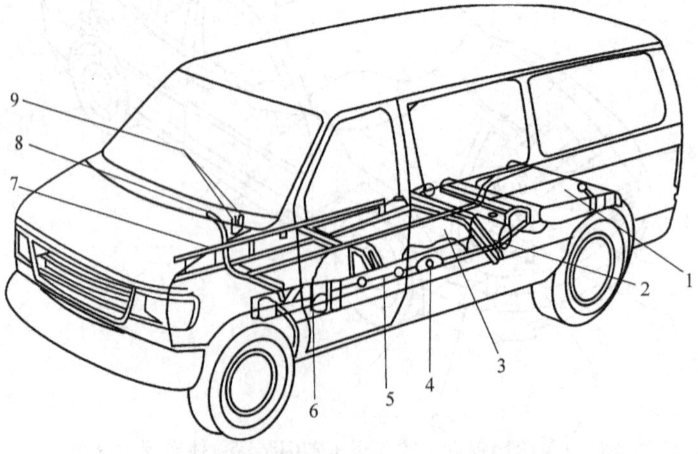

图 2-3 福特公司改装的压缩天然气中巴汽车燃气专用装置布置示意图

1—中端燃料箱 2—燃料箱后置组件 3—燃料充气口 4—手动截止阀 5—后端燃料管道 6—燃料压力调节器 7—前端连通管组件 8—前端燃料管道 9—燃料压力调节器冷却液管道

4. 天然气载货汽车

某中型货车改装布置如图 2-4 所示。该车的气瓶横向分布安放在车架大梁和货箱之间。安装气瓶增加的重量较均匀地分布在前、后轴上，对原车重心位置改变不大。但这种气瓶安装方式必须在副车架上开半圆形槽，对原车的车架强度有所削弱。同时气瓶横向固定于车架两纵梁之间，相应改变了原车架扭转刚度，在路况极差的凹凸路面行驶时，车架部分扭转力矩转移到由气瓶承担。该车充气阀安装在车尾，气瓶串联充气。在充气过程中，由于管线长，流速高，在脱水露点温度不够时，易形成冰堵，降低了充气效率。同时在追尾撞车时，易损坏高压管道，造成高压 CNG 泄漏。

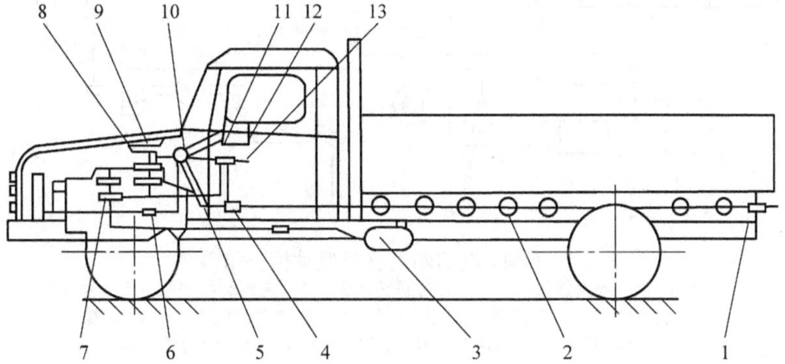

图 2-4 某中型货车改装布置示意图
1—充气阀 2—气瓶 3—燃油箱 4—高压电磁阀 5—减压阀 6—加热器
7—汽油电磁阀 8—混合器 9—空气滤清器 10—压力传感器
11—气量显示器 12—点火时间转换器 13—燃料转换开关

第二节 天然气汽车燃料供给系统

天然气发动机的最关键技术是气体燃料供给方式，它影响发动机的动力性、经济性、安全可靠性以及排放性能。现代车用发动机已普及电控喷射技术，随着汽车电控技术的发展，供气控制也由机械调节向电子控制调节方向发展。

一、CNG-汽油两用燃料汽车燃料供给系统

目前，国内天然气汽车大多采用机外混合方式的 CNG-汽油两用燃料发动机，即将汽油机改装为使用 CNG-汽油两用燃料的发动机。发动机的基本结构和汽油供给系统变化不大，其燃气供给系统的主要特点是：为使燃气-空气混合气形成装置与汽油-空气混合气形成装置尽量协调统一，将混合器的空燃比调节功能转移到调节器上，采用结构简单的文丘里管式混合器或比例式混合器；使用燃气时，发动机的起动、怠速、加速及功率控制等功能均在减压调节器上实现，减压调节器除具有减压和稳压功能外，还需具有燃气供给量的调节功能，结构比较复杂。

汽油机改装的 CNG-汽油两用燃料汽车发动机供给系统如图 2-5 所示，即在原汽油机上加装一套 CNG 燃气供给系统，包括高压气瓶、高压管路、滤清器、调节器、混合器等，在燃用天然气时，替代原汽油机供油系统向发动机提供天然气-空气混合气。由于天然气与汽

油的性质不同，在同一工况下要求的最佳点火提前角也不同，为保证燃用汽油和燃用天然气时均能获得最佳点火提前角，两用燃料汽车发动机的点火系统加装了点火时间转换器，通过燃料转换开关可在燃用汽油和CNG之间灵活切换。

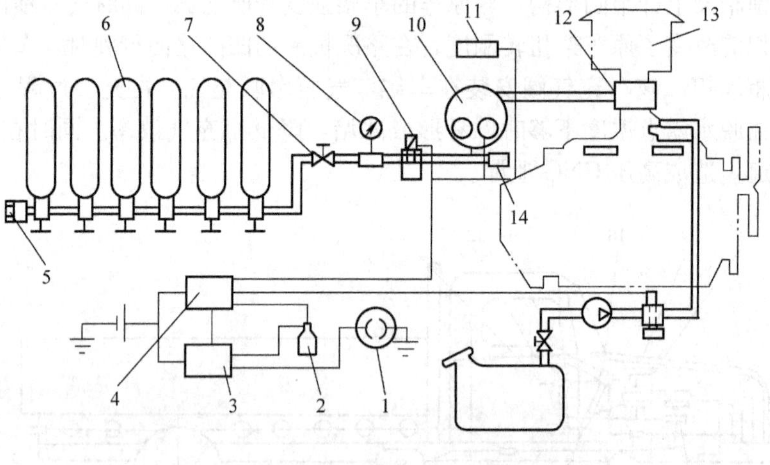

图2-5 CNG-汽油两用燃料发动机供给系统
1—断电器 2—点火线圈 3—点火时间转换器 4—燃料转换开关 5—充气阀
6—高压气瓶 7—供气阀 8—压力表 9—燃气电磁阀 10—调节器
11—指示灯 12—混合器 13—空气滤清器 14—压力传感器

二、CNG-柴油双燃料汽车燃料供给系统

CNG-柴油双燃料发动机是利用柴油机改装的，可单独使用柴油，也可同时使用柴油和天然气混合燃料。CNG-柴油双燃料发动机供给系统如图2-6所示，该系统主要由燃料供给系统、发动机控制保护系统、天然气供给和调节系统、天然气储存系统四部分组成。

燃料供给系统包括：混合器、供气量控制阀、柴油供给装置（与柴油机相同）。该系统的功用是根据发动机不同工况的工作需要，供给发动机一定数量和浓度的燃气-空气混合气，并将一定量的引燃柴油以一定压力和喷油质量定时喷入气缸。供气量控制阀由驾驶员控制。

发动机控制保护系统包括：供气量控制阀的传动装置、燃料转换装置、燃气供给闭锁装置。供气量控制阀的传动装置主要是根据发动机最高转速和空气滤清器堵塞程度，校正供气量控制阀的开度，以控制燃气供给量；燃料转换装置主要用来实现燃用柴油和柴油-燃气混合燃料之间的转换，并在高压气瓶压力不足时自动切换到燃用柴油状态；燃气供给闭锁装置主要是在发动机不工作时，切断燃气供给。

天然气供给和调节系统包括：调节器（高压减压阀和低压减压阀）、天然气滤清器和加热器。其功用是向混合器输送清洁的低压天然气。为避免因天然气减压吸收热量而造成输气管路及其他零件冻结，增设天然气加热器，以保证燃气供给系统正常供气。

天然气储存系统包括：高压气瓶、压力表、充气阀、供气阀等。为防止高压减压阀故障造成中压管路压力过高而使系统元器件损坏、中压管路断裂，设置了中压管路限压阀。此外，为防止中压管路压力过低而影响正常供气，在中压管路中设有低压报警装置。

发动机燃用CNG-柴油双燃料工作时，打开气瓶供气阀4，气瓶中的天然气经过加热器进入高压减压阀2，其压力降低到1～1.2MPa，然后经中压管路报警装置1、限压阀9、天

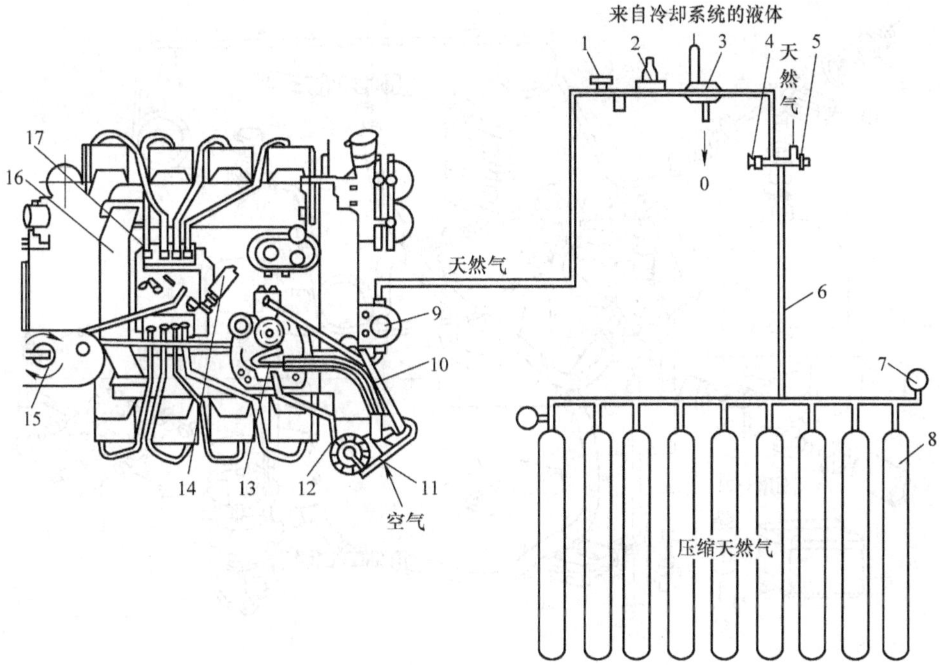

图 2-6 CNG-柴油双燃料发动机供给系统

1—报警装置 2—高压减压阀 3—加热器 4—供气阀 5—充气阀
6—低压输气管 7—压力表 8—高压气瓶 9—中压管路限压阀 10—低压供气管
11—供气量控制阀 12—混合器 13—低压减压阀 14—喷油泵供油量限位器
15—燃料转换开关 16—发动机 17—喷油泵

然气滤清器进入低压减压阀 13，再次减压后的天然气经供气量控制阀 11 进入混合器 12，在混合器中天然气与空气进行混合，最后天然气-空气混合气由进气道进入发动机并由喷入气缸的柴油着火引燃。引燃柴油量由高压油泵上的油量限位器 14 来控制，发动机负荷高低由驾驶员通过加速踏板控制天然气供给量来调节。

三、电控燃料供给系统

1. 电控 CNG-汽油两用燃料发动机供气系统有以下两种

(1) 开环控制系统 早期用电控汽油喷射发动机改装的两用燃料发动机，其燃气供给系统采用的是开环控制方式。该系统与由化油器式发动机改装的机械控制式燃气供给系统基本相同，主要区别是：增加了模拟器等电子元器件，没有燃气电子控制单元（Electronic Control Unit，ECU）；空燃比控制装置是混合器，而且只能通过混合器和手动动力调节阀来调节各种工况下的混合气空燃比。电控汽油喷射发动机改装的 CNG-汽油两用燃料发动机开环控制供气系统的组成如图 2-7 所示。

电控汽油喷射发动机改装的 CNG-汽油两用燃料发动机开环控制供气系统工作原理如图 2-8 所示。在进气管前，该系统的燃气供给和汽油供给两个燃料供给系统是并列的。在发动机工作时，由油气转换开关控制燃气电磁阀和电动燃油泵，同一时刻，只允许发动机燃用汽油或燃气一种燃料。

在使用中加气时，通过充气阀将天然气充入高压气瓶。发动机燃用天然气时，将燃料转

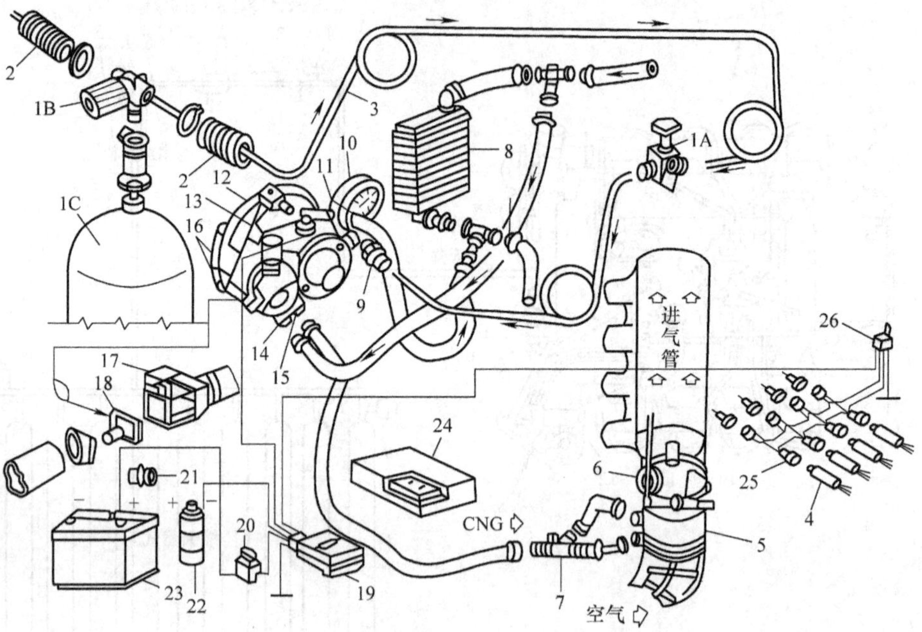

图 2-7 CNG-汽油两用燃料发动机开环控制供气系统
1A—充气阀 1B—供气阀 1C—高压气瓶 2—外套管 3—高压输气管 4—喷油器
5—混合器 6—进气总管 7—供气三通插头 8—散热器 9—进气管插头 10—压力表
11—恒温器 12—减压调节器 13—燃气电磁阀 14—冷却液管插头 15—出气管插头
16—怠速调节螺钉 17—空气流量计 18—空气测量叶片强制开启器
19—燃料转换开关 20—熔断器 21—点火开关 22—高压线圈 23—蓄电池
24—点火提前调节器 25—喷油器线束插接器 26—模拟器

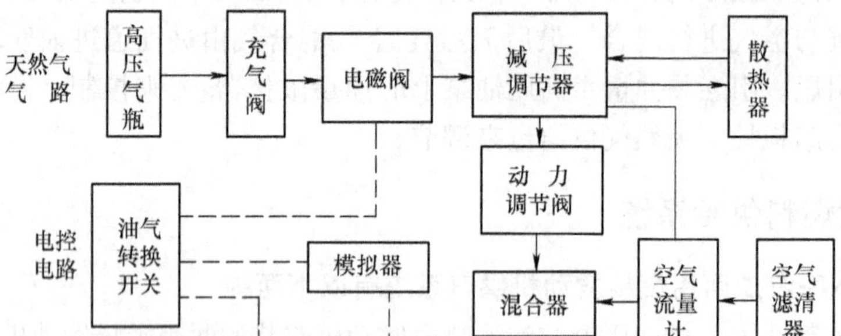

图 2-8 CNG-汽油两用燃料发动机开环控制供气系统原理

换开关转到“气”位置，此时燃气电磁阀开启、电动燃油泵停止工作，天然气经减压调节器减压后，再经动力调节阀进入混合器，并与来自空气滤清器的清洁空气混合后供往气缸。

此外，在油气转换开关上设有一根模拟器控制线，以便在燃用天然气时，使模拟器对喷油器进行关闭控制，并产生喷油器工作正常的模拟信号输送给汽油 ECU。由于电控燃油喷射系统用的是叶片式空气流量计，在发动机怠速工况时，测量叶片如处于关闭状态，将影响燃气混合器正常工作。因此，在减压调节器上引出一根低压输气管，使燃气压力作用到气缸活塞式空气测量叶片强制开启器上，强制推开测量叶片，保证使用燃气时怠速工况正常。

（2）闭环控制系统　在开环控制系统中，燃气空燃比只能由改装或维护调试时调定的燃气动力阀开度大小和混合器的供气特性配合确定，调试出的空燃比是一个固定值，不可能保证在各种工况下都能获得最佳的空燃比。在减压调节器和混合器之间安装由ECU控制的功率阀，并加装氧传感器实现空燃比闭环控制，则可使发动机在各种工况下都能获得最佳的空燃比。

电控汽油喷射发动机改装的CNG-汽油两用燃料发动机闭环控制供气系统的组成如图2-9所示。与开环控制系统相比，其主要区别是：在燃气供给系统中增加了燃气ECU，并采用原车氧传感器实现空燃比闭环控制，同时增加了由燃气ECU控制的占空比电磁阀型功率阀，而取消了人工调节的动力调节阀。

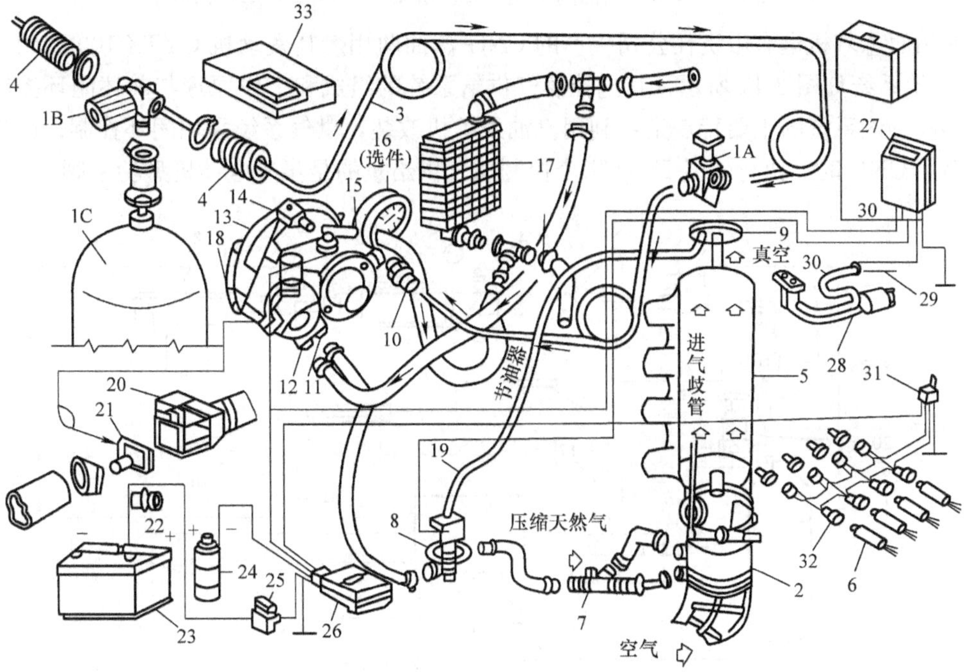

图2-9　CNG-汽油两用燃料发动机闭环控制供气系统

1A—充气阀　1B—供气阀　1C—高压气瓶　2—混合器　3—高压输气管　4—外套管　5—进气总管　6—喷油器　7—供气三通插头　8—电控调节器　9—真空稳定器　10—进气管插头　11—出气管插头　12—冷却水管插头　13—燃气电磁阀　14—减压器　15—恒温器　16—压力表　17—散热器　18—怠速调节螺钉　19—真空管　20—空气流量计　21—空气测量叶片强制开启器　22—点火开关　23—蓄电池　24—高压线圈　25—熔断器　26—燃料转换开关　27—燃气ECU　28—氧传感器　29—传感器加热器电源线　30—氧传感器信号线　31—模拟器　32—喷油器线束插接器　33—点火提前调节器

闭环控制系统工作原理如图2-10所示，与开环控制系统的区别主要是：燃料转换开关只设“油”、“气”两个挡，由燃气ECU根据发动机工况等自动控制燃料停供和转换；同时由燃气ECU、氧传感器、电控调节阀共同实现空燃比闭环控制。

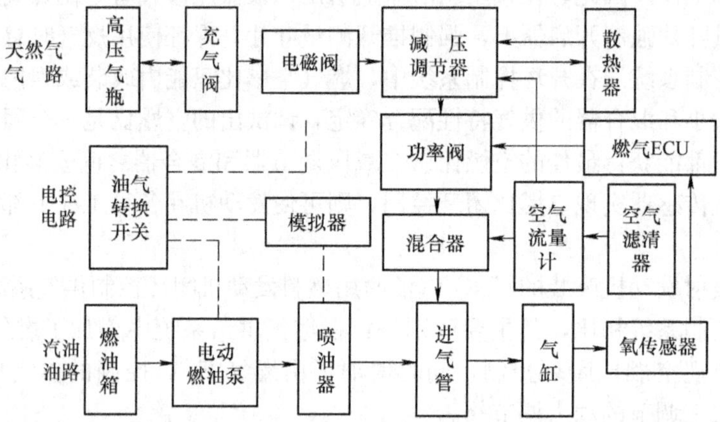

图 2-10 CNG-汽油两用燃料发动机闭环控制供气系统原理

四川西恩基机电有限责任公司生产的 CNG-汽油两用燃料发动机 CYTZ-100 型闭环控制 CNG 供给系统如图 2-11 所示，其电控燃气供给系统的组成和工作原理与前述闭环控制系统基本相同。该系统的主要特点是：利用汽油发动机改装，供气系统采用闭环控制；此外，发动机燃用 CNG 时，执行燃气 ECU 指令控制燃气供给量的是步进电动机型功率阀。

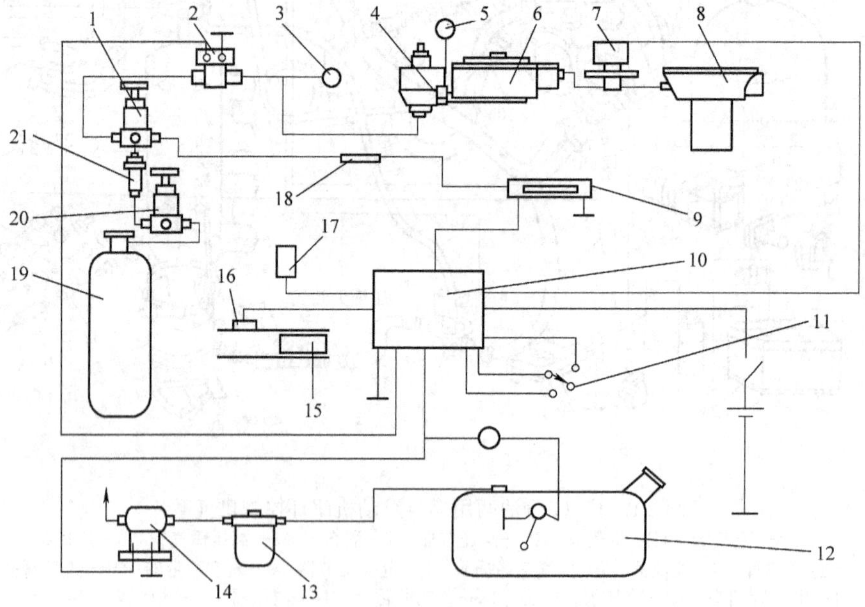

图 2-11 CYTZ-100 型闭环控制 CNG 供给系统

1—主气阀 2—CNG 电磁阀 3—高压表 4—安全阀 5—低压表 6—减压器
7—步进电动机 8—混合器 9—压力显示器 10—ECU 11—油/气转换开关
12—油箱 13—燃油滤清器 14—汽油电磁阀 15—三元催化转换器 16—氧传感器
17—发动机转速传感器 18—压力传感器 19—钢瓶组 20—充气阀 21—天然气滤清器

2. 电控 CNG-柴油双燃料发动机供气系统

电控 CNG-柴油双燃料发动机供气系统是纯混合器供气电控系统与第一代柴油机电控燃油喷射系统的结合。由于混合燃料发动机采用压缩自燃式的点火方式，它是在接近压缩行程上止点时，利用喷入气缸的柴油引燃气缸内的燃气-空气混合气，所以没有点火系统，而引燃柴油的喷射量和喷射正时由柴油机电控燃油喷射系统控制。

CNG-柴油双燃料非增压发动机供气电控系统如图 2-12 所示，该系统主要由天然气供气系统、引燃柴油供给系统、电子控制单元（ECU）三部分组成。

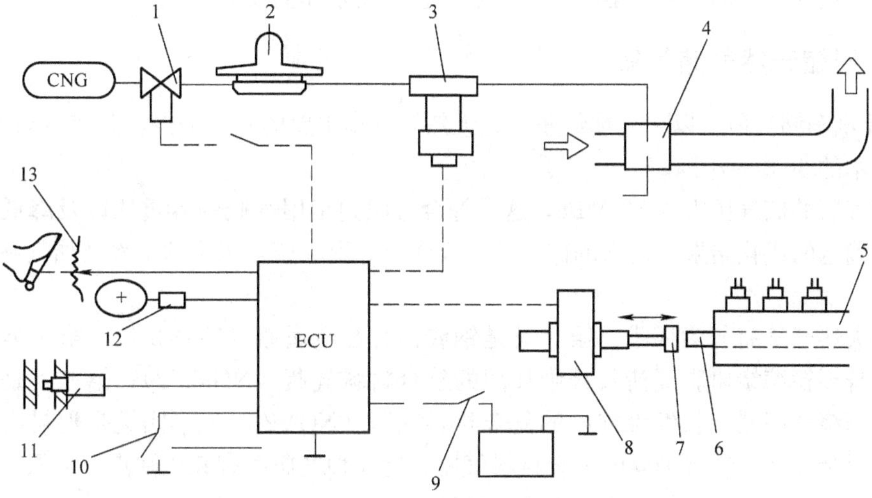

图 2-12　CNG-柴油双燃料非增压发动机供气电控系统
1—电磁阀　2—调节器　3—功率阀　4—混合器　5—喷油泵　6—供油齿条
7—滑动挡板　8—齿条控制器　9—点火开关　10—燃料转换开关
11—冷却液温度传感器　12—转速传感器　13—加速踏板位置传感器

天然气供给系统主要由高压气瓶、电磁阀、调节器、功率阀、混合器组成。电磁阀用于必要时切断高压天然气的通路，从而确保系统的安全性。调节器可对高压天然气进行三级减压，压力从 20MPa 降到约 0.1MPa。功率阀采用步进电动机型或占空比控制电磁阀型，它执行燃气 ECU 的指令以控制燃气供给量。从功率阀出来的天然气到混合器中与空气混合，形成均匀混合气后供入气缸。

燃气 ECU 的主要功能是根据各传感器的信号来确定供油齿条和功率阀的位置，并根据燃料转换开关信号等控制天然气电磁阀的通断，同时燃气 ECU 也具有失效保护功能。

3. 电控燃气直接喷射系统

电控燃气直接喷射技术从 20 世纪 90 年代才开始研究。电控燃气直接喷射系统利用燃气喷射器直接向气缸内供气，并由燃气 ECU 控制喷气量和喷气正时。按燃气喷射压力不同，直接喷射系统可分为高压喷射和低压喷射两种类型，高压喷射系统用在压缩自燃式的混合燃料发动机上，低压喷射用在点燃式的单燃料或两用燃料发动机上。

电控燃气直接喷射系统结构复杂，技术要求高，目前只在美国、日本等少数国家得到开发应用。在我国，吉林大学内燃机研究所首先开展该技术的研究工作，并已研制出电控燃气直接喷射点燃式发动机。

第三节　压缩天然气汽车专用装置的结构和工作原理

组成 CNG 汽车基本专用装置的主要部件，按功能可划分为三类：

① 储气系统部件：气瓶、充气阀、高压线及高压接头、手动截止阀、气压显示装置。

② 燃气供给部件：天然气滤清器、减压调节器、混合器、低压气软管及循环水软管。

③ 控制系统部件：燃料转换开关、模拟器、天然气电磁阀、汽油电磁阀、空燃比调节器、ECU。

下面对这些元件的主要功能、结构特点和技术要求作简要介绍。

一、压缩天然气储气瓶

CNG 汽车储气瓶（以下简称气瓶）是天然气汽车重要的专用部件，其成本约占 CNG 汽车改装成本的 30%～70%。

车用气瓶的储气压力为 20 MPa，这是综合考虑到车用气瓶的容重比以及降低加气站运行成本所确定的优化结果。过高的储气压力反而会导致气瓶容积率的下降及加气站运行费用的升高。

压缩天然气气瓶分为四类：第一类是钢或铝合金金属瓶（NGV2-1）；第二类是钢或铝内衬加筒身环箍缠绕树脂浸渍长纤维加固的复合材料气瓶（NGV2-2）；第三类是钢或铝内衬加整体缠绕树脂浸渍长纤维加固的复合材料气瓶（NGV2-3）；第四类是塑料内衬加纵向整体缠绕树脂浸渍长纤维加固的复合材料气瓶。这几种气瓶各有其优缺点，可根据不同车型选择使用。车用压缩天然气气瓶分类及比较见表 2-4。

表 2-4 车用压缩天然气气瓶

类别	钢质气瓶	复合材料气瓶		
		钢或铝内衬加环向缠绕复合材料气瓶	钢或铝内衬加纵、环向缠绕复合材料气瓶	塑料内衬加纵、环向缠绕复合材料气瓶
优点	价格便宜	价格较便宜	有一定价格优势，外形尺寸变化比较灵活	耐蚀性好，外形尺寸灵活，安全性好
缺点	笨重，外形尺寸不易变化，耐蚀性差	较重，外形尺寸变化比较困难，耐蚀性差	耐蚀性差，价格稍高	价格较高
适用范围	大型车等	大型车辆	大中型车	各型车辆

我国目前主要使用的是钢质气瓶，该类气瓶生产成本较低，安全耐用，容积率高，但容重比大、重量大。复合材料瓶最大的优点是容重比小、重量轻，但生产成本高，价格贵，容积效率低。

（1）天然气钢瓶　目前，天然气钢瓶由于生产工艺制造不同，瓶体结构分为三种：一种为无缝钢管两端收口，尾部一般为凸状，如图 2-13a 所示形式 T；另一种是由钢坯直接冲压而成，尾部一般成凹状，如图 2-13b 所示形式 A，第三种为无缝钢管两端收口成管状，如图 2-13c 所示形式 S。钢瓶性能必须符合 GB 17258—2011《汽车用压缩天然气钢瓶》的要求。

瓶体材料一般选用优质铬钼钢。车用钢瓶额定工作压力为 20MPa。产品出厂时，每件均应进行规定的水压试验、气密性试验及内外表面缺陷检验，每批产品均要抽样进行材料的拉力、冲击韧度、挤压韧性、硬度检测，金相组织检查，水压爆破等试验，合格后才能出厂。

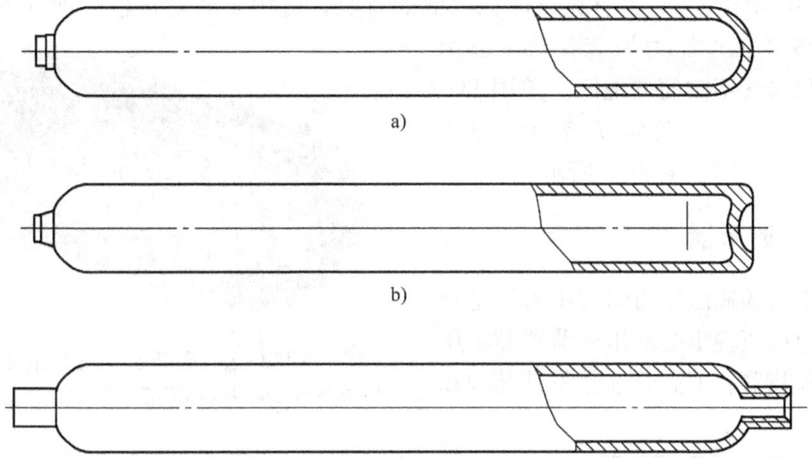

c)

图 2-13　钢瓶瓶体结构形式

a）形式 T　b）形式 A　c）形式 S

此外，钢瓶瓶口阀上还装有安全阀，其内装有 100℃易熔合金和 26MPa 的爆破片。当钢瓶内气体的温度、压力超过上述数值时会自动泄压放气。

我国目前生产的车用储气钢瓶的公称工作压力应为 16MPa 或者 20MPa。公称水容积和公称外径一般应符合表 2-5 的规定。

表 2-5　钢瓶的水容积和外径

项　目	数　值	允许偏差
公称水容积 V/L	30，40，50，60，70 80，90，100，120	0～5%
公称外径 D_0/mm	219，229，232，245 267，273，335，425	−1%～1%

钢瓶型号由以下部分组成，如图 2-14 所示。

型号示例：型号标记为“CNG1-229-60-20A”，表示公称工作压力为 20MPa，公称水容积为 60L，公称外径为 229mm，结构形式为 A 的钢瓶。

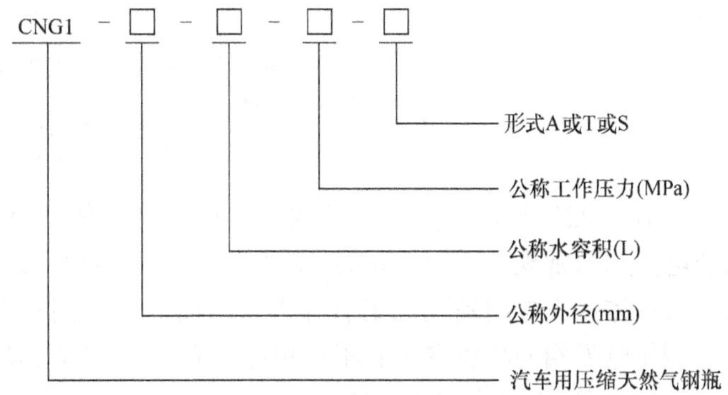

图 2-14　钢瓶型号组成

（2）复合材料气瓶　塑料内衬加整体缠绕树脂浸渍长纤维加固的复合材料气瓶是用高强度碳纤维与玻璃纤维混合物为强化材料，并以环氧树脂在特殊的工艺装备上使两者间达到精确的定位组合而成的。这种气瓶质量轻。在国外，这种气瓶有中压和高压两种规格。中压气瓶的设计压力一般为10MPa左右，具有充气时耗电低的特点，适用于短途运输和加气方便的地区。高压气瓶的设计工作压力为25MPa，适用于长途运输和加气不方便的地区。美国IMPCO公司最新研制的碳纤维/环氧树脂复合材料气瓶结构示意图如图2-15所示。

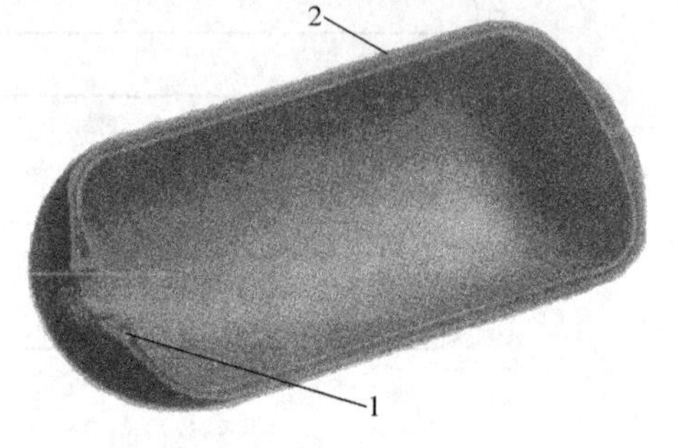

图2-15 IMPCO公司碳纤维/环氧树脂复合材料气瓶
1—碳纤维/环氧树脂结构层 2—纤维树脂外层硬壳

二、减压调节器

根据减压后的输出压力的大小可以把减压调节器分为负压输出的减压调节器和正压输出的减压调节器。下面分别介绍其结构和工作原理。

1. 负压输出的减压调节器

减压调节器是CNG汽车的核心及关键部件，它的性能好坏直接影响整车的性能。下面介绍的是三级减压调节器，它的输出压力为负值，工作原理如图2-16所示。20MPa高压天然气经一级减压后压力为0.35～0.4MPa，二级减压后压力为0.15～0.19MPa，三级减压后压力减为负压。

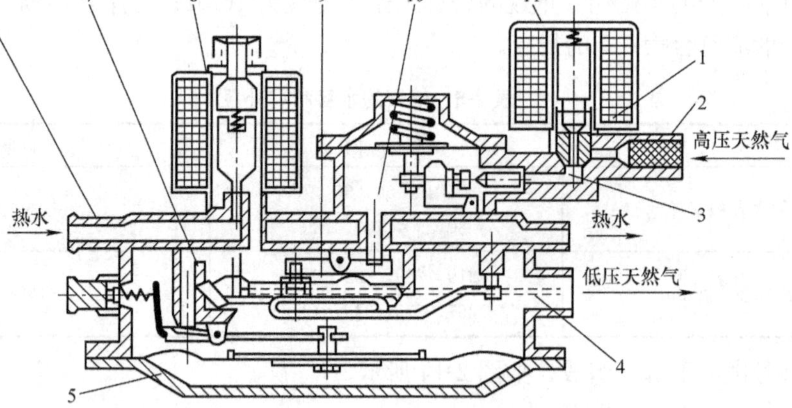

图2-16 负压输出的减压调节器
1—先导阀 2—天然气滤清器 3—主通道 4—低压出气管 5—通大气口
6—加热水道 7—三级减压阀 8—怠速电磁阀 9—二级减压阀
10—一级减压阀 11—高压电磁阀

高压天然气经过天然气滤清器后，进入到常闭式高压电磁阀，以控制供、断天然气。高压电磁阀与常规电磁阀不同的是增加了一个先导阀，先导阀套装在电磁阀阀芯上，通过销连接为一体。先导阀销孔比销直径大，因而两者之间存在相对运动。先导阀中心有一个小孔，能使电磁阀的高压室与低压室相通，先导阀下端装有O形密封圈，电磁阀阀芯下端有密封胶垫。在电磁线圈未通电时，电磁铁心在回位弹簧的作用下，将先导阀的小孔密封，继而推动先导阀将O形密封圈压在阀座上，通道全部关闭。当电磁阀通电时，由于电磁铁的磁力较小，不能直接把主通道打开，只能先打开先导阀的小孔，这时高压腔的高压气通过小孔流到低压腔，使高低压腔压差减小，然后电磁铁心通过连接销将先导阀一起提起，打开主通道。

一级减压阀未通入高压气体时，在压力弹簧的作用下使膜片向下运动，带动杠杆转动，使阀芯与阀口保持一定间隙（一般阀口间隙保持在0.5～1mm），阀口处于常开状态。当通入高压气体时，减压室的压力逐步增高，达到额定输出压力时，气体作用在膜片下方的压力克服弹簧的弹力，使膜片向上动作，从而带动杠杆转动，使阀口关闭。当减压室的气体向二级阀输出后，压力降到额定输出压力以下时，在压力弹簧的作用下又使阀口打开，如此反复，使一级减压阀在保证流量的基础上，出口压力稳定在一个数值内（0.35～0.4MPa）。

二级减压阀的阀口也处于常开状态，高压天然气经过一级减压后进入二级减压室，此时二级减压室内的压力逐步升高，达到额定输出压力时，气体作用在膜片上方的压力克服扭簧的弹力，使膜片向下动作，从而带动杠杆转动，使二级减压阀阀口关闭。当减压室的气体向三级减压阀输出后，压力降到额定输出压力以下时，在扭簧的作用下阀口打开，如此反复，使出口压力稳定在0.15～0.19MPa数值内。

三级减压阀的阀口处于常闭状态，阀的开闭由发动机进气真空度控制，输出压力可通过压力弹簧的预紧力进行调节。当阀室内真空度为零时，在压力弹簧的作用下，阀口处于关闭状态。当阀室处于负压时，由于膜片上方与大气相通，膜片两边出现压力差，膜片向阀内运动，带动杠杆克服弹簧压力，使阀口打开供气。当减压室负压减小时，在压力弹簧作用下，阀口又处于关闭状态，如此反复，就使减压阀出口压力稳定在一个额定范围内。

经过三级减压调节器减压后输出的天然气的流量随发动机工况变化而变化，完全由发动机进气真空度（发动机吸力）调节。发动机转速高、吸力大时（负压增大），减压器各阀开度变大，输出流量增大，反之则减少，因而能满足发动机各种工况的供气量。

三级减压阀为常闭式，在发动机不运转时，三级减压阀关闭。发动机起动和怠速运转时，真空度较小，无法打开三级减压阀，因而设置了一套供发动机起动和怠速供气的怠速电磁阀。该阀为常闭式二位二通电磁阀，与怠速供气管道连接。电磁线圈未通电时，在复位弹簧的作用下，电磁铁心将阀的座孔关闭；电磁阀通电时，对阀芯产生磁力，克服复位弹簧压力，使阀的座孔打开并通气。此时，输出的天然气由二级减压腔经怠速供气管流入减压阀低压出气管（图2-16中的虚线管），以满足汽车起动、怠速用气所需。供气量大小可通过改变阀芯的运动行程来进行调节。

为了保证减压调节器的安全，在一级减压阀的减压室安装有弹簧式安全阀。按标准规定，当压力大于额定输出压力1.3倍，即0.52MPa时，安全阀将自动排气泄压。

由于一级减压阀减压比非常高，天然气流量也很大，因此气体膨胀吸热严重，如果不设置加温装置，减压阀将大量结霜，直至结冰，降低机械性能，减少部件的使用寿命，同时也可能产生管道冰堵。减压阀上的加温装置为一水道，发动机冷却系统的循环水通过软管引入减压调节阀进行加温。其结构简单，性能可靠。安装时应注意，应使循环水进出口的压力差尽量大。

2. 正压输出的减压调节器

正压输出的减压调节器结构原理图如图2-17所示，其基本工作原理是：每级减压器由进气阀、减压室及阀门开闭调节装置、出气阀等组成。本级出气阀为下一级减压室的进气阀。高压气体由进气阀进入减压室，体积膨胀，当气体作用于膜片组的推力与进气阀门开启力相等时，进气阀又被关闭，使减压室压力不再增高，以达到减压的目的。等气体从出气阀流出时，减压室压力降低，气体对膜片组的作用力小于进气阀门开启力，进气阀又被打开，如此周而复始，使本级减压室压力稳定在额定压力，以达到减压的目的。

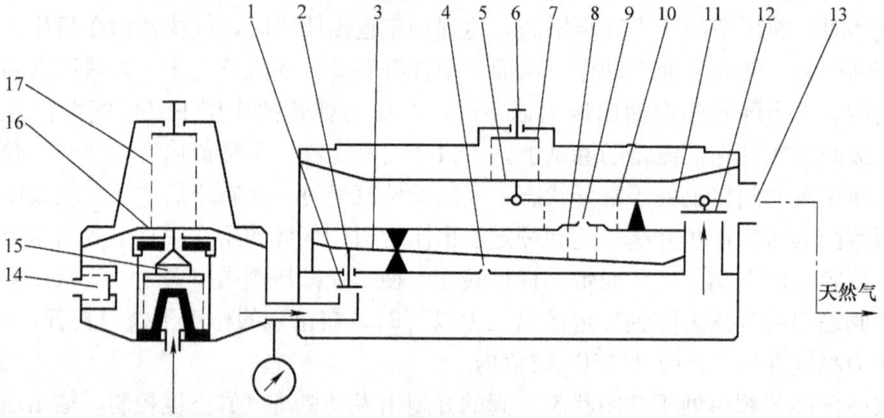

图 2-17　正压输出的减压调节器结构原理图
1—二级阀片及阀座　2—顶杆　3—二级调压器膜片组　4—通道　5—三级调压器膜片组
6—调压螺栓　7、10—三级调压弹簧　8—二级调压弹簧　9—通道　11—三级调压杆
12—三级阀片及阀座　13—压力调节器输出接口　14—安全阀总成　15—高压阀芯
16—膜片组　17—调压弹簧

（1）一级减压器　高压天然气经过天然气滤清器由阀口进入一级减压室内，推动膜片组 16，克服调压弹簧 17 的压力向上移动，当膜片组的推力和调压弹簧的压力平衡时，高压阀芯 15 的锥面将阀座口通道关闭。

当一级减压阀出口流量增大，减压室压力降低时，调压弹簧克服膜片组的推力（膜片组推力也在下降），将顶杆和阀芯往下推动，使阀口打开进气，以保持减压室的天然气压力稳定在不大于 0.6MPa 的范围内。由于减压器最高使用压力达到 20MPa，为防止阀口出现内泄漏，使减压室压力过高而引起壳体爆裂，特在一级减压室设置安全阀。当减压室压力大于安全阀泄漏阀口的关闭弹簧力时，使弹簧压缩，推开阀门，开始泄压；当压力低于弹簧力时，弹簧力又使阀门重新关闭。

（2）二级减压器　当二级减压器进气时，二级阀片 1 打开，顶杆 2 上行，当二级减压室内压力到达额定值时，气压经通道 4 推动二级调压器膜片组 3，使其右端上行，压迫调压弹簧 8（该装置将二级调压膜片组作为压力调节杠杆），左端向下推动顶杆 2，将阀口关闭；反之当二级减压室压力降低时，调压弹簧将膜片组右端压下，左端上升，阀口自动打开进气。二级减压室内的压力保持在 0.017～0.018MPa。

（3）三级减压器　当三级减压器进气阀片 12 打开时，三级减压室压力增高，推动膜片组 5 向上移动，同时带动调压杆 11 使阀片向下关闭阀门；反之减压室压力下降后，进气阀又打开进气。三级减压室内压力保持在 1.2kPa 以下。

三、混合器

混合器的作用是将空气和天然气按一定比例混合，形成一定浓度的可燃混合气，并能根据发动机转速和负荷的变化，增减混合气的供应量，以适应发动在起动、怠速、加速等不同运行工况下正常运行的需要。

目前在CNG汽车燃料供给系中有两种原理的混合器，一种是文丘里式，另一种是比例式。两种混合器的原理和工作特性不一样，各有特点。

1. 文丘里式混合器

所谓文丘里式混合器就是利用流体力学中著名的“流体（气体或液体）在管道中流动时，截面积越小之处，其流速越大，而静压力越低”的文丘里原理制成的混合器。

混合器可选用盘式、筒式等多种样式，但不管哪种样式，混合器均安装在空气滤清器后面，其工作原理基本相同。典型的文丘里式混合器结构如图2-18所示。该混合器一般由壳体和芯子两部分组成，芯子喉径最小处均匀分布一圈小孔，壳体上有天然气进气道。

图2-18　典型文丘里式混合器结构图

a）装配图　b）壳体　c）芯子

在改装的开环控制天然气汽车上一般安装功率调节阀，如图2-19所示，实现混合气空燃比调节。由于空气通道的截面积不变，通过旋进或旋出功率调节阀的调整螺钉，调节燃气通道的横截面积，则可达到调节混合器中天然气与空气的比例的目的，实现与发动机功率匹配。调整螺钉只能由经过培训的维修工在调试和维护时进行调整，调试好后，在行车中不能再调整。因此，功率调节阀上的调整螺钉处，都设有预紧螺母或预紧弹簧。

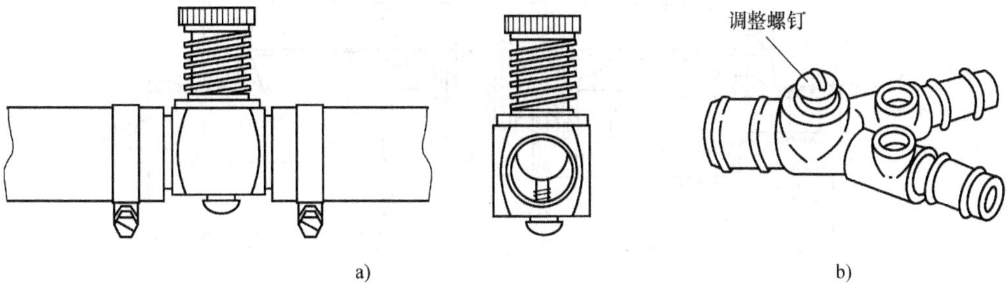

图2-19　功率调节阀

a）功率调节阀组装图　b）双管混合器配的功率调节阀

这种混合器一方面要使喉管处产生真空度来调节减压调节器的天然气流量，另一方面又要将天然气与空气均匀混合。该混合器结构虽然简单，但其设计参数直接影响发动机的性能。混合器喉径过大，真空度小，不灵敏；喉径过小，吸入空气量少，影响空燃比，发动机功率下降。通气小孔的截面积应与天然气进气道截面积相匹配。按标准规定，使用汽油燃料时，安装混合器后比安装混合器前，发动机功率不得低于95%。如果影响过大，就得重新改变混合器参数。

使用文丘里式混合器的发动机，由于起动时转速低，文丘里喉管处真空度很低，发动机不能从混合器喉管处吸出较浓的混合气以利起动，因此往往采用附设的起动电磁阀从一级或二级减压器直接取大于1kPa压力的正压天然气，直供混合气起动，因此此类混合器起动状态必须是正压状态才利于起动。

2. 比例式混合器

比例式混合器就是利用进气管真空度信号同时控制空气和天然气的进气通道截面，进而按一定比例控制混合气浓度的工作原理设计的混合器。典型的结构有四川西恩基机电有限责任公司的 CYTZ-100 型车用燃气系统。CYTZ-100 型两种比例式混合器外形如图 2-20 所示。标准型混合器（图 2-20a）安装在空气滤清器外面，用橡胶软管串接于燃油供给装置进气口和空气滤清器出气口之间；内置式混合器（图 2-20b）则适合于盘式空气滤清器，直接安装在空气滤清器内部。

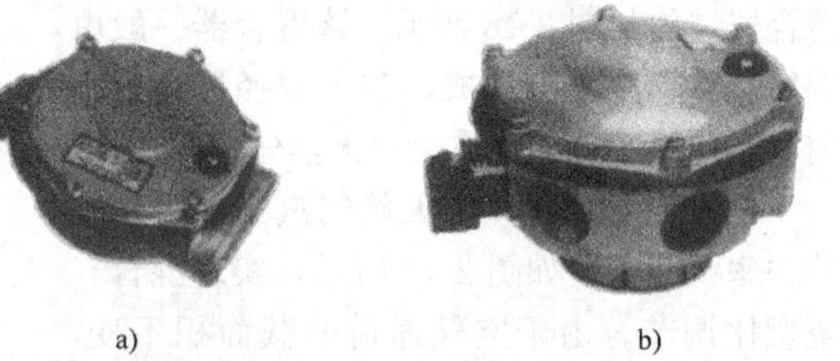

图 2-20 两种比例式混合器外形图
a）标准型混合器 b）内置式混合器

比例式混合器工作原理示意图如图 2-21 所示。比例式混合器阀芯由两个并联的节流阀芯组成，分别同时控制燃气和空气流通截面积。混合器工作时，膜片感应到进气管真空度的变化，带动阀芯上下移动，改变燃气和空气流通截面积，从而控制燃气和空气流量，实现控制混合气的空燃比。比例式混合器工作原理如下：当发动机起动运行时（图 2-21a），发动机进气歧管产生真空，进而燃油供给装置上部形成真空，当真空度大于 0.2kPa 时，混合器气室 B 的空气通过管道 E 进入发动机进气管；气室 B 产生真空，而气室 A 与大气相通，混合器膜片在大气的压力

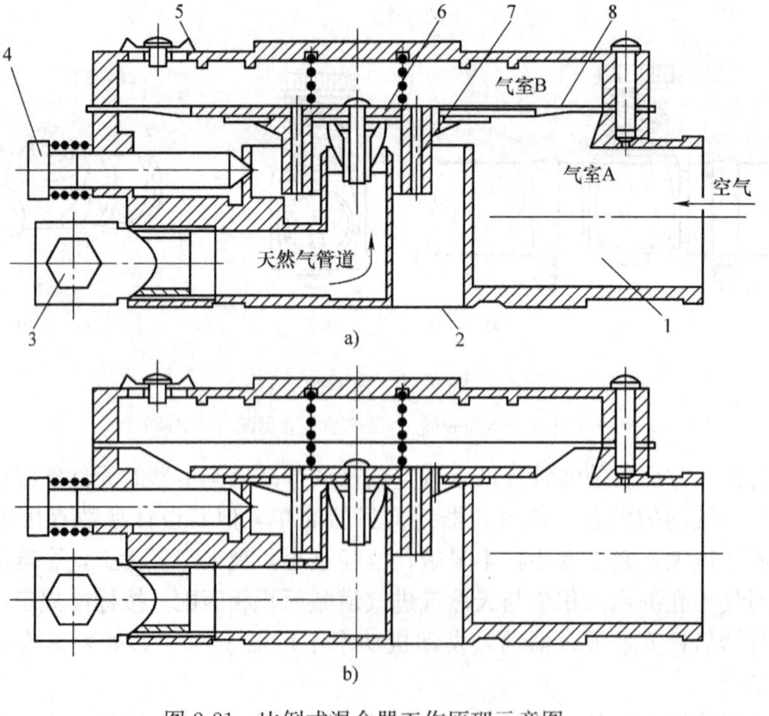

图 2-21 比例式混合器工作原理示意图
a）起动运行时 b）停止工作时
1—接空气滤清器出气口 2—接进气口 3—动力调整螺钉 4—怠速空燃比调整螺栓
5—防爆皮碗 N 6—阀芯 7—管道 E 8—膜片组

作用下克服膜片组的重力和混合器弹簧的弹力上行，打开天然气进气管和混合器空气阀座，天然气和空气通过混合器进入发动机，发动机开始工作。混合器膜片根据发动机进气管的真空度变化上下运动，天然气进气管开度的大小也随着变化，从而向发动机提供不同数量的天然气，与空气形成空燃比合理的混合气。当发动机停止工作时（图 2-21b），发动机进气管压力与大气相等、气室 B 通过管道 E 进入空气，气压达到大气压力，这样混合器膜片就不承受向上的压力。在混合器弹簧的压力下，关闭天然气进气管道，天然气不再进入发动机。当发动机回火时，回火的气体一部分通过混合器空气阀口向进气管泄出，一部分通过管道 E 进入气室 B，在气室中膨胀，通过混合器防爆皮碗 N 向大气排出，保护混合器膜片不受损坏。

由于减压器输出的天然气压力在静态状况下为 0.1～1.2kPa，使天然气通道打开瞬间天然气即喷向进气歧管与空气混合成可燃混合气，这种工作原理近似加速泵的作用，因此发动机起动容易。

四、加气口

加气口是安装在汽车上，与加气站售气机的加气枪连接后给车用气瓶充装压缩天然气装置的总称，通常由接口、单向阀、防尘盖（塞）、输气接头和安装件组成。它的主要作用是：在加气站储存的高压燃气充装到车用气瓶组时，可靠地接通高压充气气路；在充气结束后，能可靠地封闭充气口，防止燃气从充气口泄漏。根据 GB/T 19240—2003《压缩天然气汽车专用装置的安装要求》的规定，天然气充气装置应设置单向阀或截止阀，加气接头采用 ϕ12mm 的插销式结构，并设置能密封系统压力的防尘塞，防止气体泄漏，在取出防尘塞前，应能泄压。

两种常见加气口的结构示意图如图 2-22 所示。图 2-22a 所示是由一个手动截止阀和防尘塞 2 组成。该加气口采用带排气螺钉 1 的插销式防尘塞结构。对于尾部带排气螺钉的防尘塞，在拔出防尘塞准备充气时，应先旋松排气螺钉 1，泄漏气体形成的压力，然后再拔出防尘塞，以防止防尘塞上密封胶圈早期损坏。加气时，先拔出防尘塞，将高压加气软管上的插头插入充气孔，打开手动截止阀，即可充气。充气完成后将截止阀关闭，方可拔出高压加气软管上的插头，插回防尘塞，旋紧排气螺钉。截止阀一旦有轻微漏气进入插销孔内，防尘塞应起到密封作用。图 2-22b 所示是双向对称加气口，适用于安装在有多个气瓶的汽车上。加气口两端布置的气瓶数量大致相等，有利于提高充气速度，减少充气时间，降低充气节流效应，减少出现充气冰堵的可能性。

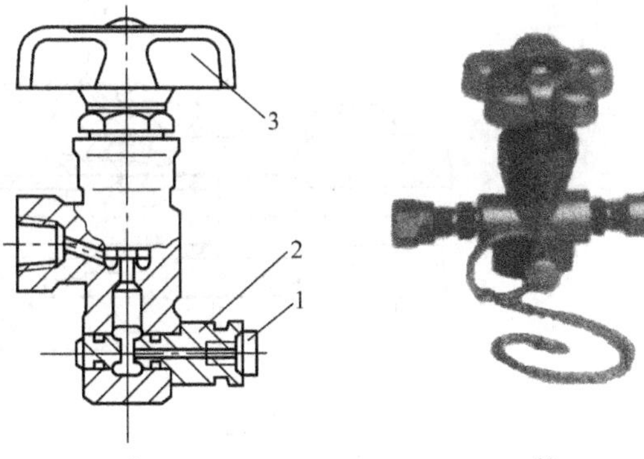

a)　　b)

图 2-22　加气口
a）带排气螺钉的加气口　b）双向对称加气口
1—排气螺钉　2—防尘塞　3—截止阀手轮

五、天然气汽车各种截止阀及高压管路

1. CNG 车用气瓶瓶口阀

瓶口装置由气瓶接头、高压管接头、手动截止阀和安全装置四部分组成，如图 2-23 所

示。气瓶接头为 14 牙/in（螺距 1.814mm，1in＝25.4mm）锥螺纹。高压管接头为 G5/8in（左）外螺纹连接，60°锥面密封。特别注意的是，天然气为可燃气体，因此标准规定连接螺纹为左旋（即反扣）。手动截止阀的作用是在必要时关闭气瓶与高压管线间的通道。安全装置为爆破片易熔塞组合式，当遇到意外时，高温将易熔合金熔化，高压将爆破片爆破，使气瓶内的高压天然气泄放，以保护气瓶。易熔合金熔化温度为（100±5)℃，爆破片的公称爆破压力为水压试验压力，允差为±5%。

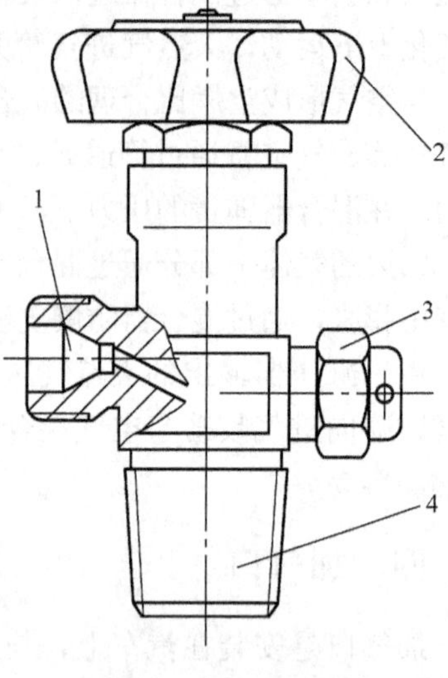

图 2-23 瓶口阀

1—高压管接头 2—手动截止阀 3—安全阀 4—气瓶接头

2. 高压管线及高压接头

高压管线采用不锈无缝钢管或其他车用高压天然气专用管线。我国目前采用的是 ϕ6mm、ϕ8mm 的 1Cr18Ni9Ti 不锈钢无缝钢管。高压管接头应采用符合 GB/T 3765 规定的卡套式管接头，它由接头体 3、卡套 2 和压紧螺母 1 三部件组成，其结构如图 2-24 所示。使用时，拧紧压紧螺母，使卡套受力，由于接头体内锥面的作用，卡套的中部产生弹性弯曲变形，前部则产生径向收缩变形，迫使前端内侧刃口切入钢管，深度为 0.15～0.25mm，形成密封和防止管体拔脱；同时，卡套后端外侧分别和卡套体、螺母和内锥面形成锥面密封。

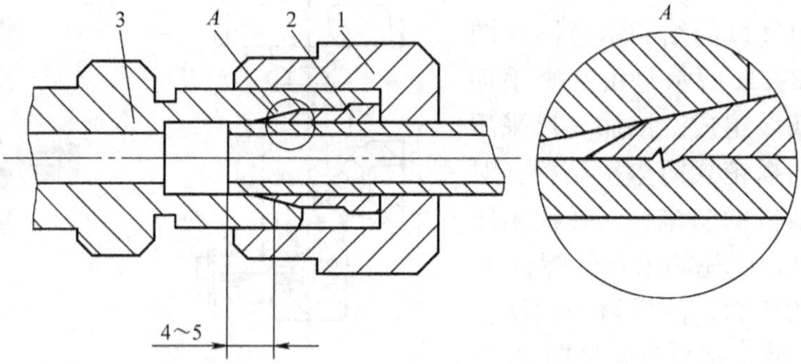

图 2-24 卡套式管件

1—压紧螺母 2—卡套 3—接头体

3. 手动截止阀

气瓶到减压调节器之间应设置手动截止阀，用于当 CNG 汽车因加气、修理、入库停车时切断气瓶到减压调节器之间的气路连接。

手动截止阀是 CNG 系统安全可靠的关键部件，要求能够做到快速开和关，启闭范围应为 0.25～1.5 圈，并清楚标明开和关的方向。手动截止阀应安装在易于操作的位置，阀体又不得直接安装在驾驶室内。手动截止阀的结构图如图 2-25 所示。在阀体 3 上装有一头带密封块 4 的阀芯 6，螺旋弹簧 5 伸张力作用在阀上使阀呈开启状态，以允许 CNG 流出，当转动手轮 8 时，心轴 10 通过膜片 13 压在阀芯 6 上，使阀压在阀座上关闭，CNG 被截止流动。

膜片 13 由薄钢片制成，它把高压气体与大气隔开。该阀心轴 10 的长度通过销钉与轴 9 连接得到加长，这样手轮可装入驾驶室内，便于驾驶员操作。

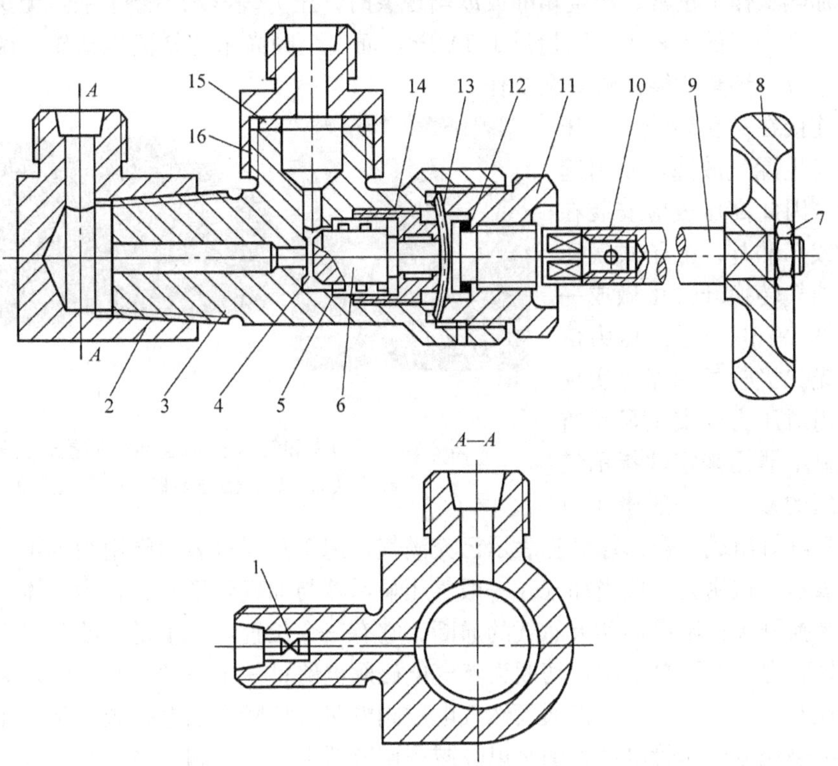

图 2-25　手动截止阀
1—量孔　2—三通接头　3—阀体　4—密封块　5—弹簧　6—阀芯　7—螺母
8—手轮　9—加长轴　10—心轴　11、14—螺帽
12、15—垫圈　13—膜片　16—接头

4. 天然气滤清器

由于车用 CNG 压力高，CNG 在减压器阀口处的流速很高，气体中微小的颗粒杂质均易对减压器阀口造成冲刷损坏，导致密封不严，影响减压器工作的安全可靠性。因此，在气瓶到减压调节器之间应设置天然气滤清器。为便于该天然气滤清器既能滤除 CNG 中的颗粒物质而又不影响天然气的供给，并易于检查和清洗，有些型号减压器将天然气滤清器作为一个管接头直接装于减压器进气口上，有些则在高压系统管路中加装独立的天然气滤清器。

六、气压显示器装置及油气转换开关

气压显示器装置可以是机械式压力表（图 2-26a），也可以是压力传感器配合发光二极管显示器。机械式压力表是通过气压的变化来带动机械位移，通过杠杆带动指针，指示出压力的数值。气压显示器装置是 CNG 系统中必须配置的仪表，它对驾驶员的安全节能操作有重要指导意义。

高压气量显示用于监视气瓶内天然气压力：指示充装和车辆运行时燃气储量；指示每百千米或某路段燃料消耗量，促使驾驶员在路况、车况、装载、燃料充装、气温及管线泄漏等因素变化时对燃气耗量的掌握，进而搞好安全节能运行操作。

低压气量显示用于监视减压调节器的工作状态是否正常或稳定。当天然气滤清器被气体中的杂质堵塞时，或发动机转速高低变化较大时，压力显示波动较大，表明燃气压力不足。当减压器加热工作不正常，产生霜冻或冰堵现象时，压力表显示不断上涨，无法稳定，提示应更换易损件。当低压表指示已超过 1.1MPa，而安全阀尚未开始泄压动作，说明安全阀调整不当，应及时调整才能保障安全工作。

由于连接在高压管线上的压力表一旦发生漏气故障，易引起火灾事故，因此高压表应安装在驾驶室外或车厢外。电子式气压显示器与油气转换开关可做成一体式，如图 2-26b 所示。压力信号通过发光二极管显示器可实现在驾驶室内对压力的安全显示监控。气压显示器用来定性指示气瓶剩余气压的多少，一般由 4 只绿灯和 1 只红灯组成，全部绿灯亮表示已充满气，熄 1 只绿灯表示已用约 1/4 气量，若只有红灯亮，表示气快用完，应当加气。一般气压显示器与油气转换开关合为一体。

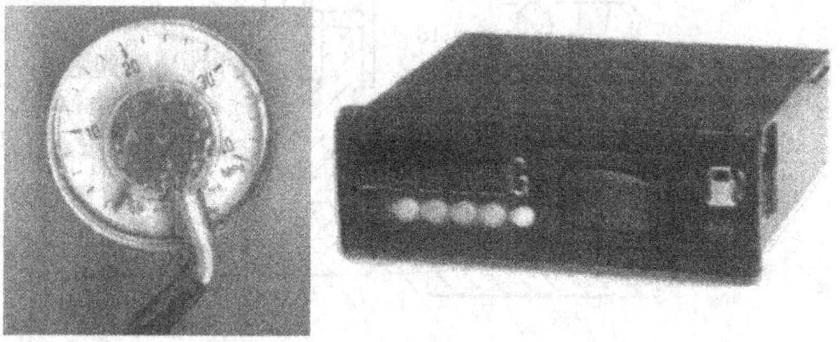

a)　　b)

图 2-26　压力表和气压显示器/油气转换开关外形图

a）压力表　b）气压显示器/油气转换开关

油气转换开关控制汽油和天然气的通断。它有三个位置，一个是“油”位，接通汽油电磁阀或晶体管电动燃油泵电路，切断天然气电磁阀电路；一个是“中间”位，油、气电路均不接通；还有一个“气”位，接通天然气电磁阀电路，切断汽油电磁阀电路。油气转换开关控制汽油电磁阀或晶体管电动燃油泵以及减压调节器上的电磁阀。当开关处于“气”位，发动机运转，燃料转换开关能接收到脉冲信号，保证高压电磁阀长期通电，打开气路；如果发动机不运转，高压线下就没有脉冲信号，燃料转换开关仅通电数秒左右就自动断电，这样就使发动机熄火后，自动关闭天然气高压系统，既安全又节约燃料。有的油气转换开关上还有一个点动按钮，用于气转油过渡时临时供气使用。

油气转换开关及电控阀的电源应经过中间继电器直接在蓄电池上取正极电源，可避免在原车电气回路上另增负载，不影响原车电气性能指标。

七、电控天然气汽车供给系统主要元件

1. 功率阀

在采用混合器供气方式的天然气发动机电控系统中，一般装有功率阀作为执行元件来控制天然气供给量。

常用的功率阀有步进电动机功率阀和占空比功率阀两种。步进电动机功率阀即采用步进电动机驱动的调节阀来执行燃气 ECU 的指令，实现燃气供给量调节。占空比功率阀是采用占空比控制型电磁阀来执行燃气 ECU 的指令，实现燃气供给量调节。功率阀安装在燃气压力调节器与混合器之间的低压输气管路中，通过改变低压输气管路的流通截面积来控制供气量。

部分燃气发动机为进一步提高供气量的控制精度，使用的步进电动机功率阀为双步进电动机型，如图 2-27 所示。两个步进电动机分别为主控电动机和微控电动机，均受燃气 ECU

控制，其中主控电动机用来实现对供气量的粗调，微控电动机则用来实现对供气量的微调。步进电动机的结构和工作原理基本相同，只是步进电动机每转一步的角度不同，控制精度也就不同。

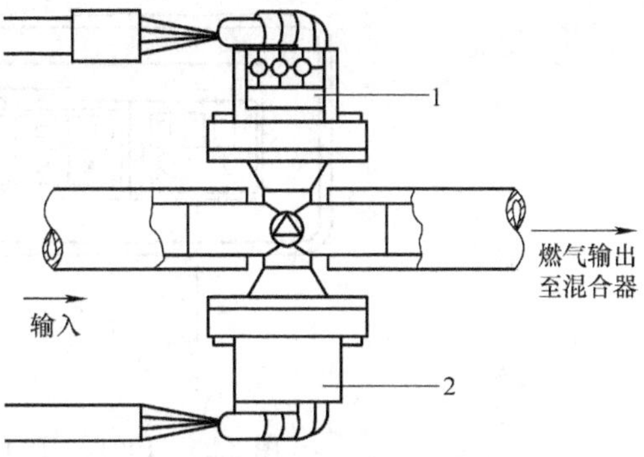

图 2-27　双步进电动机功率阀
1—微控电动机　2—主控电动机

2. 模拟器

模拟器应用在以电控汽油喷射发动机改装的燃气发动机上，其主要功用是：发动机燃用燃气时，产生并向汽油机 ECU 输送模拟喷油器工作的信号。在电控燃气供给系统中，模拟器一般与燃气 ECU 制成一体。

电控汽油喷射系统的喷油器驱动方式不同，模拟器的工作原理也不同，如图 2-28 所示。

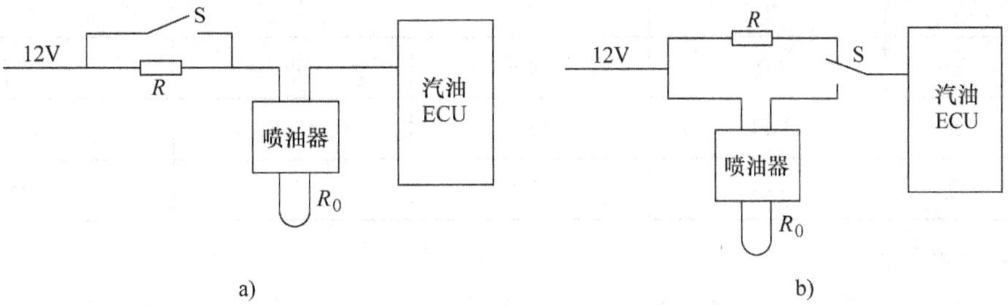

图 2-28　模拟器工作原理
a）电压驱动式喷油器　b）电流驱动式喷油器

电压驱动式喷油器的模拟器工作原理如图 2-28a 所示，在喷油器控制电路中串联一个电阻 R，串联的电阻 $R \geqslant 5R_0$（R_0 为喷油器电阻），并在电阻 R 上并联一个短路开关 S。当燃用汽油时，模拟器接通短路开关即可将蓄电池 12V 电源不经电阻 R 输送给喷油器，喷油器正常工作。当燃用燃气时，模拟器断开短路开关，此时汽油 ECU 仍能正常向喷油器输送喷油信号。由于接通喷油器搭铁回路后，蓄电池 12V 电源经过串联电阻 R 输送给喷油器，使通过喷油器的电流减小，喷油器线圈产生的电磁力不足以吸开针阀，所以喷油器不喷油，但输送给汽油 ECU 的仍是 12V 电压信号。

电流驱动式喷油器的模拟器工作原理如图 2-28b 所示，在喷油器控制电路中串联一个开关 S，并在喷油器上并联一个电阻 R，并联的电阻 $R=R_0$（R_0 为喷油器电阻）。当燃用汽油时，模拟器接通喷油器电路而断开电阻 R 电路，喷油器正常工作。当燃用燃气时，模拟器则断开喷油器电路而接通电阻 R 电路，喷油器不喷油，由于电阻 $R=R_0$，所以输送给汽油 ECU 的电流信号不变。

3. 点火提前调节器

由于燃气与汽油的化学性质不同，在同一工况下的最佳点火提前角也不同，所以在以汽油机改装的两用燃料发动机上，必须设有点火提前调节器，以满足发动机燃用燃气和燃用汽油时对点火提前角的不同需要。

北京恩吉威机电科技发展有限公司生产的 PICK-UP510 型点火提前调节器如图 2-29 所示，可通过 3 个设置开关来调节点火系统的基本点火提前角。设置开关有上（OFF）、下

（ON）两个挡位，点火提前角的设置方法见表 2-6。

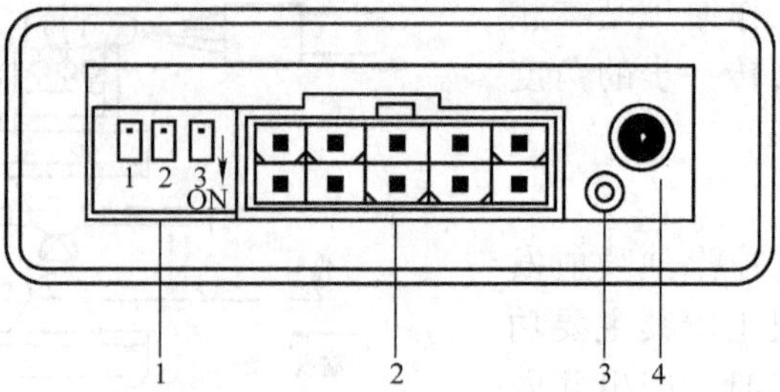

图 2-29 PICK-UP510 型点火提前调节器

1—点火提前切换点调节钮 2—点火提前指示灯 3—线束接插口 4—设置开关

表 2-6 点火提前角的设置

点火提前角	6°	9°	12°	15°
开关 1 位置	ON	OFF	OFF	ON
开关 2 位置	OFF	ON	OFF	ON
开关 3 位置	ON	ON	ON	ON

4. 燃气喷射器

国产 HSV（电控柴油机高速数字开关阀）电控低压燃气喷射器如图 2-30 所示。电磁线圈 3 不通电时，球阀 7 在进气口和出气口两侧气体压差的作用下向右开启，使燃气经出气口喷出。当电磁线圈 3 通电时，衔铁 2 在电磁力作用下向左移动，并通过推杆 5 使球阀向左关闭，停止燃气喷射。

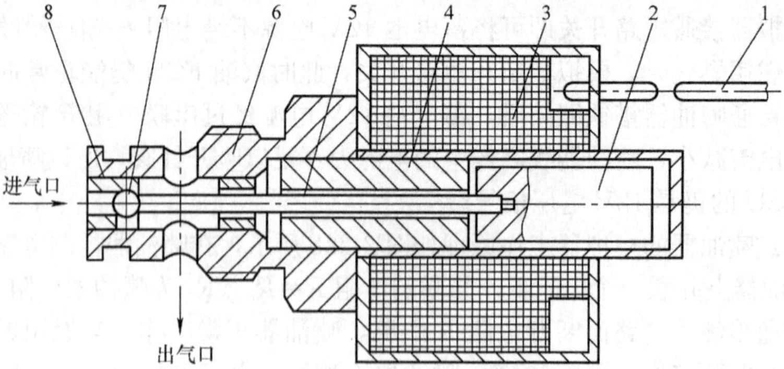

图 2-30 国产 HSV 电控低压燃气喷射器

1—导线 2—衔铁 3—线圈 4—极靴 5—推杆 6—阀体 7—球阀 8—阀座

应用在混合燃料发动机上的天然气-柴油组合式喷射器如图 2-31 所示，它是以电控柴油喷油器改造而成的，是一个典型的天然气高压喷射装置，喷气压力达 12～16MPa。喷射器的喷油、喷气正时和持续时间采用电磁阀控制和液压控制相结合的方式。电磁阀保持断电的常开状态，凸轮的凸起部分转过后，柱塞 3 向上运动，使柴油充入柱塞泵油腔内，此时在针阀回位弹簧作用下，柴油针阀 2 和气体针阀 1 分别压紧其阀座；此时即使喷油器柱塞向下运动压油，由于电磁阀 4 开启供油/回油通道 5，不能产生足够的压力使喷油器喷油。当 ECU 发出喷射指令给控制电磁阀 4 通电时，电磁阀 4 关闭供油/回油通道 5，凸轮驱动柱塞 3 向下运动，压缩泵油腔内的柴油，柴油压力达到喷射始点压力，柴油针阀 2 开启喷射引燃柴油。而后，随着高压燃气进入喷射器内燃气压力腔，当凸轮顶点转过，使柱塞 3 开始上移（喷油基本结束），且燃气压力腔内的压力超过气体针阀 1 回位弹簧的弹力时，将气体针阀 1（实际也是柴油针阀座）顶起，使柴油喷射停止而燃气喷射开始。燃气喷射滞后柴油喷射的时间主要取决于气体针阀回位弹簧的弹力，而柴油喷射的开始时刻和燃气喷射的持续时间由电磁阀控制，电磁阀通电时即喷油开始，电磁阀断电时则喷气结束。

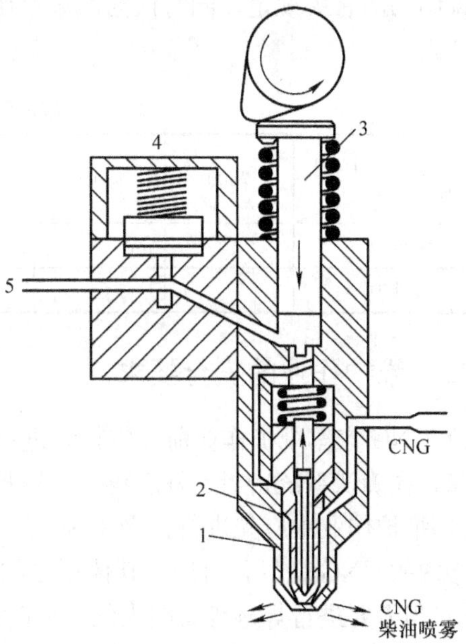

图 2-31　天然气-柴油组合式喷射器
1—气体针阀　2—柴油针阀　3—柱塞
4—电磁阀　5—供油/回油通道

第四节　天然气汽车维护

一、维护分类与周期

1. 维护分类

按照交通行业标准 JT/T 512—2004 要求，天然气汽车的维护应分为日常维护、一级维护、二级维护三个类别。

（1）日常维护　包括出车前、出车中、出车后，以清洁、补给和安全检视为作业中心内容，是由驾驶员负责执行的车辆维护作业。

（2）一级维护　除日常维护作业外，以清洁、润滑、密封性检查、调整、紧固为作业中心内容，并检查有关制动、操纵、CNG 专用装置等安全部件，是由 CNG 汽车维修企业负责执行的车辆维护作业。

（3）二级维护　在一级维护作业的基础上，以检查、调整转向节、转向摇臂、制动蹄片、悬架等经过一定时间的使用容易磨损或变形的安全部件以及 CNG 专用装置的紧固、密封及其性能保持为主，并拆检轮胎，进行轮胎换位，检查调整发动机工作状况、排气污染控制装置以及影响车辆使用与行驶安全的相关装置等，是由 CNG 汽车维修企业负责执行的车辆维护作业。

2. 维护周期

日常维护由驾驶员在出车前、出车中、出车后进行。除日常维护外，天然气汽车的一、二级维护周期的确定，应以汽车行驶里程为基本依据。汽车一、二级维护行驶里程依据车辆使用说明书的有关规定，同时依据汽车使用条件的不同，由各省级交通行政主管部门规定，见表 2-7。

表 2-7 常见的天然气汽车维护周期

维护类别＼行驶里程/km	7500	15000	22500	30000	37500	45000	52500
一级维护	○		○		○		○
二级维护		○		○		○	

二、维护作业的安全要求

1）CNG 汽车维护作业前，应首先进行 CNG 专用装置的密封性检查，如有泄漏应先排除故障，在确认系统密封良好后再进行维护作业。

2）维护作业中应先进行涉及 CNG 使用的检查、维护等作业，然后关闭气瓶截止阀并使管路内的 CNG 耗尽，再进行其他项目的维护。

3）当需要进行焊割等有明火的作业时，应拆掉蓄电池及重要总成的电控元件。应安全拆卸气瓶并放入专用库房妥善保管；或在专用的符合安全防护要求的场地将 CNG 供气系统（包括气瓶）泄压，确保供气系统内无 CNG。

4）如需在气瓶附近打磨或切割时，应先将其拆掉或有效隔离。应由具备认可资格的单位、人员从事气瓶维护与检测，不得在气瓶上进行挖补、焊割等作业。

5）CNG 汽车如发生漏气，应立即关闭电源和气瓶截止阀，然后在专用场地进行处理。如果高压管路破裂或脱落导致气体大量泄漏而无法关闭气瓶截止阀时，应立即将现场进行隔离，不允许人、车入内，隔离火源，待天然气散尽后再作处理。

6）如发生火情，除立即关闭电源和气瓶截止阀外，应隔离现场，立即采取有效的灭火与救援措施。

三、维护作业内容与技术要求

1. CNG 汽车日常维护

驾驶员应在出车前、行车中和收车后对车辆进行日常维护，并重点观察 CNG 专用装置有无泄漏和异常情况。除 GB/T 18344—2001 规定外还需进行的作业内容有：

1）检视 CNG 专用装置各功能部件、系统的工作状态及其连接和密封，要求状态正常且无松动、泄漏、损坏。气瓶及固定支架固定牢固、无损伤，必要时更换；CNG 管线不得与其他部件擦碰。

2）检查 CNG 储气量，降至规定值以下时应立即加充 CNG。

3）对于 CNG-汽油两用燃料汽车，油箱中存有的汽油应符合车辆使用规定及油品质量要求。当长期使用燃油时，应把气瓶的燃气用完；当使用 CNG 时，应按规定定期转换燃料运行，确保两种燃料供给及其转换系统工作正常。

4）行车中，应随时观察车辆各系统工作状况，当发现 CNG 专用装置有过热、过冷、异味等异常现象时，应立即关闭 CNG 气瓶截止阀，并及时送 CNG 汽车维修企业进行维修。

2. CNG 汽车一级维护

除 GB/T 18344—2001 规定外，还需进行的基本作业项目、作业内容和技术要求见表 2-8。

表 2-8　CNG 汽车一级维护增加的基本作业项目、作业内容和技术要求

序号	作业项目		作业内容	技术要求
1	储气装置	CNG 气瓶及固定支架	检查外观和紧固情况	1）气瓶检定审验有效 2）气瓶表面应无严重划伤、凹凸、裂纹等缺陷 3）固定支架及扎带完好、无裂纹、紧定牢固，垫层完好、无损坏，气瓶应固定可靠，无窜动和旋动现象 4）安装位置、方式符合 QC/T 245 的要求
2		CNG 管路及卡箍	1）检查紧固管线及接头 2）检查各连接部位有无泄漏	1）高压管线及接头应无擦伤及其他损伤 2）各接头紧固良好，无漏气现象，涂检漏液至少观察 10s 后，无气泡出现 3）软管无老化、油污、裂纹，连接可靠，与其他部件无摩擦 4）安装位置、方式符合出厂技术规定和 QC/T 245 的要求
3		截止阀、充气阀、组合阀等各类控制阀及相关仪表等	检查密封性，工作性能	1）各种阀密封良好，开闭性能灵活有效，相关仪表工作正常，安装牢固可靠 2）安装位置、方式符合 QC/T 245 和出厂技术规定
4		加气口	1）检查加气口的装置及其紧固情况 2）检查单向阀	1）符合 GB/T 18363 相关要求 2）加气口固定牢固、清洁 3）加气口、单向阀工作可靠无漏气现象，防尘盖可靠有效
5	CNG 供给装置	减压调节器	1）检视外观，按规定进行调整 2）卸下排污塞，放掉残液 3）检查滤网、滤芯，必要时清洗	外观清洁，安装牢固，无泄漏现象，各部件性能良好，符合 GB/T 20735—2006 的要求
6		混合器/喷气装置	检查	各气道通畅、无阻塞、无泄漏，混合器/喷气装置应清洁、固定牢固、装配正确
7		高频电磁阀	检查各电磁阀及其控制装置技术状况	连接可靠、工作正常
8		CNG 电喷控制装置	检查各功能的有效性	各参数均正常
9	燃料转换及控制装置	燃料转换开关及仪表	检查	1）燃料转换器开关转换灵活、可靠 2）气量显示正常，与气瓶气压、储气量协调一致
10		CNG 电磁阀	检查、紧固	1）连接牢固、可靠 2）开闭性能良好，无泄漏 3）符合 QC/T 674 规定
11		汽油电磁阀及管路	检查、紧固	1）电磁阀及油管安装牢固，管路无碰擦现象 2）汽油管路无老化及损伤，接头密封良好 3）电磁阀开闭性能良好，无泄漏，符合 QC/T 675 规定
12	整车		检查、测试	燃油、燃气系统工作正常，CNG 汽车标志符合 GB/T 17676 规定

3. CNG 汽车二级维护

除 GB/T 18344—2001 规定外还需进行的基本作业项目、作业内容和技术要求见表 2-9。

表 2-9 CNG 汽车二级维护增加的基本作业项目、作业内容和技术要求

序号	作业项目		作业内容	技术要求
1	储气装置	CNG 气瓶及固定支架	1）查验气瓶检定证明 2）按规定清理气瓶残液 3）紧固连接部位 4）视情况更换安全装置	1）气瓶检定审验有效 2）气瓶无残液 3）气瓶有下列情况应更换： 瓶体或附件出现裂纹、灼伤、鼓包、渗漏或明显的凹陷、膨胀、弯曲 外表明显损伤、瓶口螺纹损伤或产生锈蚀 4）气瓶及支架安装紧固，安装位置应符合 QC/T 245 规定 5）安全装置完好、有效，符合 QC/T 245 规定
2		CNG 管路及卡箍	拆装、检查、紧固高压管路及接头，更换密封圈、环形卡箍	1）高压管线及接头应无损伤及挤压变形和松动现象，CNG 管路无老化、腐蚀，与相邻部件无碰擦现象 2）接头紧固良好，无漏气、阻塞现象，涂检漏液至少观察10s后，无气泡出现
3		截止阀、充气阀、组合阀等各类控制阀及相关仪表等	1）检查各阀门工作性能及接口有无泄漏 2）视情况拆检阀门，更换密封圈、垫	阀门开关灵活，紧固牢靠，阀门无泄漏，性能满足要求
4		加气口	1）清洁、紧固加气口 2）视情况更换单向阀阀芯及防尘盖	1）加气口无油污、灰尘 2）单向阀工作可靠，无渗漏 3）防尘盖完好
5		压力传感器、压力表	性能检查	1）显示准确 2）与进气座连接处无泄漏
6		限量充装阀	性能检查	满足设计要求
7	CNG 供给装置	滤清器	清洁或更换滤网	清洁，工作良好
8		减压调节器	1）拆检总成。清洁各工作腔，定期更换滤网 2）检查高压进气装置是否泄漏，视情更换密封圈 3）检查各级压力，视情况更换弹簧、膜片 4）密封性检查 5）检查安全阀	1）膜片等关键部件无变形、变质 2）装配好后的减压调节器外观清洁、工作正常 3）各处无泄漏，气密性等指标符合 GB/T 20735—2006 规定
9		混合器/喷气装置	1）拆洗混合器各部件，检查、更换密封胶圈 2）检查喷气装置	1）各部件清洁，各处密封良好，无泄漏 2）混合器/喷气装置工作正常
10		高频电磁阀	清除电磁阀滤芯中的杂物、沉淀物，必要时更换	工作正常
11		安全阀	检查	按要求在标定压力范围内能及时开启和关闭
12		低压管路及卡箍	检查并视情况更换	管路固定可靠、完好，无泄漏
13	燃料转换及控制装置	燃料转换开关及仪表	1）检查开关及控制电路 2）检查仪表及插接件	1）开关操作灵活、可靠。开关在“气”位、发动机不运转时，气路电磁阀能在规定时间范围内自动关闭 2）气量显示正确
14		CNG 电磁阀	检查工作性能	开闭灵活可靠，关闭时密封良好，不漏气
15		汽油电磁阀	检查工作性能	开闭灵活可靠，关闭时密封良好，不漏油

第三章　液化石油气汽车

第一节　概　　述

一、液化石油气

我国液化石油气（Liquefied Petroleum Gas，LPG）的来源包括油田和石油炼厂两个方面。随着天然气产量的增加，油田的LPG产量也会不断地增加。油田的LPG由于不含烯烃，适于作汽车用燃料。LPG与汽油、柴油等常规汽车燃料相比，具有燃烧完全、积炭少、排放污染物少、怠速及过渡工况运行稳定性好等优点，但与天然气一样也存在着动力性降低的问题。作为汽车替代燃料的LPG，可以减缓石油资源的紧缺，从局部来看，充分利用区域性资源，使能源利用多样性，能源消耗结构趋于合理。同时，城市里出租车和公交汽车改用液化石油气，对控制城市排放污染，提高汽车的经济性和排放性能无疑是一项有效措施。液化石油气汽车简称为LPG汽车，具有良好的发展前景。

液化石油气的主要成分是丙烷 C_3H_8，此外还含有少量的丁烷 C_4H_{10}、丙烯 C_3H_6 和丁烯 C_4H_8。作为车用燃料来说，液化石油气的理化性能与汽油、柴油以及天然气的比较见表3-1。液化石油气的特点与天然气相似，天然气的体积低热值和质量低热值略高于汽油，但理论混合气热值要比汽油低，液化石油气介于天然气和汽油之间。天然气的主要成分是甲烷，甲烷的辛烷值为130，具有高的抗爆性能，可以采用提高压缩比的方法来提高汽车的动力性、经济性；液化石油气的辛烷值在100～110范围内。天然气和液化石油气比汽油着火温度高，火焰传播速度慢，因此需要较高的点火能量。

表3-1　液化石油气、汽油、柴油以及天然气的理化特性的比较

项　目	汽油	柴油	天然气	液化石油气
物理状态	液态	液态	气态	气态
汽车上的储存状态	液态	液态	气态或液态	液态
在常压下的沸点/℃	30～220	180～370	−161.5	−0.5
低热值/(MJ/kg)	44.52	43	49.54	45.31
汽化潜热/(kJ/kg)	297	-	510	丙烷：−41 丁烷：0～2
辛烷值（ROM)	91	-	120	94
十六烷值	27	40～60	-	-
自燃点/℃	260	-	700	丙烷：358.2 丁烷：373.2
最低点火能量/MJ	0.25～0.3	-	-	-
相对分子质量	100～115	226	16	丙烷：41 丁烷：58
在空气中的可燃范围比（%）	1.3～7.6	-	5～15	-

需要注意的是，车用液化石油气必须保证其使用安全性、抗爆性及良好的起动性和排放性等。一般的民用液化石油气含烯烃较多，会造成结渣、堵塞气路和使膜片等橡胶件早期损坏等问题，不能满足车用燃料的要求。因此，各国对车用液化石油气均提出了标准要求。GB 19159—2003《车用液化石油气》，对车用液化石油气作出了有关规定，根据丙、丁烷组分含量的不同，车用液化石油气分为以下三个牌号产品：

(1) 1 号产品　可在环境温度高于−20℃的条件下使用。

(2) 2 号产品　可在环境温度高于−10℃的条件下使用。

(3) 3 号产品　可在环境温度高于 0℃的条件下使用。

车用液化石油气技术要求应符合表 3-2 的规定。

表 3-2　车用液化石油气技术要求

项目		质量指标		
		1 号	2 号	3 号
蒸气压（37.8℃，表压）/kPa		≤1430	890～1430	660～1340
组分的质量分数(%)	丙烷	>85	>65～85	40～65
	丁烷及以上组分	≤2.5	-	-
	戊烷及以上组分	-	≤2.0	≤2.0
	总烯烃	≤10	≤10	≤10
	丁二烯（1，3-丁二烯）	≤0.5	≤0.5	≤0.5
残留物	蒸发残留物/(mL/100mL)	≤0.05	≤0.05	≤0.05
	油渍观察	通过	通过	通过
密度(20)/(kg/m^3)		实测	实测	实测
铜片腐蚀/级		≤1	≤1	≤1
总硫含量/(mg/m^3)		<270	<270	<270
硫化氢		无	无	无
游离水		无	无	无

注：1. 总硫含量为 0℃、101.35kPa 条件下的气态含量。

2. 可在测量密度的同时用目测法测定试样是否存在游离水。

为了确保安全使用车用液化石油气，当车用液化石油气中不含有可觉察的臭味时，应加入适量的硫醇、硫醚、四氢噻吩等臭味剂，加入量应以液化石油气在空气中的浓度达到爆炸下限的 20%时能被察觉为标准。

二、液化石油气汽车的类型

可以使用液化石油气燃料的汽车称为液化石油气汽车。液化石油气汽车与天然气汽车相似，可以按以下方法进行分类。

1. 按燃料供给系统特征分类

(1) 单燃料 LPG 汽车　仅使用 LPG 作为发动机的燃料，不再使用其他燃油或代用燃料的汽车。其发动机为预混、点燃式发动机。单燃料 LPG 汽车专为燃用液化石油气而设计，可以充分发挥液化石油气辛烷值高（等于94）的优势。

单燃料LPG汽车与单燃料CNG汽车相比，因LPG的辛烷值比CNG的低，故发动机的压缩比稍低，燃料经济性略差；因含碳比例较大，故排污比后者稍多；因LPG挤占空气容积较少，故动力性优于CNG。

（2）LPG-汽油两用燃料汽车　LPG-汽油两用燃料汽车是可以视情况交替燃用LPG或汽油的汽车。它备有LPG和汽油两套燃料系统，燃用汽油时切断液化石油气的供给，燃用液化石油气时切断汽油的供给。一般汽油车发动机不改动，只是加装一套液化石油气燃料供给装置，就成为了LPG-汽油两用燃料汽车。与单燃料LPG汽车相比，LPG-汽油两用燃料汽车的优点是：改装方便，原机基本不变；在保证供应的情况下可以尽可能地燃用液化石油气，而在需要时又可以随时方便地改用汽油；由于保存了原车的燃油箱，续驶里程比原车的还要多。缺点是性能降低。

（3）LPG-柴油双燃料汽车　LPG-柴油双燃料汽车是指同时燃用LPG和柴油的汽车。LPG-柴油双燃料汽车与CNG-柴油双燃料汽车的主要优点类似，可以大幅度地降低大负荷工况的微粒排放，但小负荷时的HC排放有所增加。与CNG-柴油双燃料汽车相比，LPG-柴油双燃料汽车的缺点是LPG的替代率略低于CNG的替代率，优点是LPG不受管线限制，供油系统的成本低，LPG的能量密度大，便于携带。

2. 按液化石油气的供给方式分类

（1）真空进气式液化石油气汽车　是指液化石油气在进气管真空度作用下经混合器进入进气管的液化石油气汽车。其燃料供给方式与化油器式发动机相类似。

（2）喷气式液化石油气汽车　是指液化石油气以一定的压力经喷气嘴直接喷入气缸或进气管的液化石油气汽车。其燃料供给方式与汽油喷射式汽油机或柴油机相类似。

3. 按燃料供给的控制方式分类

（1）机械控制式液化石油气汽车　是指以机械控制方式为主控制液化石油气供给的液化石油气汽车。

（2）机电联合控制式液化石油气汽车　是指以机电联合控制方式控制液化石油气供给的液化石油气汽车。

（3）电控式液化石油气汽车　是指利用微机来控制不同工况液化石油气供给量的液化石油气汽车。电控方式又有开环和闭环之分。

三、液化石油气汽车的布置

神龙富康轿车改装为LPG-汽油两用燃料车的总体布置示意图如图3-1所示。发动机供给系统在原车汽油供给系统的基础上，增加了LPG供给系统，并相应地更改汽油供给系统、冷却系统、电路等。增加的LPG供给系统包括：LPG钢瓶6、多功能组合阀1、蒸发减压器5、带滤清器的LPG电磁阀8、电子控制单元、燃料转换开关。增加LPG的吸入口。改造了汽油供给系统，增加汽油电磁阀4。改动冷却系暖风水管，引发动机冷却液至LPG蒸发减压器，将液态LPG加热至气态，供发动机燃烧。增加了LPG电子控制线束。

福特F-700型LPG单燃料车的LPG钢瓶布置方案如图3-2所示，该车配备7.0L、8缸液化石油气发动机。该发动机经特别设计，提高了寿命和耐用性，使其适用于液化石油气汽车。这些设计包括特制钢曲轴、可防热变形的特制铝活塞、特制的凸轮轴及优质油封、提高

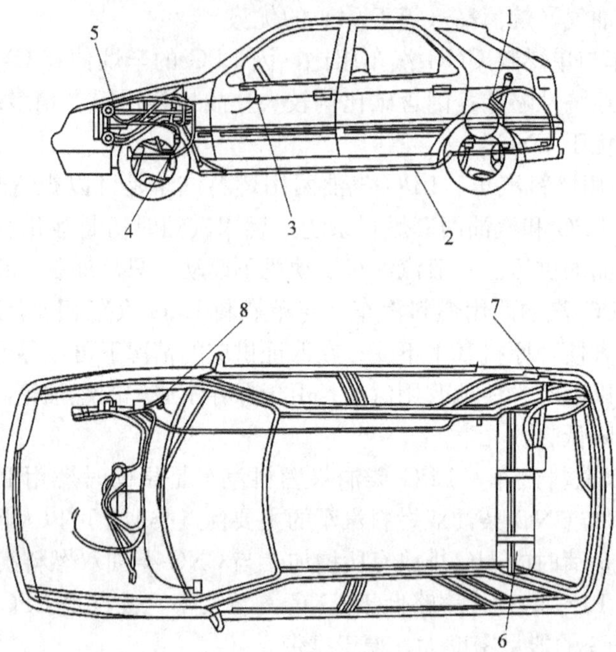

图 3-1 富康轿车改装为 LPG-汽油两用燃料车的总体布置示意图
1—多功能组合阀 2—LPG 液相管 3—燃料转换开关及 LPG 液位显示表 4—汽油电磁阀
5—蒸发减压器 6—LPG 钢瓶 7—LPG 加注口 8—带滤清器的 LPG 电磁阀

硬度的气门座、经铬钨表面处理的排气门与填钠排气门系统。

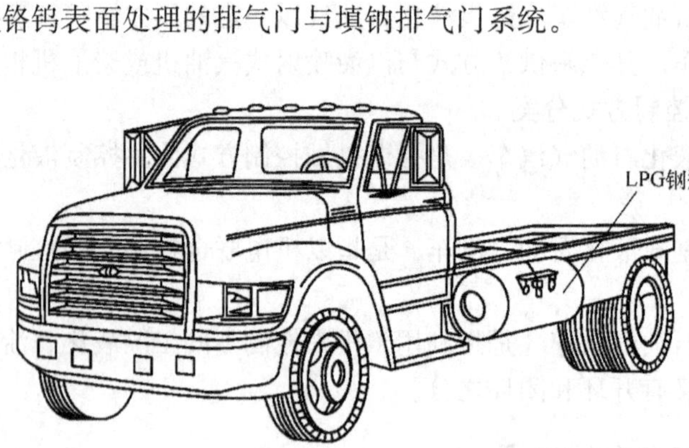

图 3-2 福特 F-700 型 LPG 单燃料车

第二节 液化石油气汽车燃料供给系统的结构和工作原理

一、单燃料液化石油气汽车燃料供给系统

在单燃料发动机中，一般利用节气门根据工况要求实现对混合气量的控制，而可燃混合气一般利用火花塞点燃。

单燃料液化石油气供给系统如图 3-3 所示，主要由气瓶 1、燃气控制电磁阀 2、调节器 3、混合器 4 等组成。液化石油气以液态储存在气瓶中，由于气瓶内的燃气压力远高于大气压力，所以不需要燃气泵，发动机工作时，燃气控制电磁阀打开，由气瓶流出的燃气经调节器调压、计量后以气态输送到混合器，并在混合器内与空气混合后被吸入气缸。

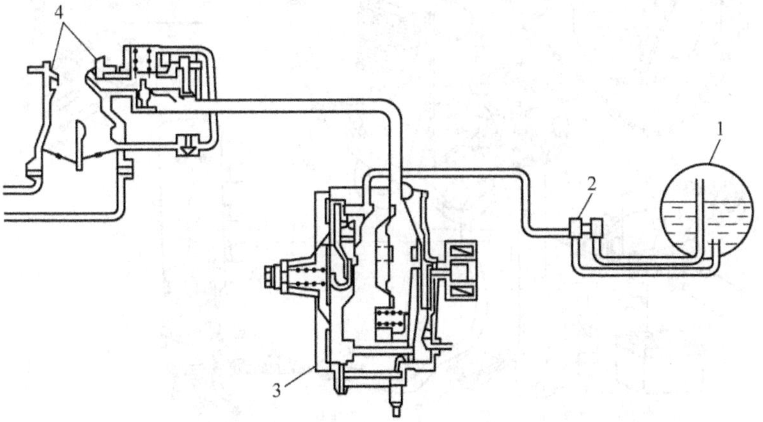

图 3-3　单燃料液化石油气供给系统

1—气瓶　2—燃气控制电磁阀　3—调节器　4—混合器

燃气控制电磁阀有两个电磁阀，一个控制气态燃气供给管路，另一个控制液体燃气供给管路，两个电磁阀均受点火开关和温控开关（冷却液温度控制）控制。其功用是：当发动机停止工作时自动切断燃气供给，而发动机工作时，根据温度打开其中一个电磁阀，并自动实现供给气态或液态燃气的切换。发动机低温（低于 15℃）起动时，打开气态燃气供给管路（管口设在气瓶内顶部），供给气态燃气，以改善发动机低温起动性能；发动机温度高于 15℃时，则打开液态燃气供给管路（管口设在气瓶内底部），供给液态燃气。

二、LPG-汽油两用燃料汽车燃料供给系统

目前，LPG-汽油两用燃料汽车按燃气混合供给控制装置的不同，可分为开环混合器供气系统、闭环带电控动力阀的混合器供气系统和电控燃气喷射三大类，其专用装置的不同之处主要体现在对混合气的形成方式、对混合气浓度控制方式以及是单点喷气控制，还是多点顺序喷气控制等少数部件上，其他专用装置（气瓶、组合阀、蒸发调压器等）基本相同。

1. 开环控制系统

原车为电控燃油喷射系统发动机的汽车改装为开环控制系统的 LPG-汽油两用燃料汽车的供气系统示意图如图 3-4 所示。其两用燃料开环供给系统的工作原理框图与第二章中图 2-8所示基本相同，不再赘述。

2. 闭环控制系统

国产 CYTZ-100 型 LPG 比例调节型混合器电控闭环系统原理图如图 3-5 所示。

气瓶 14 内的液化石油气经串联在管路中的 LPG 电磁阀 1 进入减压器 2 再至混合器 3，与空气混合后进入发动机，ECU 根据发动机上的氧传感器 8 和转速信号，发出控制信号，调节真空电磁阀 4 的开闭频率控制低压减压调节器，膜片上方的压力控制减压调节器输入压力和流量实现燃气输出与燃烧的闭环控制，通过燃料转换开关的控制可以选择使用液化石油气或者汽油。

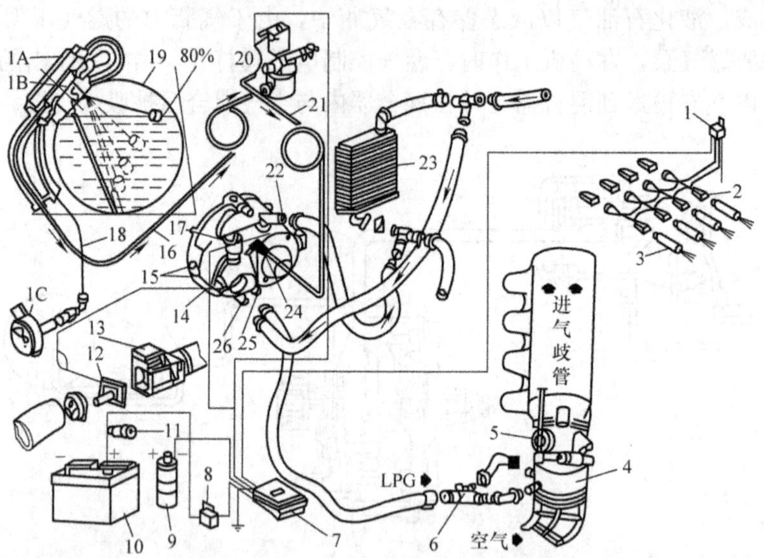

图 3-4 LPG-汽油两用燃料发动机开环控制供气系统

1A—防泄漏密封盒 1B—组合阀 1C—充气阀 1—模拟器 2—喷油器转换插座 3—喷油器 4—混合器 5—进气歧管 6—功率调节阀 7—电控燃料选择开关 8—熔断器 9—高压线圈 10—蓄电池 11—点火开关 12—空气测量叶片强制开启器 13—空气流量计 14—减压器 15—怠速调整螺钉 17—减压器电磁阀 18—充气管 19—LPG 气瓶 20—LPG 截止阀 16、21—高压管 22—加热水出口 23—散热器、喷油器线束插接器 24—LPG 进气口 25—LPG 输出口 26—加热水入口

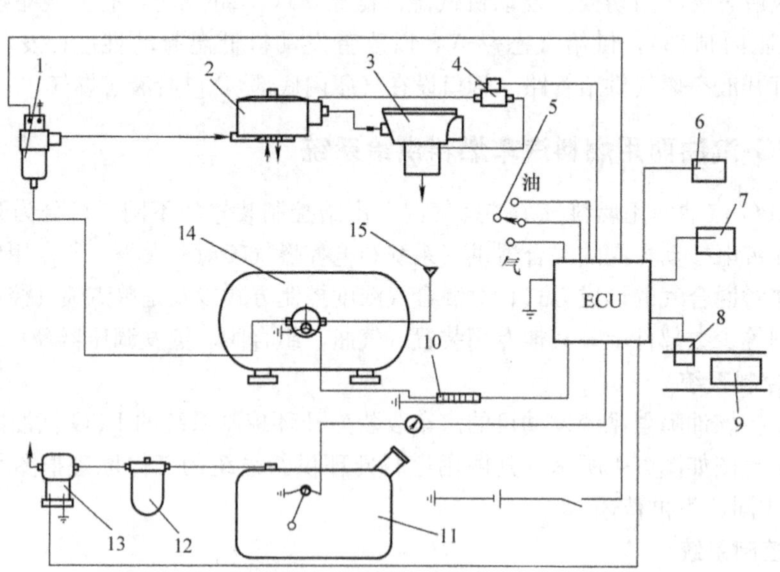

图 3-5 车用 LPG 比例调节型混合器电控闭环系统原理图

1—LPG 电磁阀 2—减压器 3—混合器 4—真空电磁阀 5—油/气转换开关 6—节气门传感器 7—发动机转速传感器 8—氧传感器 9—三元催化器 10—辅助液面显示器 11—油箱 12—燃油滤清器 13—电动油泵 14— LPG 气瓶 15—充气阀

国产 CYTZ-100 型 LPG 文丘里管型混合器电控闭环系统原理图如图 3-6 所示。

气瓶 14 内的液化石油气经串联在管路中的 LPG 电磁阀 1 进入减压器 2 再至混合器 4，

与空气混合后进入发动机，ECU根据发动机上的氧传感器8和转速信号，发出信号调节步进电动机3的行程，变化减压器至混合器之间的通道截面积，控制燃气压力和流量，实现燃气输出与燃烧的闭环控制，通过燃料转换开关的控制可以选择使用液化石油气或者汽油。

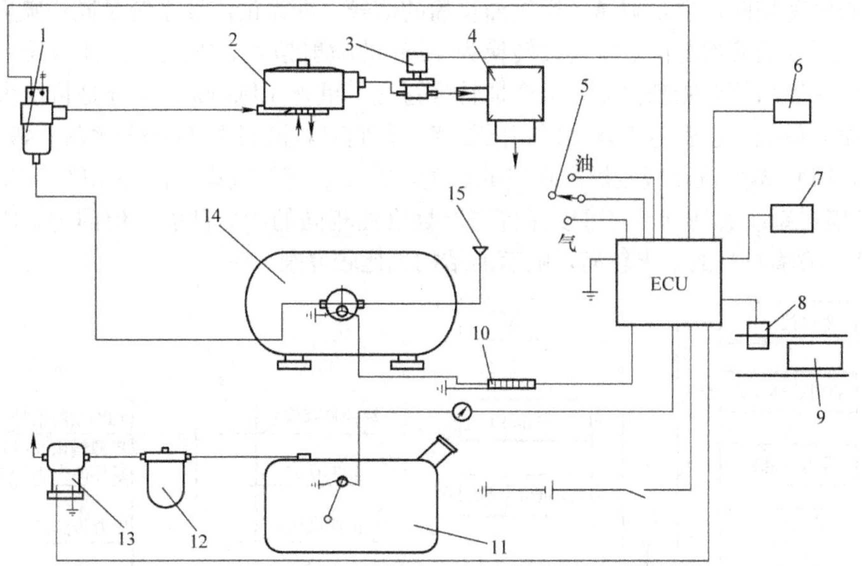

图3-6 车用LPG文丘里管型混合器电控闭环系统原理图
1—LPG电磁阀 2—减压器 3—步进电动机 4—混合器 5—油/气转换开关 6—节气门传感器 7—发动机转速传感器 8—氧传感器 9—三元催化器 10—辅助液面显示器 11—油箱 12—燃油滤清器 13—电动油泵 14— LPG气瓶 15—充气阀

3. 电控LPG喷射系统

按其燃料状态可以将电控LPG喷射系统分为两大类：一类是气态喷射，另一类是液态喷射。虽然这两类喷射系统都不再使用混合器，而是通过喷嘴将LPG直接喷入进气歧管，但是由于燃料形式及发展阶段不同，其系统构成和系统管理的区别也很大。

气态LPG喷射系统按其计算机管理系统不同又可分为两种。一种是LPG电控单元直接采集各种传感器信号，如发动机转速、节气门位置、氧传感器等信号，经过分析计算，确定喷入各缸的LPG的量（图3-7a）。系统主要部件包括：蒸发调压器、燃气分配器、喷嘴和电控单元等。这种系统的工作原理为：从LPG电控单元检测到发动机进入工作状态后，根据事先存储在微处理机内的发动机转速和负荷的各种组合，调节燃气分配器内的步进电动机动作，使燃气分配器开口的大小随之改变。为了达到与燃用汽油时相同的驾驶性能，这种系统不仅依靠步进电动机来调节燃气量，而且将蒸发调压器与进气歧管内的压力联系起来以适应发动机工况的迅速变化。

另一种LPG气态喷射系统则采用了完全不同的电控方式，其LPG电控单元相当于一个翻译器，采集原车汽油喷嘴的信号并将其转换为LPG的喷射信号，直接控制喷嘴的动作（图3-7b）。当然，其电控单元也会采集氧传感器信号、水温传感器信号等，以实现对排放、冷起动的控制。该系统的结构简单，构成零部件少，系统安装容易布置，工作量小，便于大批量的改装。更为重要的是，其电控单元由于采用了这种控制方式，结构及软件都比较简单，降低了出现故障的可能性。此外，精确的燃气喷射还可以使燃料经济性比混合器系统有进一步提高，这是这一系统的一大优点。

液态 LPG 喷射系统的构成与汽油喷射系统极为相似，主要部件包括 LPG 燃料泵、压力调节器、压力传感器、喷嘴及电控单元等。其电控单元的控制原理与前面介绍的第二种气态喷射的控制原理相同，都是翻译转换汽油喷嘴的信号，即无论汽油系统是同步喷射还是非同步喷射，只要汽油喷嘴有信号就会被转换为 LPG 的喷射信号。因此，汽油系统中如高速燃油切断、怠速提高等功能都被完完全全地转换过去。液态 LPG 喷射系统是目前世界上最先进的燃气喷射系统，它有与气态喷射相同的优点；同时，液态 LPG 喷射系统将液态 LPG 喷入各缸时，LPG 蒸发汽化吸收周围环境的热量，提高了充气效率。液态 LPG 喷射是将来单燃料 LPG 喷射系统的基础，它可以保持与燃烧汽油相同的动力性能，但因为 LPG 为液态，所以对 LPG 喷嘴材料的要求较高，喷嘴的结构也比较复杂。

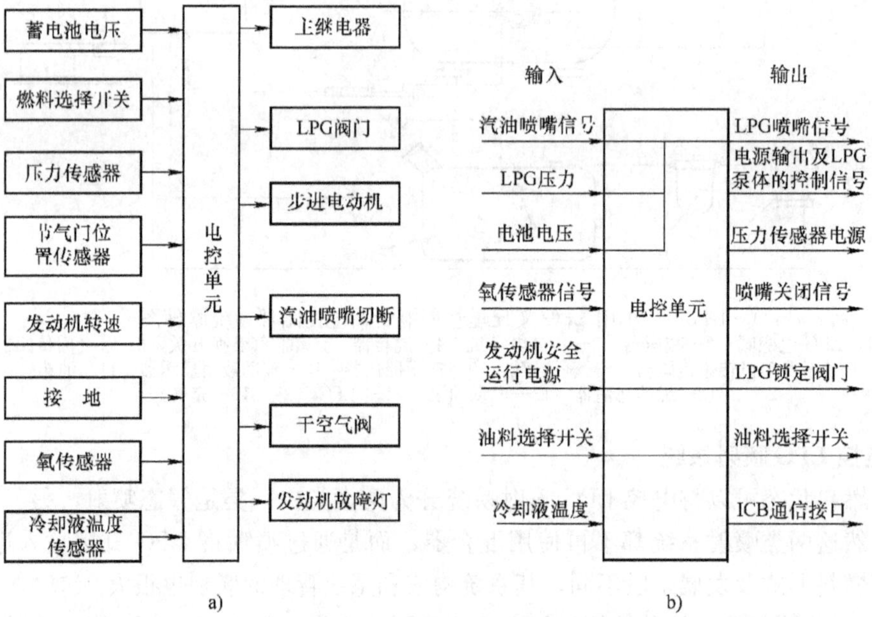

图 3-7 气态 LPG 喷射系统 ECU 原理图

a）直接采集信号的 ECU 原理图 b）将原汽油 ECU 信号转换的 ECU 原理图

三、LPG-柴油双燃料汽车燃料供给系统

车用柴油机改装为 LPG-柴油双燃料发动机，必须保留原柴油供给系统，用来提供引燃空气与 LPG 混合气的少量柴油，并需要配备一套液化石油气供给系统。这时发动机同时具有两套燃料供给装置，汽车同时携带两种燃料。两种燃料供给系统通过电磁阀控制转换，显然燃料供给系统控制的难度要增大许多，既要考虑液化石油气的控制，又要考虑柴油的控制；既要处理好液化石油气与柴油之间的合理配比，又要处理好液化石油气、柴油与空气之间的合理配比。

LPG-柴油双燃料发动机的液化石油气供给系统也是由液化石油气气瓶、蒸发器、减压阀、调节阀、混合器和节流阀等组成。

LPG-柴油双燃料发动机和 CNG-柴油双燃料发动机一样，用柴油起动，待发动机冷却水温度达到正常范围后，打开液化石油气气瓶阀门，液化气在瓶内气体压力作用下流入蒸发器。在蒸发器内，液化气吸收来自发动机冷却水的热量，完全蒸发变成气体。气态液化石油气流入减压阀降压，使其由气瓶内的压力降至某一数值，该数值可根据发动机运行要求进行调整。降压后的液化石油气进入调压阀，调压阀根据发动机运行工况，利用混合器真空度自动调节流入混合器的液化气量。液化气进入混合器与空气均匀混合。在混合器下方的节流阀，通过联动机构与柴油机调速机构的操纵手柄相连。操纵手柄根据发动机运行工况移动时，联动机构使节流阀随之成正比变化，从而可以根据发动机运行工况，对液化气和空气的混合气实行量的调节。

第三节　液化石油气汽车专用装置的结构和工作原理

一、车用液化石油气钢瓶及组合部件

车用液化石油气钢瓶组件由焊接钢瓶、防护盒、支架附件等组成。集成阀是一种集充装装置、80%限充装置、限流阀、截止阀、排污阀、安全阀和液位计于一体，安装在仅开一个孔的液化石油气钢瓶上的阀。车用液化石油气钢瓶分为A类瓶和B类瓶两类。A类瓶是指按设计的技术要求已装好组合部件及附件，提供给用户（或安装者）的整备车用钢瓶，如图3-8a所示。B类瓶是指未按设计的技术要求装好组合部件，提供给用户（或安装者）的是具有安装接口的车用钢瓶，如图3-8b所示。

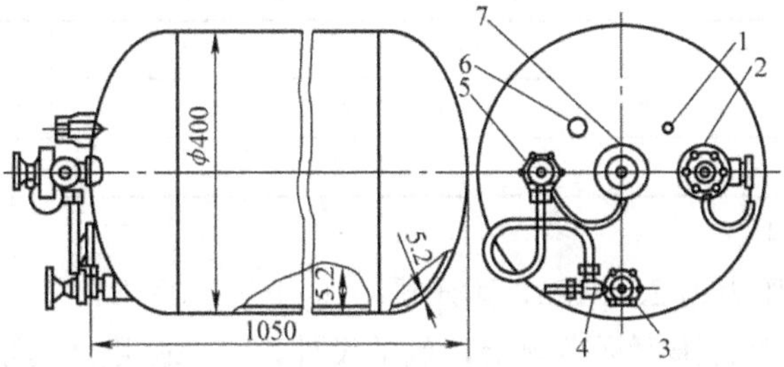

a)

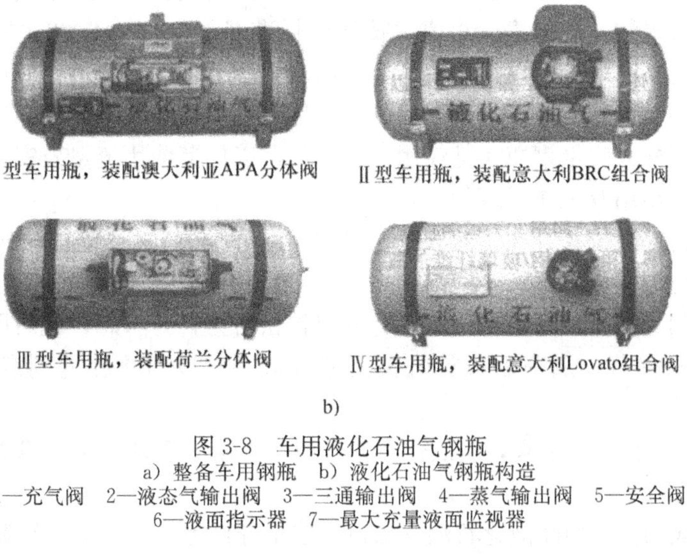

b)

图3-8　车用液化石油气钢瓶
a）整备车用钢瓶　b）液化石油气钢瓶构造
1—充气阀　2—液态气输出阀　3—三通输出阀　4—蒸气输出阀　5—安全阀
6—液面指示器　7—最大充量液面监视器

液化石油气气瓶（或称液化气罐）可以采用普通钢板材料经焊接成形，也可以用薄壁钢管制成。相对于压缩天然气气瓶，它可以直径较大、长度较小而容量较大。图 3-8a 所示是一种货车用液化石油气气瓶的构造，其容量为 115L，瓶的直径为 400mm，长度为 1050mm，壁厚为 5.2mm，所有的阀门附件都安置在瓶的头部。这些附件包括液面指示器 6、最大充量液面监视器 7、安全阀 5、蒸气输出阀 4、液态气输出阀 2、三通输出阀 3 以及充气阀 1 等。

车用气瓶型号标记表示方法如下：

CYS W △-△-△-□

- □——改型序号(罗马数字)
- 第三个△——第三特征数(公称工作压力)
- 第二个△——第二特征数(公称容积)
- 第一个△——第一特征数(气瓶内径)
- W——有缝卧式
- CYS——车用液化石油气瓶

型号示例：

公称工作压力 2.2MPa，公称容积 50.2L，内径 ϕ314mm，有缝卧式车用气瓶（Ⅰ型），其型号标记为：CYSW314-50.2-2.2-Ⅰ。

车用气瓶公称容积和内径按表 3-3 规定。

表 3-3 车用气瓶公称容积和内径

公称容积 V/L	20～150	150～240
内径 D_i/mm	200 230 250 280 314 350 400	400 450 500
	(217) (294) (367)	

注：括号内数值不推荐使用。

车用气瓶公称工作压力为 2.2MPa，耐压试验压力为 3.3MPa。

LPG 气瓶制造必须符合国家标准规定，包括设计、机械强度、材质、工艺等技术要求，应经过各种规格的试验、检验，完全达到合格标准。使用过程中，对不同规格的气瓶，要按标准规定定期进行检测，确保安全可靠。按我国标准 GB 17259—2009《机动车液化石油气钢瓶》规定，液化石油气钢瓶设计寿命为 15 年，每隔 5 年必须进行定期复查检测。

车用液化石油气钢瓶附件阀门可以集成为一体，称集成阀（图 3-9），这种结构主要应用在小车钢瓶上，国外大容量钢瓶大都使用分立阀门，以保证使用流量及安全泄压流量。

集成阀各组件功用及工作原理如下：

集成阀内有自动限位阀，在钢瓶充气量达到容量的 80%时自动限位阀自动关闭，切断组合阀入口，避免钢瓶压力过高。

加气口手动阀 A：可切断液化气入口，旋出拧松时为打开状态，此时即可由加气机向储气钢瓶内加液化石油气，加完后应旋进关闭手动阀 A，以防止在遇到意外情况时液化气泄漏。

出气口 2：内部有一安全阀，当液化石油气液相管路因意外发生大量液体泄漏时，可有效关闭出口，以保证安全。

出气口手动阀 B：可切断液化石油气出口，旋出拧松为打开状态，钢瓶内液化石油气经

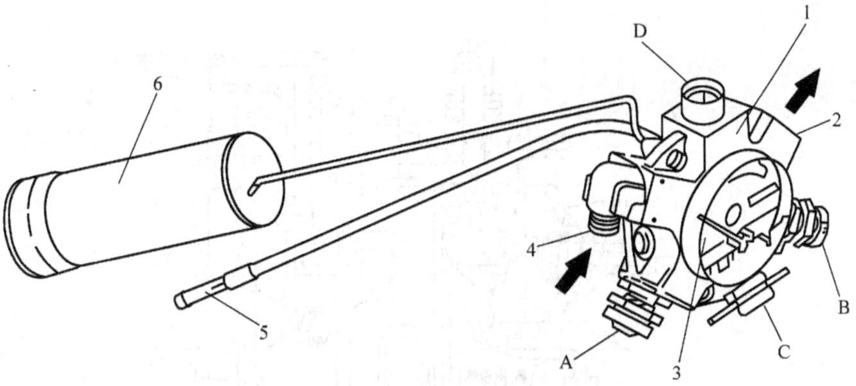

图 3-9　集成阀结构图
1—集成阀总成　2—出气口　3—指针　4—加气口　5—滤网　6—浮子（指示 LPG 液面高）
A—加气口手动阀　B—出气口手动阀　C—手动放气阀　D—安全阀

管路到达滤清器而进行工作。旋进为关闭状态，以防止在长时间停机或遇到意外情况时液化气泄漏。

手动放气阀 C：可放掉钢瓶内的气体。逆时针旋转为开，在第一次灌充液化石油气前，应打开此阀，放掉瓶内的氮气。在钢瓶内已经加入液化石油气后不能随便放气，以免引起危险和污染环境。

安全阀 D：保证钢瓶内压力小于 2.5 MPa，当瓶内压力超过 2.5 MPa 时，阀门自动打开泄压，压力低于 2.5 MPa 时，在弹簧作用下自动回位。

滤网 5：可粗滤液化气中的杂质，防止残渣进入多功能网，流入管路，造成堵塞。

浮子 6：可反映液面位置，并在指针 3 上显示出来。

二、蒸发调压器

蒸发调压器的功用是将来自气瓶的液态液化石油气减压，使其汽化并保持一定的压力供给混合器。其基本结构都包括一级减压室和二级减压室。前者在液化石油气汽化的同时进行减压，后者进一步起减压作用，使汽化的液化石油气压力接近大气压。为加速汽化，采用发动机的循环冷却水进行加热。蒸发调压器的外观，如图 3-10 所示。

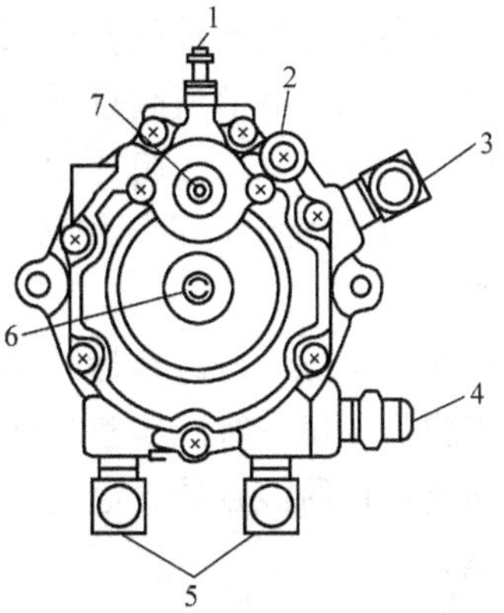

图 3-10　蒸发调压器的外观图
1—混合气调整螺钉　2—低速燃料进口
3—主燃料进口　4—燃料入口　5—冷却水出口
6—一级减压室压力调整螺钉　7—负压吸入口

该蒸发调压器的功能如下：

（1）起动时　发动机起动时蒸发调压器的工作情况如图 3-11 所示，液态的液化石油气从入口 9 注入蒸发调压器，靠其自身的压力推开一级阀 8 进入一级减压室 7 减压、汽化。一级减压室 7 的压力为 294 kPa，在此压力作用下，一级膜片 2 挤压一级弹簧 4，借助一级膜片 2 的机构，使一级阀杆 6 动作，关闭一级阀 8。

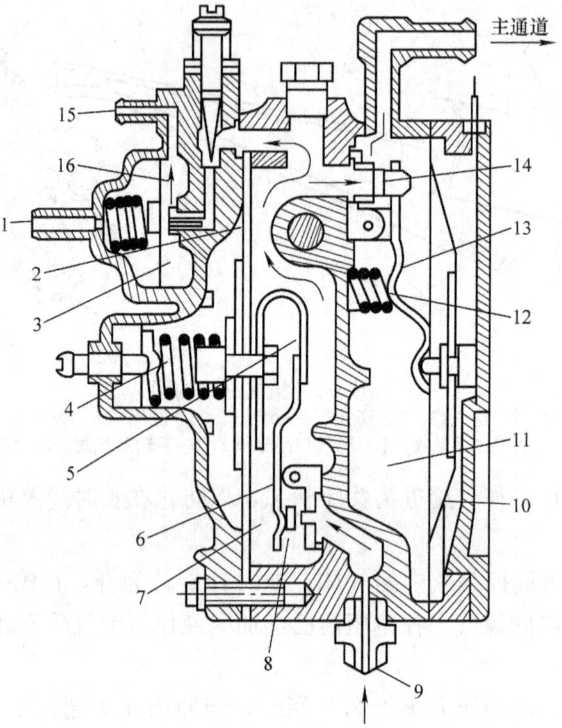

图 3-11　发动机起动时蒸发调压器的工作情况

1—负压通道　2—一级膜片　3—低速同步室　4—一级弹簧　5—一级膜片拉钩　6—一级阀杆　7—一级减压室　8—一级阀　9—LPG 入口　10—二级膜片　11—二级减压室　12—二级弹簧　13—二级阀杆　14—二级阀　15—低速通道　16—低速同步膜片

起动起动机，发动机进气管产生负压并吸引低速同步膜片 16，于是一级减压室 7 和低速同步室 3 相通，液化石油气便进入低速同步室 3，再经低速通道 15 供给混合器，使发动机点火。然后，混合器节流阀打开，混合器产生的负压增大，通过主通道口的作用在二级调压室产生负压，这时，二级膜片 10 克服二级弹簧 12 的弹簧力作用，推动二级阀杆 13，打开二级阀 14，于是液化石油气便从一级减压室 7 经过二级减压室和主通道供给混合器，使发动机完成起动。

（2）怠速时　发动机怠速运转时蒸发调压器的工作情况如图 3-12 所示，进气管负压吸引低速同步膜片，使一级减压室与低速同步室相通，液化石油气通过一级减压室、低速同步室和低速通道，供给混合器。通过混合气调整螺钉来调整液化气流量。此时，二级阀几乎处于关闭状态。

（3）汽车行驶状态　汽车行驶时蒸发调压器的动作如图 3-13 所示。踩下加速踏板，混合气吸入的空气量增加，混合气中产生的负压增大，通过主通道在二级减压室 11 内产生负压，二级膜片 10 克服二级弹簧 12 的弹簧力的作用而推压二级阀杆 13，打开二级阀 14，液化石油气从一级减压室 7 经过二级减压室 11 和主通道供给混合器，此时，怠速通道和主通道同时将液化石油气供给混合器。

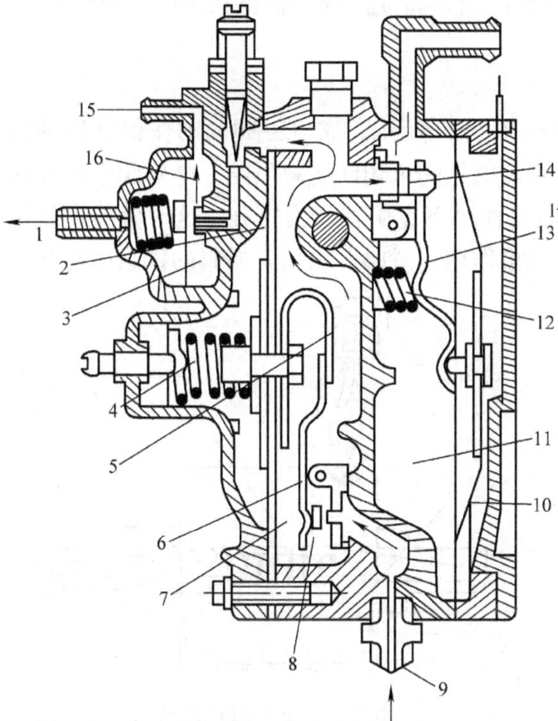

图 3-12　怠速时蒸发调压器的状态（标注同图 3-11）

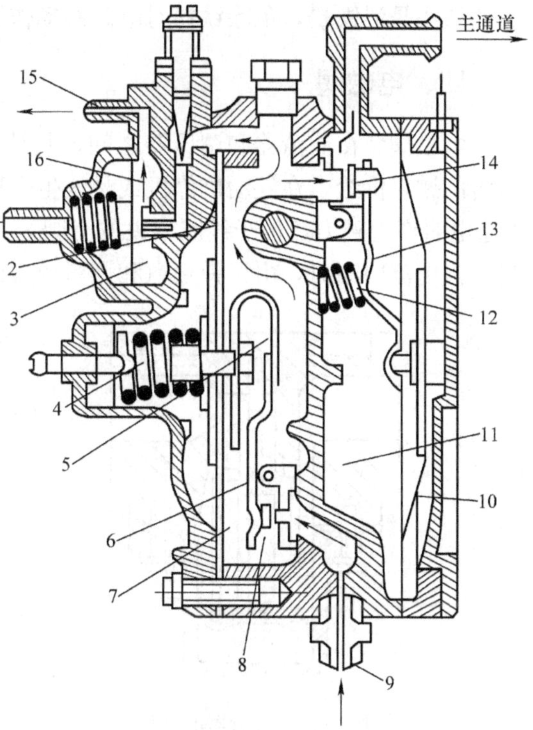

图 3-13　行驶时蒸发调压器的状态（标注同图 3-11）

（4）发动机停机时　发动机停止时，蒸发调压器的状态如图 3-14 所示。发动机停止运转，进气管内负压消失，由于低速同步弹簧的弹簧力作用，低速同步膜片 16 被推回原位，一级减压室 7 和低速同步室 3 的通道被其隔断，经由低速通道的液化石油气供应中止。另外，由于来自主通道的负压消除，二级阀 14 关闭，所以经由主通道的液化石油气供应也停止。

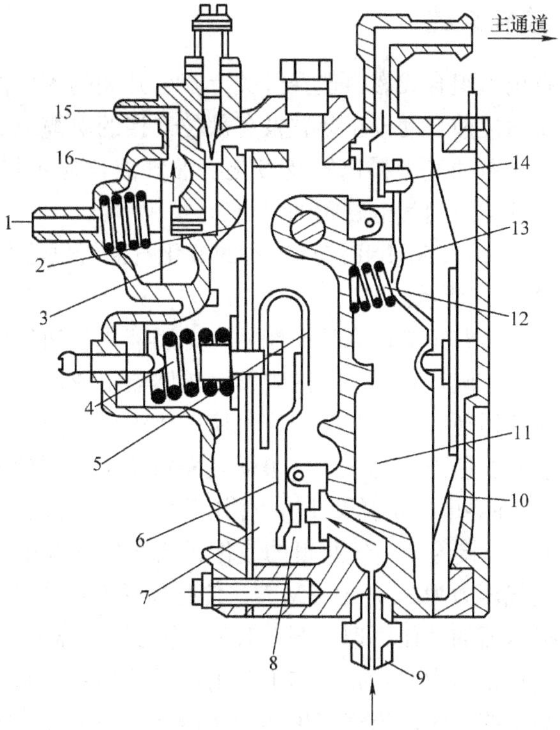

图 3-14　发动机停机时蒸发调压器的状态（标注同图 3-11）

三、滤清器

由于液化石油气中含有多种杂质，故在气瓶和电磁阀之间设有滤清器以滤掉杂质，保证电磁阀的功用和调压器的减压、调压功能。滤清器的滤芯可以拆卸，便于清除滤出的杂质，而且结构坚固，耐压性强。滤芯中央装有永久磁头，可以吸附滤掉通过滤芯的微小悬浮铁粉，免除铁粉对电磁阀动作灵敏度的影响。滤清器的结构如图 3-15 所示。

四、电磁阀

电磁阀装在滤清器和调压器之间，其结构如图 3-16 所示。靠电磁阀的动作保证发动机运转的燃料供给，在发动机停机或是发生失速时，电磁阀可切断燃料供给。电磁阀中的线圈 4 通电时产生磁力，位于线圈中央的滑阀 3 在磁力作用下克服弹簧力打开，这时就能供给燃料。当电流中断时，由于弹簧力和燃料压力的双重作用，滑阀 3 关闭，燃料的供给被切断。

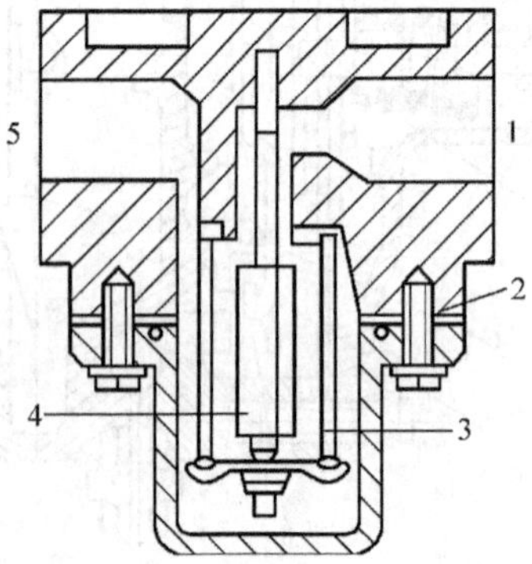

图 3-15 滤清器的结构
1—出口 2—O 形密封圈 3—滤芯
4—永久磁铁 5—入口

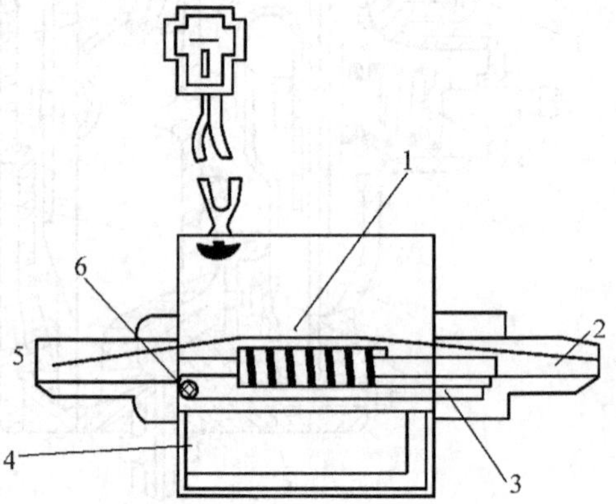

图 3-16 电磁阀的结构
1—弹簧 2—出口 3—滑阀 4—电磁线圈
5—入口 6—O 形密封圈

五、控制系统

控制系统由组合式燃料选择开关上安全开关的入口控制电磁阀、起动电磁阀、汽油控制电磁阀、点火提前自动校正装置及各部位连接的电缆组成。组合式燃料选择开关的功能为控制汽油和液化石油气燃料选择及液化石油气液位显示灯。该开关应在发动机停转2～4s后，能自动切断液化石油气电磁阀的供电。

意大利 TAR-TARINI 汽车公司的液化石油气供给系统中采用的液化石油气过滤电磁阀的结构如图 3-17 所示。

西伯利亚公路运输研究院研制并在燃用液化石油气的货车和轿车气瓶上使用的最低液面信号器，是由带膜片和校准过的弹簧钢传感器组成，传感器安装在液化石油气气瓶的异径接头上，该传感器还有接触开关。当气瓶里代表最低液面的液化石油气压力出现时，即与发光信号电路接通。瓶内液化石油气最低液面指示信号传感器（图 3-18）设计成可拆卸的结构。触头 12 和 7 在导电标定弹簧 13 的作用下使安装在仪表板上的发光二极管 2（图 3-19）和电阻 3（图 3-19）接通。当气瓶里的液化石油气只够汽车行驶 30～40km 时，此即相当于气瓶内液化石油气压力为 0.4～0.6MPa，传感器活动触头的导电标定弹簧就按此值予以规定。

信号指示器的动作原理（图 3-18）：作为传感器灵敏元件的导电标定弹簧 13，当气瓶内液化石油气正常压力时，膜片向上凸出将弹簧压缩，活动触头 12 和固定触头 7 分开，则发光指示器的电路关闭。当气瓶里压力下降到与其最低储留量水平相当时，导电标定弹簧 13 伸展而移动，将活动触头 12 挤向固定触头 7，并通过连接件 11 阻止膜片 9 的向下弯曲。这

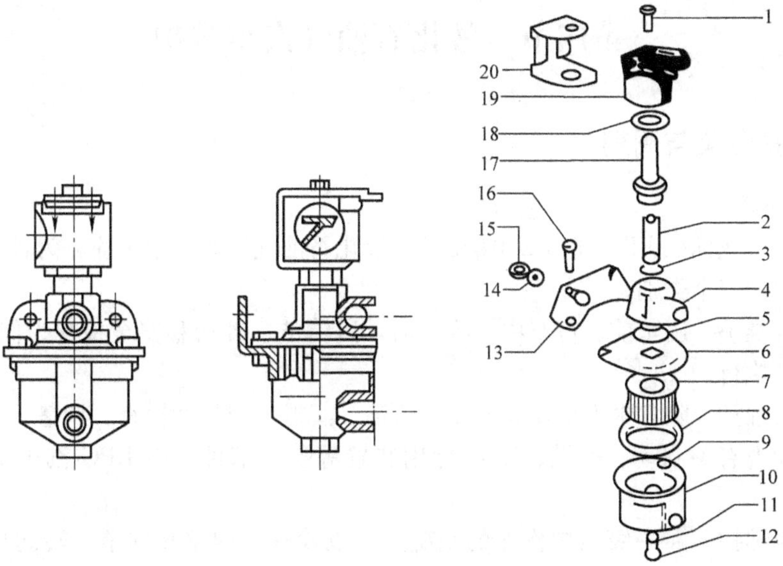

图 3-17　液化石油气过滤电磁阀的结构

1、12、16—螺钉　2—移动铁心　3、5、11—O 形环　4—阀体　6—托板　7—液化石油气滤芯　8、18—垫圈　9—永久磁铁　10—滤芯护罩　13—支架　14—平垫圈　15-螺母　17—铁心座套　19—线圈组件　20—线圈支架

时活动触头 12 和固定触头 7 连通，发光指示器的电路接通。

带有膜片和导电标定弹簧的传感器作为汽车气瓶内液化石油气最低储留量的指示器来使用，动作上具有很高的稳定性。信号器结构本身在使用上可靠性也很高。

使用这种信号器后，驾驶员再也不用经常检查气瓶液化石油气液面读数，可以集中精力注意路况，安全行车。

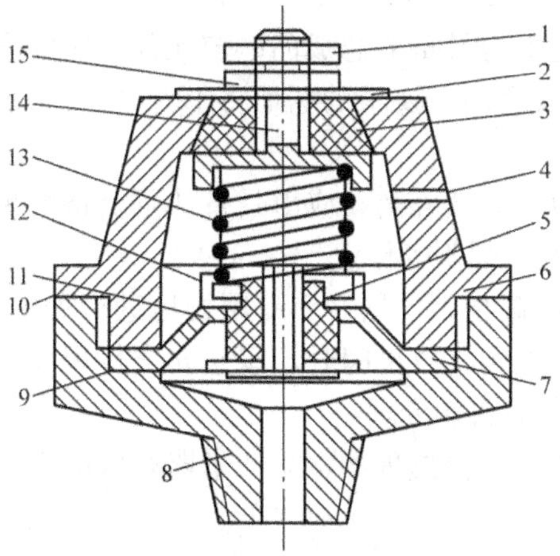

图 3-18　液化石油气气瓶内最低液面信号传感器

1、15—螺母　2—含氟塑料垫　3—锥形套　4—小孔　5—螺栓　6—橡皮密封件　7—固定触头　8—壳体　9—弹簧膜片　10—钟形罩　11—连接件　12—活动触头　13—导电标定弹簧　14—螺杆

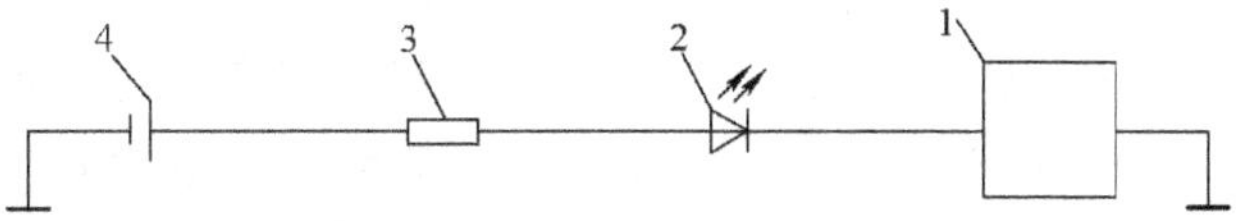

图 3-19　液化石油气气瓶内最低液面信号传感器接通电路示意图

1—信号传感器　2—发光二极管　3—电阻　4—蓄电池

第四节　液化石油气汽车维护

一、维护分类与周期

1. 维护分类

按照交通行业标准JT/T 511-2004要求，液化石油气汽车的维护应分为日常维护、一级维护、二级维护三个类别。

（1）日常维护　出车前、行车中、收车后，以清洁、补给和安全检视为作业中心内容，由驾驶员负责执行。

（2）一级维护　除日常维护作业外，以清洁、润滑、密封性检查、调整、紧固为作业中心内容，并检查有关制动、操纵、LPG专用装置等安全部件，由LPG汽车维修企业负责执行。

（3）二级维护　在一级维护作业的基础上，以检查、调整转向节、转向摇臂、制动蹄片、悬架等经过一定时间的使用容易磨损或变形的安全部件以及LPG专用装置的紧固、密封及其性能保持为主，并拆检轮胎，进行轮胎换位，检查调整发动机工作状况、排气污染控制装置以及影响车辆使用与行驶安全的相关装置等，由LPG汽车维修企业负责执行。

2. 维护周期

液化石油气汽车的维护周期与天然气汽车维护周期基本相同，可参阅第二章相关内容。

二、维护作业的安全要求

1）LPG汽车维护作业前，应首先进行LPG专用装置的密封性检查，如有泄漏应先排除故障，在确认系统密封良好后再进行维护作业。

2）维护作业中应先进行涉及LPG使用的检查、维护等作业，然后关闭气瓶截止阀并使管路内的LPG耗尽，再进行其他项目的维护。

3）当需要进行焊割等有明火的作业时，应拆掉蓄电池及重要总成的电控元件。应安全拆卸气瓶并放入专用库房妥善保管，或在专用的符合安全防护要求的场地将LPG供气系统（包括气瓶）泄压，确保供气系统内无LPG。

4）如需在气瓶附近打磨或切割时，应先将其拆掉或有效隔离。应由具备认可资格的单位、人员从事气瓶维护与检测，不得在气瓶上进行挖补、焊割等作业。

5）LPG汽车如发生漏气，应立即关闭电源和气瓶截止阀，然后在专用场地进行处理。如果高压管路破裂或脱落导致气体大量泄漏而无法关闭气瓶截止阀时，应立即进行现场隔离，不允许人、车入内，隔离火源，待液化石油气散尽后再作处理。

6）如发生火情，除立即关闭电源和气瓶截止阀外，应隔离现场，立即采取有效的灭火与救援措施。

三、维护作业内容与技术要求

液化石油气维护作业内容与技术要求基本同于天然气汽车维护作业内容，可参阅第二章相关内容及GB/T 18344—2001和JT/T 511—2004两个标准学习。

第四章 醇类燃料汽车

第一节 概 述

一、醇类燃料的来源及分类

醇类燃料由于来源广泛、丰富，抗爆性好，与石油燃料的理化性能相近，因而受到更多的重视。

1. 醇类燃料的来源

甲醇（木醇或木酒精）可以由一氧化碳和氢气合成，为无色透明的液体，高挥发性，易燃，主要由天然气（占 78%）、重油（占 10%）、石脑油（占 7%）、液化石油气（占 3%）、煤炭（占 2%）、油页岩、木材和垃圾等物质提炼而成。

乙醇俗称酒精，其工业生产方法主要有发酵法、乙烯水合法等方法，我国一直以发酵法为主。其生产原料有三类：第一类是含糖作物与副产物，如甘蔗、甜菜、甜高粱和糖蜜等；第二类是淀粉质作物，如玉米、高粱、小麦、红薯和马铃薯等；第三类是纤维素原料，如木材、木屑和谷物秸秆等。目前主要是利用发酵法生产乙醇，其所用的原料基本上是属第一、第二类。这些原料不仅储量较大，而且大都可以再生，这就保证了醇类燃料的稳定生产。值得指出的是：从大多数植物中提取乙醇时消耗的能量过大，如由土豆、小麦、玉米、甜菜中提取乙醇时所消耗的能量与获得的能量之比分别为 1.32、1.28、1.15、0.96；并且在乙醇的制造过程还要消耗大量的水，增加水污染，每生产 1L 乙醇要消耗水 11L 左右，可见廉价的、对水污染低的乙醇其制造技术并未成熟。

2. 醇类燃料的分类

（1）按醇类燃料的组成成分和性质来分　主要是指甲醇（CH_3OH）和乙醇（C_2H_5OH），它们都是相对分子质量较小的单质，燃烧产物中基本没有碳烟，NO_x 的排放浓度也很低，是一种低污染性燃料。醇类燃料汽车是指以甲醇汽油、乙醇汽油、甲醇、乙醇为燃料的汽车。其中，以甲醇为燃料的汽车称为甲醇汽车，以乙醇为燃料的汽车称为乙醇汽车。醇类燃料可以与汽油或柴油按一定比例配制而成混合燃料，也可以直接采用醇类燃料作为发动机的燃料。醇类燃料汽车与电动车、天然气汽车一样，都是新能源和清洁代用燃料汽车。

（2）按醇类燃料在汽车上应用分类　主要有三种类型：掺烧、纯烧和改质。

1）掺烧是醇类燃料在汽车上的主要应用方式。为使内燃机燃用甲醇时能有良好的效果，可采用不同的掺烧方式，调整混合燃料的性质，改进发动机结构及设计良好的掺烧及控制装置。掺烧主要是指醇类燃料（甲醇或乙醇）以不同的体积比例掺入汽油（柴油）中。

掺烧的主要方法有三种：混合燃料法、熏蒸法、双供油系统法。前两种方法既可用于柴油机上，又可用于汽油机上，而双供油系统法仅用于柴油机上。醇类燃料易于自然吸水且相对密度小于柴油，故与柴油的互溶性较差，因此一般情况主要针对醇类燃料与汽油的掺烧。

最常用的掺烧方法是混合燃料法，甲醇（或乙醇）与汽油的混合燃料称为甲醇（或乙醇）汽油或称汽醇，甲醇、乙醇与汽油的混合燃料分别用MX和EX表示，X表示醇类燃料在燃料中所占的体积混合百分率。例如甲醇汽油混合燃料M5（指甲醇5%）、M10（含甲醇10%）、M85（含甲醇85%），纯甲醇燃料用M100表示。实际甲醇含量最多为85%～90%，其他都是添加剂。通常掺烧3%～5%甲醇时发动机无需任何改造。乙醇汽油混合燃料E10（含乙醇10%，现在我国主要推广）、E20（含乙醇20%），纯乙醇燃料用E100表示。研究表明，如果掺烧的乙醇少于10%，发动机不必改造，只要适当地调整，汽车性能即可与燃烧汽油时相当。掺烧比例加大时，可通过适当增大压缩比和增加发动机预热装置，便可保证汽车的各种使用性能。同时，在混合燃料中添加助溶剂，防止醇燃料与汽油分层。

2）纯烧类型是指单纯燃烧甲醇或乙醇燃料，主要方式有六种：裂解法、蒸气法、火花塞法、电热塞法、炽热表面法、加入着火改善剂法。其中后三种方法仅用于柴油机上，其他方法既可用于柴油机上，又可用于汽油机上。

纯烧类型的优点是发动机可以根据燃料的特点进行改造，如按醇燃料的理论空燃比设计和调整供油系统、加装发动机预热装置、加大油泵的供油量、改善零部件的抗腐蚀性等。通过改造发动机后，纯烧类型汽车的动力性和经济性比烧汽油时有较大的提高。

3）改质类型现在主要是指醇类燃料的改质。甲醇改质是利用发动机的余热将甲醇生成为H_2和CO，然后输送到发动机内燃烧。采用甲醇改质需要对发动机进行较大的改造，最好重新设计发动机。变性燃料乙醇指乙醇脱水后再添加变性剂而生成的以乙醇为主［>92.1%（V/V）］的燃料。

3. 醇类燃料的现状

醇类燃料用作内燃机的燃料由来已久，世界上第一台发动机即是以乙醇为燃料的。1909年，美国人Henry Ford设计并制造了世界上第一辆燃用乙醇的汽车。20世纪20～30年代，美国、巴西、德国、法国、新西兰等国先后将乙醇与汽油的混合燃料用于汽车。20世纪70年代第二次世界石油危机后，世界各国从寻找代用燃料的目的出发，纷纷开展一系列掺醇汽油或纯甲醇（纯乙醇）代替车用汽油的研究工作。其中，德国、美国、日本等国先后投入人力、物力进行甲醇燃料及甲醇汽车配套技术的研究开发，美国重点开发燃烧M85、M100的专用甲醇燃料汽车。德国、瑞典、新西兰等国先后曾推广使用含15%甲醇的M15汽油，1987年美国加州开始推广使用含85%甲醇的甲醇汽油（M85）。20世纪70～80年代，美国加州、德国等地均组织了甲醇汽车示范车队。但从1998年后，美国甲醇燃料汽车和甲醇燃料却都开始减少。美国的甲醇汽车主要由克莱斯勒和福特生产，高峰时达到2万辆，在加州M85加油站最多时达到近200家，最少时仅剩下1家，而使用甲醇汽油的车辆也只是来往的校车。美国三大汽车公司通用、福特、克莱斯勒甚至在其用户手册上公开声明：使用甲醇汽油的车辆发生损害不在汽车的保修范围之内。目前，美国、欧洲及日本汽车制造商都坚决反对在汽油中掺烧甲醇，美国车用无铅汽油标准ASTM 4814中要求，汽油中甲醇含量最大不超过0.3%（V/V）；在欧洲，85/536/EEC法规中也规定，车用汽油中甲醇的添加量不应超过3%（V/V），但同时必须包括腐蚀抑制添加剂；德国方面对汽油中的甲醇含量最大限额为3.5%（V/V）；日本对汽油中甲醇的检出量要求不超过0.1%（V/V）。1998年12月，世界汽车制造商组织联合发布的《世界燃料规范》中要求“不允许使用甲醇”；2000年4

月，新一版的燃油规范中再次明确要求“不允许使用甲醇”。国外反对在汽油中加入甲醇，主要原因是甲醇腐蚀性比较大，目前的技术还不能很好解决甲醇汽油金属腐蚀性问题，汽车的耐久性（16 万 km）得不到保障。此外，由于甲醇有毒，使用不慎容易对人体造成伤害或致人死亡。我国甲醇主要是以煤炭为原料生产的，2008～2011 年全国每年甲醇产量分别为 1110 万 t、1110 万 t、1432 万 t、2226 万 t，总体上产量不高但基本稳定。我国甲醇燃料用于汽车的试验研究主要在产煤大省山西省开展，现已取得明显效果。目前，有 40 多个国家和地区开发应用了乙醇汽车，以美国和巴西应用最多。在乙醇方面，巴西、美国等国曾先后推广使用含 10%、22%、85%等不同比例乙醇的车用燃料。巴西汽油只有 20%乙醇含量的乙醇汽油和纯乙醇燃料，美国市场上以 10%乙醇含量的乙醇汽油为主。目前国际上乙醇燃料的总产量约为 2400 万 t，巴西是世界上最大的乙醇生产国之一。推广使用车用乙醇汽油已成为我国的一项战略性举措。我国已正式颁布了 GB 18350—2001《变性燃料乙醇》和 GB 18351—2010《车用乙醇汽油》两项国家标准，并将推广应用车用乙醇汽油列入“十五”发展计划。2002 年 3 月，国家发展和改革委员会、公安部、财政部、商务部、国家税务总局、国家环境保护总局等八部委联合颁布了车用乙醇汽油使用试点方案和实施细则，组织实施了车用乙醇汽油的使用试点工作，在河南、黑龙江两省五市展开并于 2003 年 6 月圆满结束，初步结论是车用乙醇汽油在我国适用，具有较好的社会效益和环境效益，对整个经济的可持续发展、社会的进步及环境质量的改善有很大的促进作用。

二、醇类燃料主要特性

甲醇和乙醇均是无色透明、易挥发的可燃液体。甲醇和乙醇与汽油相比，热值低、蒸发潜热大、抗爆性好、含氧量高。甲醇略带酒精味，有毒，进入人体会引起胃痛、肌肉痉挛、头昏、乏力等症状，严重时可导致失明甚至死亡。乙醇有强烈的酒精气味，对人体的大脑神经有麻痹作用。甲醇、乙醇性质类似之处很多，与汽油相比，它们的缺点和优点几乎相同，只是在程度上略有差别。另外，醇类燃料吸水性强，化学活性高，容易发生早燃等。甲醇和乙醇的理化性能与汽油和柴油的比较见表 4-1。

表 4-1　醇类燃料与汽油和柴油的理化性能比较

项　　目	汽油	柴油	甲醇	乙醇
分子式	C_4～C_{12}烃化合物类	C_{16}～C_{23}烃化合物类	CH_3OH	C_2H_5OH
相对分子质量 M	100～115	226	32	46
物理状态	液态	液态	液态	液态
车上的储存状态	液态	液态	液态	液态
液态的相对密度(20℃)/(g/cm^3)	0.72～0.75	0.82～0.88	0.7914	0.7843
沸点(常压)/℃	30～220	18～370	64.8	78.3
饱和蒸气压/kPa	62.0～82.7	-	30.997	17.332
低热值/(MJ/kg)	44.52	43	20.26	27.20
混合气热值/(kJ/m^3)	3750	3750	3557	3660
汽化潜热/(kJ/kg)	297	-	1101	862
研究法辛烷值(RON)	90～106	-	112	111

（续）

项　目	汽油	柴油	甲醇	乙醇
马达法辛烷值(MON)	81～89	-	92	80
十六烷值	27	40～60	3	8
闪点/℃	−43	60	11	21
自燃点/℃	260	-	470	420
理论空气量(kg/kg)	14.9	14.5	6.52	9.05

醇类燃料在汽车上应用特点主要有：

1）醇类燃料中含氧量大，热值低，所需要理论空气量比汽油或柴油少，从而保证发动机的动力性能不降低。

2）辛烷值比汽油高，是点燃发动机好的代用燃料，可作为提高汽油辛烷值的优良添加剂，采用高压缩比提高热效率。普通汽油与15％～20％的醇类燃料混合，辛烷值可以达到优质汽油的水平，但是醇燃料的抗爆性敏感度大，中、高速时的抗爆性不如低速时好。

3）常温下为液体，操作容易，储带方便。

4）可燃界限宽，汽油的着火极限为1.4～7.6；甲醇的着火极限为6.7～36，燃烧速度快，火焰传播速度比汽油快，可以实现稀薄燃烧，利于排气净化和空燃比控制。

5）与传统的发动机技术有继承性，特别是使用汽油-醇类混合燃料时，发动机结构变化不太大，可减少燃烧室表面的燃烧沉积物和改善排放性能。

6）由于十六烷值低，着火性差，着火延迟期长，在压燃式发动机中采用醇类燃料要困难得多，在点燃式发动机应用较广。

7）蒸发潜热大，使得醇类燃料低温起动和低温运行性能恶化。但在汽油中混合低比例的醇，由燃烧室壁面给液体醇以蒸发热，这一特点可成为提高发动机热效率和冷却发动机的有利因素。

8）热值低。甲醇的热值只有汽油的48％，乙醇的热值只有汽油的64％。因此，与燃用汽油相比，在同等的热效率下，醇的燃料经济性低。

9）沸点低，蒸气压高，容易产生气阻。

10）腐蚀性大。醇具有较强的化学活性，能腐蚀锌、铝等金属。甲醇混合燃料的腐蚀性随甲醇含量的增加而增加。另外，醇与汽油的混合燃料对橡胶、塑料的溶胀作用比单独的醇或汽油都强，混合20％醇时对橡胶的溶胀作用最大。

11）醇混合燃料容易发生分层。醇的吸水性强，混合燃料进入水分后易分离为两相。因此，醇混合燃料要加助溶剂。

12）甲醇有毒，会刺激眼结膜，也会通过呼吸道、消化道和皮肤进入人体，刺激神经，造成头晕、乏力、气短等症状。

第二节　醇类燃料汽车发动机的结构与工作原理

巴西为世界上唯一不使用纯汽油作汽车燃料的国家，发动机结构专门为醇类燃料而设计，而我国则发动机专为汽油或柴油而设计，混合比低于10％的醇类混合燃料可以直接使用，发动机基本结构与传统燃料发动机基本相同。我国现在主要采用混合比为10%的醇类混合燃料。但由于醇类燃料本身特性与传统燃料有所不同（表4-1），以及混合比不同，所以发动机结构需要有所改进或不同。

一、掺烧式车用醇类燃料发动机结构改进

掺烧是醇类燃料在汽车上的主要应用方式，为使发动机燃用醇类燃料时能有良好的效果，可采用不同的掺烧方式，调整混合燃料的性质，改进内燃机结构及设计良好的掺烧及控制装置。

1. 混合燃料法的醇类燃料汽车发动机结构改进

（1）在点燃式发动机上掺烧甲醇　在点燃式发动机中掺烧甲醇不仅可以以醇代油，而且与燃用纯汽油相比，还具有如下优点：辛烷值提高，可以在无铅汽油中加入甲醇，达到含铅汽油所具备的抗爆能力；可以扩大混合气的着火界限，燃用稀混合气，提高燃油经济性；可以提高压缩比，从而提高发动机的动力性和经济性；减少燃烧室表面的燃烧沉积物；改善排放性能等。

汽油发动机使用低比例（M3～M5）甲醇汽油，不需使用任何添加剂，发动机不需任何改造，车辆可以正常使用。汽油机使用比例M15甲醇汽油，发动机不需大的改动，使用技术成熟，气阻、腐蚀、溶胀、互溶等技术故障可解决。

我国在点燃式发动机中掺烧15%的甲醇（M15）的试验研究工作进行得较多，因为M15是发动机稍作变动的最高可接受的掺烧比极限。国外正式成为商品的是M3，使用这类混合燃料，发动机结构不需改变，材料也是相容的。我国M15甲醇汽油已生产20万t，加注车辆超过1000万辆次，目前低比例掺烧的M15甲醇汽油已经在山西全省范围内推广使用。现累计销售高比例的M85和M100甲醇燃料6万多吨，生产和改造的高比例甲醇燃料汽车1440辆。

（2）在压燃式发动机中掺烧甲醇　醇类易于自然吸水且相对密度小于柴油，故与柴油的互溶性较差。醇类的十六烷值很低，着火性能差，使得醇类用作压燃式发动机燃料比用作点燃式发动机燃料困难，不是醇类燃料应用的主渠道。现在发动机主要采用的改进方法有：加入点火促进剂、改善点火性能；高压缩比及废气再循环；电热塞法；柴油引燃法；高能电火塞法；乳化甲醇柴油。使用较多的是前两种方法。柴油机燃用甲醇应用较多的国家有美国、德国、日本等，使用的汽车多为城市公交客车和载重汽车。但因点火促进剂或发动机制造成本较高，甲醇燃料未能在柴油机上普遍使用，同样乙醇柴油也因存在类似问题而导致研究工作及应用较慢。

（3）车用掺烧乙醇汽油发动机结构改进　掺烧是乙醇燃料在汽车上的主要应用方式。掺烧后的乙醇汽油的辛烷值比汽油高，燃用乙醇汽油发动机的压缩比可以提高。我国主要应用的掺烧比例比较小时（$<10\%$），发动机的结构基本不变，大部分汽油车使用，如奥迪、红旗等。

2. 熏蒸法的醇类燃料汽车发动机结构改进

熏蒸法是利用醇燃料表面张力及粘度低的特点，通过不同方式将醇燃料雾化、汽化后从进气管送入燃烧室。可利用流动的空气流、机械部件等使醇燃料雾化，或者利用冷却水或排气的热量加热醇燃料，使其汽化。采用熏蒸法掺烧醇燃料都要在发动机上增加一些零部件。

尽管熏蒸法目前在汽车上实际应用得并不多，然而在将含水醇燃料用作内燃机燃料又不愿采用价格贵的助溶剂时，混合燃料法以外的掺烧方法有参考的价值，主要方法有两种：低压喷嘴法和甲醇蒸气法。

（1）低压喷嘴法的醇类燃料汽车发动机结构改进　在缸盖进气道 3 上安装甲醇喷油器 4，如图 4-1 所示，在进气行程通过甲醇喷油器 4 将甲醇喷入进气道，与空气雾化混合后进入气缸。也可对着气流的方向喷入甲醇，增加甲醇油束与空气流动的相对速度，促进甲醇颗粒的细微化及雾化。这种方法可掺烧 70%的甲醇，每缸要安装一个甲醇喷油器，而且需要有控制喷甲醇的时间及喷醇量的装置。

（2）甲醇蒸气法的醇类燃料汽车发动机结构改进　利用内燃机排气或冷却循环水的热量，将醇燃料变成气体后送入燃烧室。这种方法可以掺烧不同比例以及 100%的醇燃料。甲醇蒸气可用于汽油机及柴油机，可以掺烧甲醇或者实现纯醇燃料发动机。

利用废气热量使甲醇变成蒸气的装置如图 4-2 所示，工作原理是：电动油泵 2 从甲醇油箱 1 将甲醇送到加热器 3，使甲醇温度升高，而后送入蒸发器 4，使甲醇变成稍为过热的气体，送入与空气混合的混合器，形成混合气进入气缸。通过阀门调节流入蒸发器的废气量，从而可改变甲醇蒸发量。当蒸发器离发动机进气管较远时，布置中间加热器，使甲醇蒸气在与空气混合流入气缸前不致部分醇燃料再冷凝成液态。

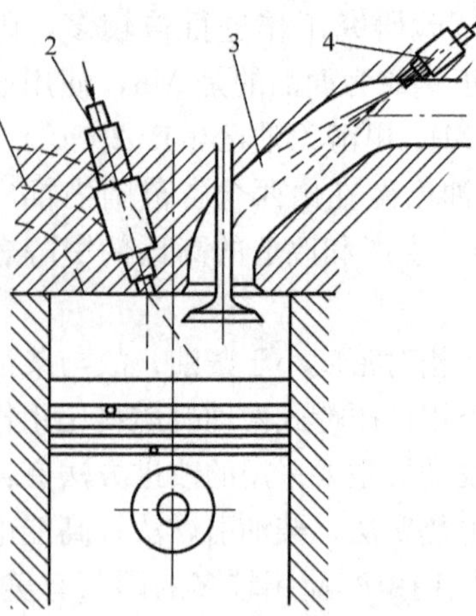

图 4-1　用喷油器向进气道中喷入甲醇

1—排气道　2—柴油喷油器

3—进气道　4—甲醇喷油器

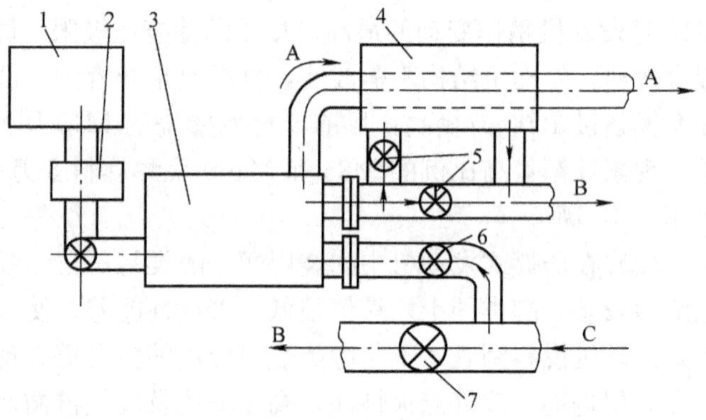

图 4-2　利用废气热量甲醇蒸发器布置示意图

1—甲醇油箱　2—电动油泵　3—加热器　4—蒸发器　5、6、7—阀

A—甲醇蒸气　B—排入大气　C—来自发动机的废气

利用循环水热量的甲醇蒸发器示意图如图 4-3 所示，其工作原理是：甲醇的沸点为 65℃，而冷却水的温度一般都在 80～90℃，因此可以用冷却水的热量使甲醇变成气体。蒸发器中蒸气表压达到 2 个大气压，乙醇也可使用。当真空压力管 4 处真空度较大时，则膜片 5 在弹簧作用下向上移动，从而通过压力调节杆 6 的移动使阀门关闭。这样，通过甲醇蒸气出口处输出的甲醇蒸气量减少。当真空压力管处的真空度较小时，则通过压力调节杆 6 的移动使阀门打开，于是输出的甲醇蒸气量增加。这样可以改变混合气中的甲醇蒸气量，即混合气的空燃比，实现了质的调节。如果需要，还可向进气总管中喷入液态甲醇。当蒸发器中输出甲醇蒸气的阀门开度一定时，则通过发动机进气总管中的阀门调节进入发动机燃烧室中的

混合气数量，实现量的调节。在高负荷时，通过与点火提前调节机构一起的真空度控制机构，减少膜片上的真空度，从而向进气管供给浓混合气。在低负荷时，则增加膜片上的真空度，向发动机供给稀混合气。

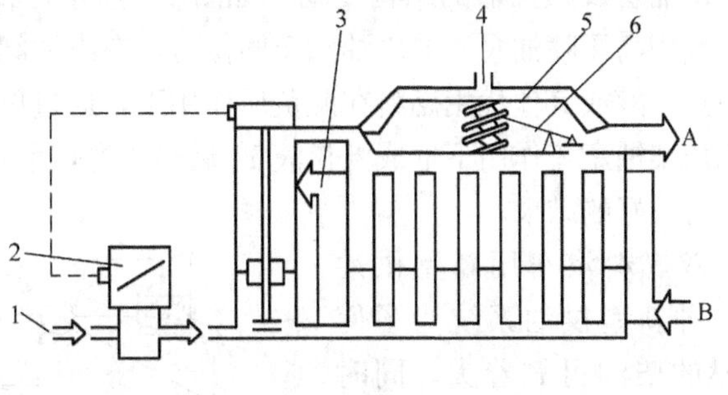

图 4-3　利用循环水热量的甲醇蒸发器示意图
1—甲醇燃料入口　2—控制甲醇液面阀门　3—循环水出口
4—真空压力管　5—膜片　6—压力调节杆
A—甲醇蒸气　B—循环水入口

在暖机期间，冷却水的温度上升得较慢，升高后与甲醇沸点之间的温差较低，但可以控制得较为稳定，而排气温度却随着负荷变化而变化，不太稳定。利用冷却水的热量使甲醇汽化，可以使冷却系统设计得容量稍小，较为紧凑，并减小风扇消耗功。有的甲醇蒸发装置使用排气热量加热水，再利用冷却水的热量使甲醇变成气体。发动机起动时，可以用丙烷或甲醇燃烧器来加热蒸发器，使蒸发器达到一定温度后，才使发动机起动。这个过程只需几分钟。在发动机冷态运转时，还可以向进气管喷射补充的甲醇。

3. 双燃料喷射系统的醇类燃料汽车发动机结构改进

双燃料喷射系统是指柴油机具有两套分开的喷油泵-喷油器系统，或者一套喷油泵-喷油器，但能向气缸内喷射两种不同燃料。采用双燃料喷射系统的目的是能在柴油机上燃用大比例的醇与柴油的混合燃料或者用少量的柴油引燃大量的醇燃料。

（1）两套喷油泵及喷油器　其中一套喷射醇燃料，而另一套喷射引燃柴油。在 U 形和 ω 形两种燃烧室上，喷油器布置方案之一如图 4-4 所示。全负荷时甲醇喷射量（体积比）达到 90%，而引燃柴油为 10%。

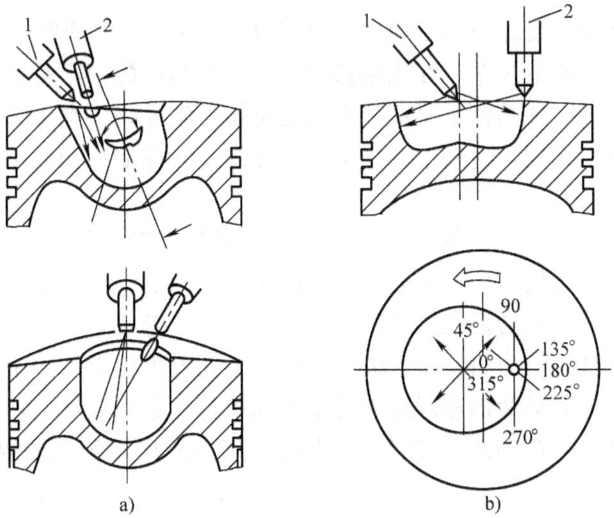

图 4-4　双喷油布置示意图
a）U 形　b）ω 形
1—甲醇喷油器　2—柴油喷油器

对双燃料喷射系统柴油机性能影响的主要因素有：引燃油束喷射角度的影响、喷射定时的影响、引燃油量的影响。

（2）供油管及喷油器的结构变动　如图 4-5 所示，将现有的喷油器 9 前的高压油管 12 稍加改装，利用高压喷油泵 1 的出油阀 7 回位时，在出油阀 7 上部至喷油器 9 之间的高压油管 12 内产生负压，醇或其他代用燃料在此负压作用下，通过单向阀 8 被吸入喷油器，被吸入的代用燃料在高压柴油紊流作用下形成乳化液 11 后喷入燃烧室。这方面国内在 X195 柴油机上掺烧燃料乙醇取得较好的结果。

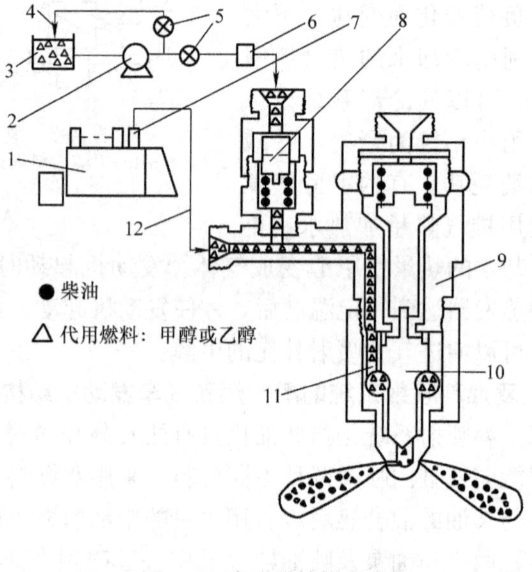

图 4-5　喷油器结构变动
1—高压喷油泵　2—输油泵　3—代用燃油箱　4—回油管
5—电磁阀　6—压力调节器　7—出油阀　8—单向阀
9—喷油器　10—喷油器针阀　11—浮化液　12—高压油管

（3）双燃料汽车用新型供油系统　这种新型供油系统为了使作为引燃的柴油可靠着火，同时又能点燃甲醇，必须具备两个条件：一是甲醇油束紧靠着柴油油束；二是引燃柴油必须集中，形成能可靠着火的较浓混合气。如果能共同利用原来柴油机的喷油泵及喷油器系统就更为理想。日本丰田发动机公司根据这一设想，在原来柴油机用的喷油泵、喷油器的基础上开发了单一的喷油泵、喷油器供应双燃料的新型供油设备，如图 4-6 所示。

改造原来的喷油器，即在原喷油器针阀中心加供应柴油的孔道，另外加了一个柴油加油器，分别设置柴油及甲醇油箱。现以发火（供油）次序为 1—3—4—2 的四缸发动机为例，说明其工作原理：原来的柴油喷油泵 3 现在用来供应主要燃料是甲醇而不是柴油，而柴油则作为引燃燃料由对应四个气缸的加油器 7 供应。它们是由甲醇喷油泵供油管分支油管中的甲醇压力推动其中小柱塞进行工作的，另外由一个电动输油泵 5 将柴油油箱 4 中的柴油供应到各个加油器中。

甲醇喷油泵中第一缸柱塞将甲醇通过油管 8 压送到第一缸的喷油器 1 时，油管分支管路将一部分有压力的甲醇，送到下一个发火的第三缸柴油加油器中，推动其中小柱塞，将一定量的引燃柴油压送到第三缸喷油器的油嘴针阀中心孔道中，等待下一次第三缸喷油器喷甲醇时，和甲醇一起喷入气缸中。而第一缸喷油器针阀中心孔道中已有上一次发火的第二缸喷油泵的高压甲醇，通过对应的柴油加油器送来的柴油和甲醇一起喷入气缸，而且甲醇油束处于中心部位，而柴油油束包围在外面，二者并不混合，周围的柴油形成的混合气首先被压燃，然后引燃甲醇混合气。

柴油集聚及甲醇柴油喷射的情况如图 4-6 中左下角的小图所示。柴油是通过喷油器喷嘴针阀中间孔道流入的，中间孔道上方设有一个球形单向阀。图 a 表示紧接着刚喷过油后的情况，此时在剩余压力作用下，柴油与甲醇处于压力平衡状态，中间孔道中的柴油被周围油路中剩余的甲醇包围着；图 b 表示由柴油加油器送来的柴油将周围油路中的甲醇稍许向上压去；图 c 表示由喷油泵送来的甲醇将柴油向上压，球形单向阀关闭，使柴油留在单向阀与针阀座空腔之间；图 d 表示喷油泵供应甲醇，针阀抬起，甲醇及柴油一起喷入气缸，形成了外面是柴油，中间是甲醇的油束喷雾。

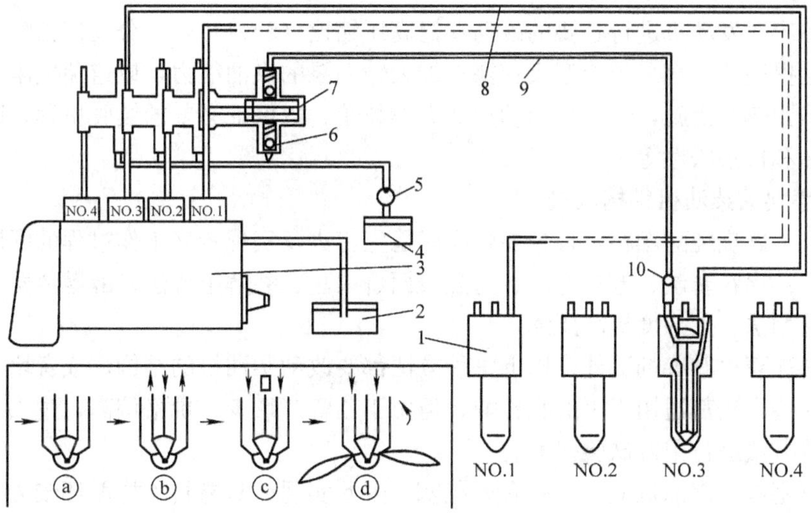

图 4-6　双燃料汽车用新型供油系统

1—喷油器　2—甲醇油箱　3—喷油泵　4—柴油油箱　5—电动输油泵
6、10—单向阀　7—加油器　8—甲醇油管　9—柴油油管

二、车用高比例和纯醇类燃料发动机结构改进

1. 甲醇点燃式发动机结构改进

这种发动机主要指甲醇（M85～M100）点燃式发动机，国内最先致力于甲醇燃料研究的是吉林大学。我国第一台完全用甲醇做燃料的发动机已经在 2000 年年底于山西省大同汽车制造厂研制成功，并且已经在 6490 越野车和 6600 中巴车上使用。2003 年，山西佳新能源化工实业有限公司自主开发出 M100 甲醇轿车技术，适用于夏利、捷达、桑塔纳、富康等轿车。改造后的轿车既可燃用纯甲醇，也可燃用纯汽油，还可以任意比例的甲醇、汽油混合使用。台架及行车试验表明，汽车尾气排放显著改善，燃油经济性提高。

通常，当燃用甲醇含量超过容积的 85%时，发动机需进行一系列设计修改：

1）提高电动汽油泵的供油压力，以避免产生气阻，影响供油，如有的汽油泵采用 3.0MPa 以上压力。

2）混合气的形成装置必须与甲醇较低的热值及较少的空气需要量相适应。

3）采用高压缩比以充分利用甲醇高辛烷值的特性，压缩比可提高到 9～11。

4）更合适的混合气形成装置。对混合气形成装置进行改进设计。

5）火花塞和火花塞间隙的选择。压缩比提高后，宜采用冷型火花塞。

6）解决冷起动不利的因素，如辅助汽油喷射、电加热、火焰起动装置、热分解燃油、催化分解燃油、增加点火能量、燃油的雾化、燃油中添加低沸点的添加剂。

7）改善有关零件的抗腐蚀性和抗溶胀性等，尤其是提高供油管路的金属件、橡胶件和塑料的性能，如油压调节器的膜片。

8）加大燃料箱，以保证必要的续驶里程；或采用双油箱结构。

9）为充分利用醇类燃料高辛烷值的特点，应加大点火提前角，增加 2°～5°。

2. 乙醇汽油发动机结构改进

纯烧乙醇应对发动机进行必要的改动：提高压缩比（9～11），充分发挥乙醇辛烷值高的优势；压缩比提高后，宜采用冷型火花塞；加大输油泵的供油能力，以避免气阻；用附加供油系统及加强预热等措施，改善冷起动；加大燃料箱，以保证必要的续驶里程；改善有关零件的抗腐蚀性和抗溶胀性等。

3. 醇类燃料的柴油机结构改进

在柴油机中燃烧纯醇燃料，首先要解决能稳定着火及实现较好工作过程的问题。应用和研究的方案有：火花塞法、电热塞法、高温表面着火法、裂解甲醇法、醇燃料蒸气法、醇燃料加着火改善剂法、大幅度提高压缩比。

除醇燃料加着火改善剂法外，以上每种方法都要改动柴油机的结构，或者增加一些零部件。原则上这些方法都适用于甲醇和乙醇，但由于乙醇产量少，价格偏高，过去主要在柴油机上采用这些方法进行甲醇试验研究。

（1）火花塞法　汽油机上本来就有火花塞，因此实现纯醇燃料奥托循环较方便。在柴油机上安装火花塞及点火系，用火花能量点燃纯醇燃料主要考虑以下几点：

1）燃料喷射时间及点火时间。由于醇的热值低，在同等的功率下，喷入缸内的甲醇在数量上比传统燃料大一倍多，因此要改变喷射速率及喷射时间，否则喷射结束过迟，就会降低燃烧效率。燃料喷射及点火时间不当，火花塞可能受到过多的燃料喷注的浸湿，从而使燃料不能着火，产生丢火现象，因此要注意改变喷射速率，寻找最佳的喷射时间、点火时间及其相互配合。

2）火花塞的位置及电极长度。要慎重选择火花塞的位置，同时要采用较长的电极，使火花塞的电极接触到较多的油雾，而又不受到过多的液体燃料的冲洗和污染。加长电极，既可以使火花塞伸入燃烧室内，又因一部分突出于壳体之外，使受热面加大，从而提高了低速低负荷时的电极温度，而在高速高负荷时，空气流动增加，突出部分受到较好的冷却。

在国产 195 涡流燃烧室柴油机上，保持喷油器位置不变，在缸盖水平方向布置火花塞，采用较长的火花塞使其电极达到 B 或 C 位置，可使该发动机燃用甲醇时能连续稳定地运转。当火花塞电极跳火缝隙处于 A 或 D 位置时，则起动困难，着火也不稳定，如图 4-7 所示。

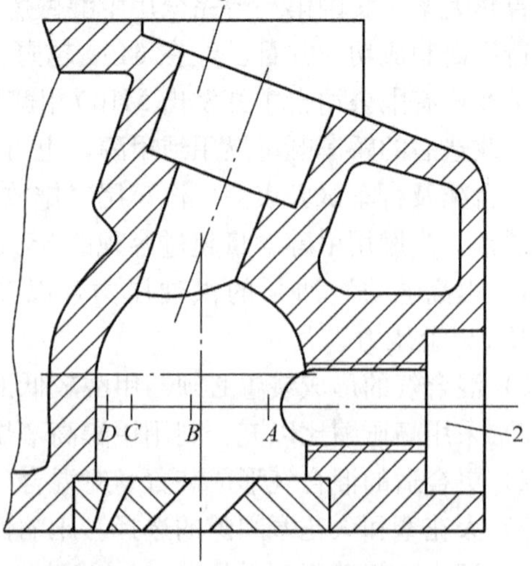

图 4-7　在涡流燃烧室缸盖上布置火花塞的位置示意图
1—喷油器孔　2—火花塞或电热塞孔

（2）电热塞法　在传统的石油燃

料发动机中，电热塞是用于改善冷起动性能的。醇燃料的自燃温度高，着火性能差，但容易受高温炽热表面的作用而着火。在燃烧室中安置电热塞是使醇燃料着火，并实现较为稳定燃烧的措施。这对中等负荷及部分负荷是更为必要的。电热塞在统一燃烧室和分隔燃烧室的不同安装位置如图 4-8 所示。

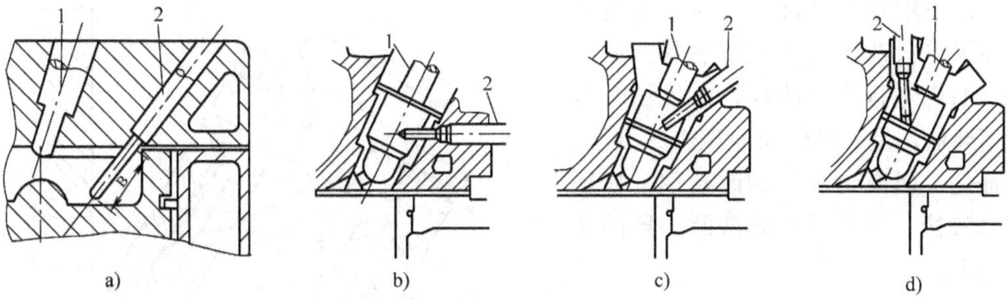

图 4-8　电热塞在燃烧室中的位置的比较

a）统一燃烧室　b）分隔燃烧室　c）分隔燃烧室　d）分隔燃烧室

1—喷油器　2—电热塞

（3）裂解甲醇法　将无水或含水很少的甲醇分解成 H_2 及 CO 称为裂解甲醇。裂解甲醇燃料发动机基本组成如图 4-9 所示，其工作原理是：甲醇先在蒸发器 4 中变成气体，然后在裂解反应器 3 中被分解为 H_2 及 CO，然后经过冷却，与空气混合，进入发动机。蒸发器可以采用管式热交换器，用 90%～100%的循环冷却水或废气余热加热。裂解后气体可用水冷却。裂解反应器通常用废气加热。催化剂可用铂、铑、铜、锌、铝、铬或铜-氧化锌等。

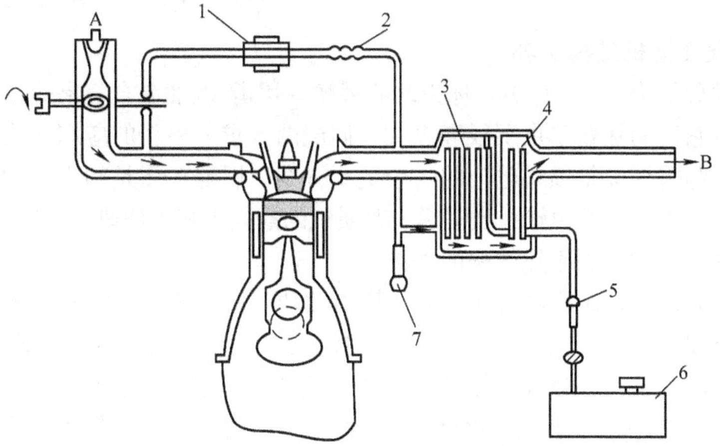

图 4-9　裂解甲醇燃料发动机基本组成示意图

1—压力调节器　2—裂解气冷却器　3—裂解反应器　4—蒸发器

5—燃油泵　6—燃油箱　7—安全放气阀

A—空气　B—废气

（4）表面着火法　在汽油机中，由于高温点火引起的可燃混合气的早燃是一种不希望有的异常燃烧现象。甲醇的抗爆燃性虽较高，但比汽油在较低的表面温度下容易着火，而甲醇在柴油机中又难于着火。于是便产生了在柴油机燃烧室中，用外源能量形成高温表面使甲醇着火的方案。

甲醇表面着火柴油机燃烧室部分的方案如图 4-10 所示，电阻丝加热带所产生的热量使不锈钢套燃烧室内表面的温度高于甲醇的着火温度，由喷嘴喷出的甲醇油雾接触到高温表面后便自行着火。发动机起动运转一段时间后，便不再消耗电能加热表面。

（5）采用着火改善剂　在柴油机中使用加了着火改善剂的纯醇燃料，就无需对柴油机进行大的改动，并且随时可以改用柴油，是一种较简便理想的方法。其关键是要研究出优良的改善剂，如环己基硝酸盐、三乙基铵硝酸酯、异丙基硝酸酯等。

（6）高压缩比压燃法　从理论上分析，要使醇燃料在原柴油机上不用任何助燃措施，只用压燃方式组织燃烧过程，压缩比要达到 26 以上。如此高的压缩比会使发动机的机械负荷及热负荷增加，发动机容易发生零件强度等方面的问题。因此，高压缩比压燃法适用于部分负荷工况下工作的时间较多的公共汽车的醇燃料发动机，主要的技术是高压缩比加助燃剂。

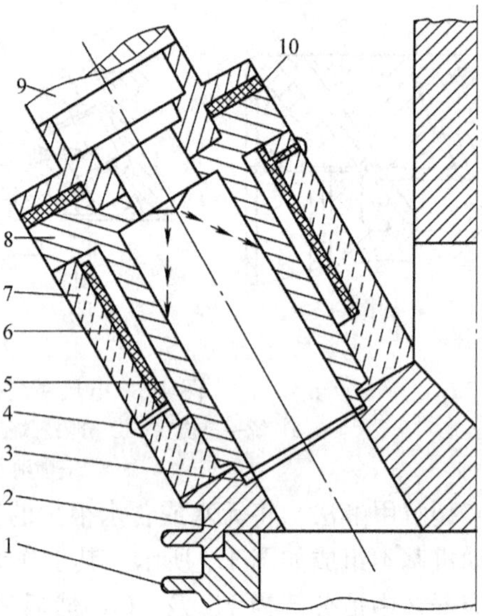

图 4-10　甲醇表面着火法结构示意图

1—气缸　2—气缸盖　3—铜密封垫　4—电极　5—空气间隙
6—电热带　7—陶瓷套管　8—不锈钢燃烧室
9—轴针式喷油器　10—绝缘材料制的垫片

4. 甲醇改质发动机结构改进

将含水甲醇分解为 H_2 及 CO_2，称为改质甲醇。甲醇-汽油混合气易分层，纯甲醇燃料冷起动困难，而且它们的热效率也不很理想。人们试图寻求一种新的应用方式，以期达到更好的效果，甲醇改制重整又是燃料电池的一个重要方案。甲醇改质是利用发动机排气的余热将甲醇改成为 H_2 和 CO，然后再输往发动机。改质气的最大火焰传播速度仍然高达 215cm/s，远远大于汽油，这个特性有利于热效率的提高。

车用甲醇改质发动机结构改进主要有：甲醇改质气的着火界限很宽，下限为过量空气系数 $\alpha=7$，提高热效率，改进控气装置；其辛烷值高，发动机的压缩比提高。其优点是：甲醇改质气有效地回收了一部分排气热量，有利于热效率的利用，很容易实施稀混合气燃烧；由于采用稀混合气 $\alpha=1.7$，燃烧温度低，CO 和 HC 排放少，NO_x 的排放浓度也较低。

5. 醇类灵活燃料发动机

（1）甲醇灵活燃料发动机　甲醇灵活燃料是指甲醇在混合燃料中的比例为 3%～60%的甲醇混合燃料，2002 年山西佳新能源实业有限公司自主开发了 M3～M60 甲醇灵活燃料轿车技术，甲醇、汽油在 M3～M60 范围可任意比例混合使用，不经预混配过程，保持原车动力性、加速性、安全性，适用于捷达、桑塔纳、富康等轿车。

（2）乙醇汽油灵活燃料发动机　乙醇灵活燃料指既可使用汽油，又可使用乙醇与汽油以任何比例混合的燃料。工作时由燃料传感器识别燃料成分，通过电脑提供发动机最佳运行参数。灵活燃料汽车的商业前景很好，已在福特汽车厂生产线上大批生产，但由于近年来汽油车的性能不断改进，汽油价格回落，影响了市场的发展。

三、醇类燃料的应用实例

1. M85 甲醇燃料汽车

20 世纪 80 年代，通用汽车公司以别克涡轮增压皇朝汽油车改为 M85 燃料车。M85 甲醇燃料汽车的燃料系统如图 4-11 所示。

(1) 燃料系统及汽车底盘 发动机采用博世公司的多点燃油喷射装置。使用与汽油机不同的新油轨 4 装置，其目的是：向 6 个喷油器提供足够的燃油；调节喷油器的压力，使喷油器能安装到进气管上。油轨用不锈钢制造，直径由原来汽油机用的 19mm 加大到 25.4mm。燃油箱用不锈钢制造，容积为 106L，可行驶 480km，油箱内有一些隔板减少燃油的晃动。

(2) 发动机 汽车采用排量为 3.8L V 形夹角为 60°的 6 缸发动机，原汽油机的压缩比为 8，改变活塞结构将 M85 发动机的压缩比提高到 10.6，将原来使用的 ACR44TS 型火花塞改为 AC436TS 较冷型火花塞，以防止甲醇燃料早燃现象的发生。

(3) 汽车性能 别克汽油车改用 M85 后，性能有了明显的提高。

1) 动力性。与原来汽油机汽车相比，功率及扭矩增加如图 4-12 及图 4-13 所示。甲醇发动机的最大功率为 182kW，发生在发动机转速为 4000r/min 时，比使用汽油时的功率增加 22%，而最大扭矩发生在转速为 3000r/min 时，比汽油机增加 11%。

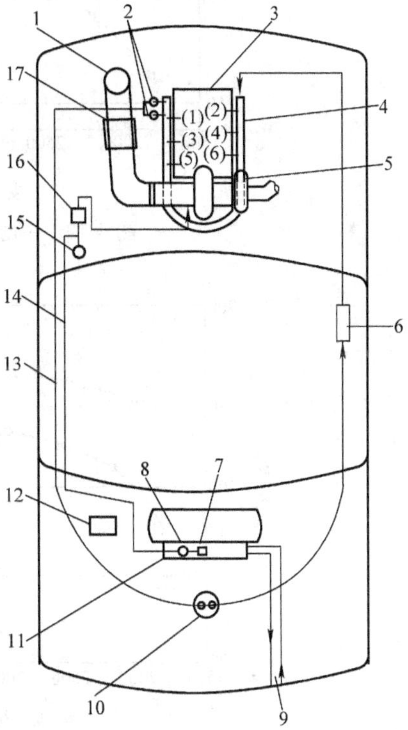

图 4-11 甲醇燃料系统图

1—空气滤清器 2—双燃料压力调节器 (0.38MPa) 3—进气管及燃油喷射器 4—油轨 5—涡轮增压器 6—甲醇滤清器 7—截止阀 8—丙烷压力调节器 9—由外面充入及排出丙烷 10—直流电动输油泵 11—丙烷蒸气减压阀 12—丙烷微处理器 13—甲醇回流管 14—丙烷蒸气 (28～35kPa) 15—压力表 16—丙烷脉宽调制电磁阀 17—空气流量传感器

2) 燃油经济性。按每单位热值汽车行驶的里程数计算，根据市区燃油经济性 (FTP) 及高速公路燃油经济性 (HWFET) 试验程序，甲醇燃料汽车比汽油车的行驶里程数分别增加了 11%及 13%，这表示 FTP 及 HWFET 都得到改善。汽车在道路上实际使用的燃油经济性也表明，甲醇燃料汽车比汽油车的行驶里程增加 21%。

3) 汽车加速性及驾驶驱动性能。由四辆甲醇燃料汽车及两辆汽油车进行由零加速到 96.6km/h 的加速性比较，甲醇燃料汽车比汽油车平均快 1.8s。

2. 灵活燃料甲醇 (FFV) 汽车

德国大众汽车公司在排量为 2L、功率为 85kW 汽油机的 Jetta Ⅲ汽车的基础上，开发了

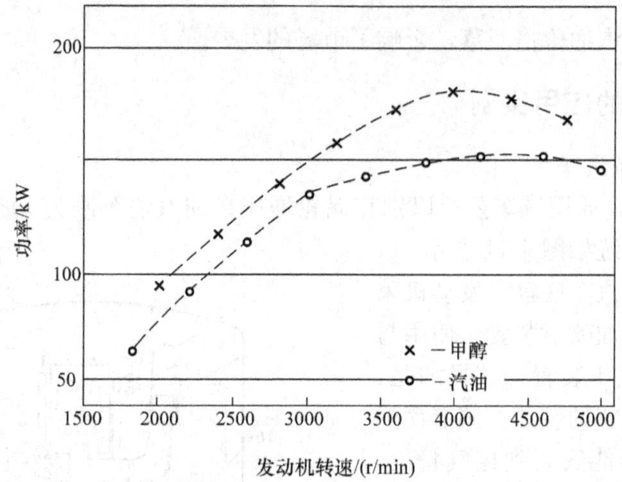

图 4-12 甲醇与汽油车功率的比较

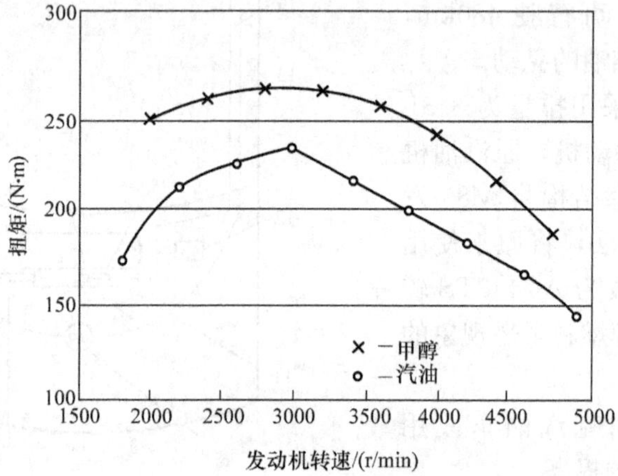

图 4-13 甲醇与汽油车扭矩的比较

新型的灵活燃料汽车，其布置如图 4-14 所示。

灵活燃料汽车的核心部分是电控喷射系统及醇-汽油混合燃料传感器。大众 FFV 的电控

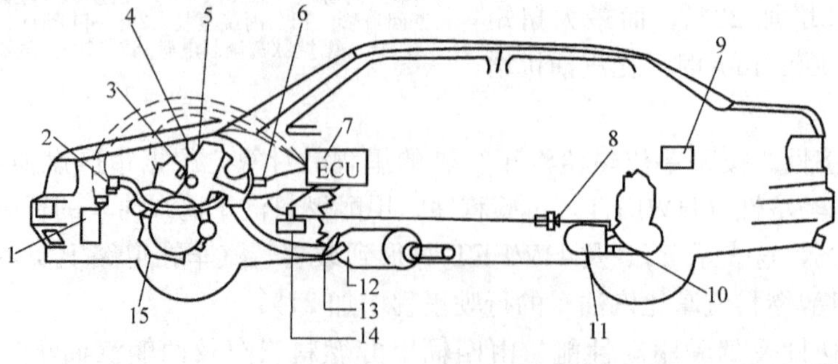

图 4-14 在 Jetta Ⅲ型基础上开发的灵活燃料汽车布置图

1—活性炭罐 2—空气泵 3—敲缸传感器 4—火花塞 5—喷油器 6—废气再循环 7—电控单元 8—燃油滤清器 9—灵活燃料 10—燃油泵及油面传感器 11—氟化高密度聚乙烯燃油箱 12—三元催化反应器 13—氧传感器 14—甲醇传感器 15—甲醇发动机用润滑油

喷射系统是在简洁高效的DIGIFANT系统基础上改进的，以便能适应改变燃料及醇燃料所需的空燃比及点火时间等的控制，同时增加了醇-汽油混合燃料传感器。它是根据混合燃料中成分不同则介电常数也不一样的原理工作的。它能以一定的精度及灵敏度，根据燃料成分的变化及时地向电控系统提供连续变化的信息，使电控系统调整发动机的有关参数，发动机在满足汽车要求的最佳状态下工作。灵活燃料电控系统原理图如图4-15所示。

甲醇的热值不到汽油热值的一半，使用甲醇的喷油量比使用汽油时约增大一倍。DIGIFANT电控系统以汽油供油量为基准，根据混合燃料成分的变化相应地增加供油量，用一个多项式函数可以相当准确地表示该增量。发动机点火提前角的调整，也基于同样原则处理。DIGIFANT系统可以存储多达8组不同燃料配比的发动机特性曲线，可根据燃料成分的变化对发动机进行更细的调整。

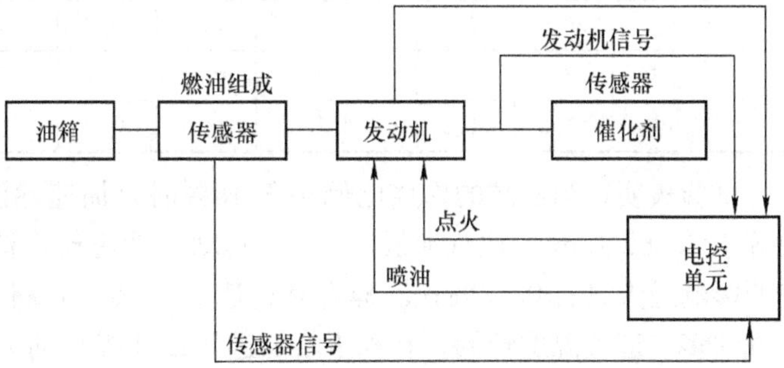

图4-15　灵活燃料电控系统原理图

为了满足低排放法规的要求，该汽车采用了三元催化反应器、废气再循环以及使用活性炭罐控制蒸发排放等措施，而且在发动机暖机阶段向排气口喷射额外的空气。大众汽车公司在进一步发展这种灵活燃料汽车以便达到超低排放法规要求时，采用蓄热器及电加热催化器。前者是将冷却水的热能储存起来以便供冷起动及暖机时使用，这样可以明显地降低非甲烷有机气体的排放（NMOG）及形成臭氧的潜在可能；后者是在三元催化反应器前加一个电加热催化器，这是为了在冷起动后暖机期间，由于排气温度低，主要催化反应器的催化剂不能起催化作用，而此阶段排放物又较高，于是通过电加热提高催化剂温度，促使其起催化作用。

灵活燃料汽车既要使用不同醇含量的混合燃料，又要能使用汽油，因此在参数及一些相关零件特性的选择上要采取折中方案兼顾两方面的需要。在压缩比的选择上，可使用原汽油机压缩比，或者再高一些。同时安装敲缸传感器，当发生敲缸现象时，推迟点火时间，以避免敲缸。前面提到醇燃料汽车为了避免火花塞温度过高引起醇自燃，需采用较冷型的火花塞，对于灵活燃料汽车采用比原汽油机汽车火花塞稍冷一些的火花塞，而不能用过冷型，因为这对使用汽油时不利。

灵活燃料汽车的最大功率及扭矩随着混合燃料中醇含量的增加而增加。灵活燃料汽车的关键部件是醇燃料传感器，其安装在供油管路中尽可能靠近发动机的部位，在汽车行驶时，随时测定混合燃料中甲醇或乙醇的含量，通过输出电压的变化，将甲醇含量的信息输送给微机控制单元，同时也在驾驶室仪表板上显示。其主要改动有：供油系统，如需要加大喷油器直径、燃油泵最大供油量；提高压缩比等措施。

3. 乙醇汽油汽车

中国汽车技术研究中心对乙醇汽油进行了大量的试验研究，选用两种车型（分别采用1.8L电喷发动机和1.6L电喷发动机）对三种乙醇汽油进行实验，其掺烧比例分别为：7.7%（E7.7）、10%（E10）、15%（E15），并与燃用93号汽油的结果进行比较。

（1）动力性　车速从40km/h加速到120km/h所用时间见表4-2。

表4-2　E7.7、E10、E15与93号汽油的加速性对比

车　型		加速时间/s		变化率(%)	加速时间/s		变化率(%)	加速时间/s		变化率(%)
		汽油	E7.7		汽油	E10		汽油	E15	
1.8L	4挡	22.3	22.7	1.8	23.2	23.1	−0.4	22.8	23.9	4.8
	5挡	30.0	29.3	−3.3	31.5	31.4	−0.3	30.0	30.5	1.7
1.6L	4挡	26.0	26.5	1.9	27.5	25.2	−8.4	27.1	24.7	−8.8
	5挡	37.3	38.5	3.2	37.3	37.7	1.1	38.0	36.4	−4.2

试验表明，当乙醇的掺烧比例小于15%时，加速性没有明显的变化。乙醇的混合气热值等于3.66MJ/m^3，比汽油低4.2%，其动力性应比汽油低，不过15%以下的掺烧比例带来的影响最大只有0.63%；乙醇含氧高达34.8%，有利于燃烧完全，效率较高，乙醇潜热比汽油多，进气温度较低，有利于增加进气量和提高动力性；乙醇的分子变更系数也较大，有利于提高动力性。当然，由于掺烧比例小，这些有利于提高动力性的因素的影响同样微乎其微。如果不做任何调整，乙醇汽油的动力性与基础汽油变化不大。

（2）燃料经济性　由于乙醇的混合气热值比汽油的低，故以体积计的燃料消耗大于汽油，三种方案的平均增幅达5.3%、7.8%和9.3%。考虑到以容积计量的乙醇售价比汽油高，燃料费用会有所增加，如果充分发挥乙醇辛烷值高的优势合理地调整点火提前角，效果会好一些。仅仅从燃料经济性出发，掺烧乙醇的比例也是不宜太大。

（3）排放性　试验表明，燃用乙醇汽油与燃用汽油相比，由于含碳比例减少和含氧燃烧较为完全，怠速排放CO和HC有所下降。三种方案NO_x排放与燃用汽油相比，大体相近，有高有低。这是由于一方面乙醇的热值低，燃烧温度低，使NO_x排放少；另一方面，乙醇含氧有利于NO_x的生成，又使NO_x排放多；乙醇汽油的甲醛排放比汽油高。

第三节　醇类燃料汽车维护

一、醇类燃料的正确使用

1. 车用乙醇汽油

（1）车用乙醇汽油的组成　车用乙醇汽油由车用汽油、变性燃料乙醇和改善其使用性能的添加剂组成。变性燃料乙醇是以玉米、小麦、薯类、甘蔗、甜菜、纤维素等为原料，经发酵、蒸馏制得乙醇，脱水后再添加变性剂变性的燃料乙醇。变性剂是车用汽油，添加到燃料乙醇中主要是为了防止人们误以为是食用酒精而食用。

由国家质量技术监督局负责组织制定的GB 18350－2001《变性燃料乙醇》国家强制性标准已于2001年4月15日起开始实施，该标准要求燃料乙醇与变性剂的体积混合比为100∶2～100∶5，即变性剂在变性燃料乙醇中的体积含量为1.96%（V/V）～4.76%（V/V），且变性剂的质量应符合GB 17930—2011《车用汽油》的要求。

（2）车用乙醇汽油的牌号　按GB 18351—2010《车用乙醇汽油（E10）》规定，我国车用乙醇汽油目前有四个牌号，分别是90号、93号和97号，与车用汽油一样，其牌号是按研究法辛烷值大小来划分的，数值越大，表示车用乙醇汽油的抗爆燃性越好。

（3）车用乙醇汽油的正确选用　车用乙醇汽油的选用与车用汽油一样，主要是根据发动机的压缩比。发动机的压缩比越高，所需使用的汽油牌号就越高。可在汽车的使用说明书中查到发动机的压缩比和汽车生产厂家推荐的汽油牌号。车用乙醇汽油的基本选用原则是：压缩比在8.0以下的发动机，应选用90号车用乙醇汽油；压缩为8.0～9.5的发动机，应选用93号车用乙醇汽油；压缩比为9.5～10.5的发动机，应选用97号车用乙醇汽油。

2. 车用甲醇汽油

车用甲醇汽油没有相应的国家标准，但其牌号应达到GB 17930—2011《车用汽油》的相关要求，其使用可参照车用乙醇汽油的有关规定进行。

二、醇类燃料汽车使用注意事项

1. 使用前需要对汽车进行相应调整

1）彻底清洗燃油系统和油箱。这是首次使用乙醇汽油前所必须做的一项工作。醇类燃料具有较强的清洗作用，在使用初期，会把原来附着在油箱壁上或沉积在油箱底部的胶质颗粒、铁锈等杂质清洗下来，混入油中，由油管进入油路，造成汽油滤芯、电喷车的喷嘴等被杂质阻塞而熄火。同时，甲醇和乙醇具有亲水性，可以任意比与水混合。在首次加入甲醇汽油或乙醇汽油时，积存在油箱底部的水就会与甲醇汽油或乙醇汽油混合，造成油品分层，出现不易点火现象，影响发动机的正常工作。

2）更换泡沫塑料件和橡胶件。对汽油泵的泵膜要及时检查、更换；橡胶垫圈要选用材质好、耐溶胀的，或备足配件，发现有溶胀、变形时及时更换。

3）调整点火时间。对低比例掺烧的乙醇汽油或甲醇汽油，因不提高发动机的压缩比，为充分利用醇类燃料高辛烷值的特点，应根据车型车辆的不同特点对点火时间略作提前调整，一般点火提前角调整量为2°～5°。

4）调整怠速。根据车型车辆的不同使用特点，进行实际调整。

5）调整可燃混合气的混合比。醇类燃料的热值比汽油和柴油低，并且醇类燃料理论混合气热值比汽油和柴油低，见表4-1，若不加大燃料供给量，不仅动力性下降，其他性能也会受影响。因此，应适当调浓可燃混合气的混合比，以提高车辆的动力性和经济性。

2. 在使用初期应加强车辆的保养和维护

在使用乙醇汽油前对油路的清洗未必十分彻底，仍可能有残存的少量杂质进入油路。因此，在用完第一箱乙醇汽油后，要对车辆再进行一次检查清理。

1）对油路系统再进行一次清洗，去除杂质。

2）对汽油泵进行清洗。汽油泵为齿轮泵结构，制造精密，齿轮泵对侧隙要求极为严格。电动汽油泵的进油口滤网，是油品进入供油系统的第一道关口，如油品中杂质含量过多，汽油泵的滤网就有先被堵塞的可能，造成吸不进油，使油泵空转。油泵长时间空转，会使汽油泵齿轮侧隙磨损超标，从而使油泵失去泵油作用。

3）检查油箱盖上的空气阀。油箱盖上的空气阀，其作用同呼吸阀的原理。当油箱内的油料逐渐用掉时，随着油箱内油面的下降，油箱内的压力降低，这时油箱盖上的空气阀打开，吸入空气，平衡油箱内的压力。反之，当天气较热时，油箱内的部分油料挥发成气态，压力升高，超压的气体又经油箱盖上的空气阀自动打开而排出，保持油箱内气压的稳定。如油箱盖上的空气阀堵塞或橡胶密封垫的材质不适应而引起的溶胀、粘连现象，使空气阀不能自动打开而出现负压，就有可能发生不供油的现象。

排除故障的方法是：打开油箱盖，使空气进入，消除负压；检查油箱盖上的空气阀，保持其畅通。

3. 车用乙醇汽油和车用汽油的混用

使用车用乙醇汽油的车辆，可以加入同牌号的车用汽油，但应选择中国石化、中国石油等信誉好质量有保证的加油站加油。避免加入含水车用汽油和假冒伪劣油品，使车辆不能保持正常运转。同样，在合格的车用汽油中可加入正规加油站出售的同牌号的车用乙醇汽油。

三、使用醇类燃料汽车的常见问题

1. 混合燃料的分层问题

甲醇与汽油在常温下不能互溶，混合燃料存在分层。乙醇既有亲水性又有亲油性。乙醇有较强的吸水性，混有水分越多，分层越明显，使汽油和乙醇互溶性变差，影响燃油的品质。由于混合不均，导致燃料供给实际失控，发动机性能下降，运转不稳。因此，分层问题是醇类燃料发动机必须解决的首要问题。

甲醇与汽油的互溶性取决于温度、甲醇的含量和水的含量。在同一配比下，甲醇与汽油的互溶性随温度升高而增强，反之亦然。当甲醇含量较小时，随着甲醇含量增加，甲醇与汽油的互溶性下降，分层区域扩大。当甲醇含量达到一定比例时，互溶性最差。继续增大甲醇含量，互溶性回升，分层区域减小。当混合燃料中水的含量增加时，甲醇与汽油的互溶性下降，分层区域扩大。如当水的体积分数从0.05%增加到0.5%时，M15发生相分离的温度增高7～8℃。试验表明，在20℃、−5℃和−20℃时不分层的甲醇最大加入量分别为5%、2%和1%。北方冬季的使用环境下，可以认为甲醇与汽油是不互溶的。

乙醇与汽油可以互溶，但抗水性较差，乙醇汽油一旦遇水会发生相分离，影响使用效果。当然这种分层并不意味着截然分开，而是造成油箱上、中、下各部乙醇与汽油的比例不同。试验表明，乙醇汽油的相分离温度随乙醇汽油中含水量的增加而增高。以E10为例，当调和汽油含水量小于3000ppm时，相分离温度为−30℃。

因此，应当严格限制基础油的含水量。在相同含水量情况下，相分离温度随乙醇含量的增加而降低。

2. 腐蚀问题

甲醇和乙醇对汽车燃料系统的许多金属都有腐蚀性，腐蚀铜、铁、铝、铅、锌、镁及它们的许多合金。它们在生产过程中一般会含有一定量的酸性物质，加之醇有吸水性，在储存过程中难免会含有水分，这些酸性物质受到空气的氧化或细菌发酵也会产生少量的有机酸。醇类燃料在燃烧过程中会形成对金属有腐蚀作用的甲醛及硫化物等，醇类汽油对供油系统和进气系统的金属元件（如汽车油箱、输油管）有腐蚀作用。

混合燃料中即使含有3%的醇也使燃料腐蚀性大大增强，醇含量越高，腐蚀性越大。防止醇燃料腐蚀发动机金属的基本途径有两个：一是改变发动机金属材料，使用耐腐蚀的金属制造发动机；二是在燃料中加防腐蚀添加剂。相比之下，前者成本高，且只适用于新发动机的制造；而后者则更简便，而且成本低，效果好。实践证明，在燃料中加入少量防腐剂就能有效防止金属腐蚀。

3. 溶胀问题

醇燃料还对橡胶和塑料部件有溶胀作用，发动机燃料供给系统中的许多零部件都是由橡胶、塑料等材料制成的，在醇燃料中会出现溶胀、变粘或龟裂等问题进而失效；油路供给系统中燃油压力调节器的膜片和燃油软管是橡胶制品，在醇燃料中会发生溶胀、变硬、变脆或软化等现象，纤维垫片会逐渐软化而导致漏油。

当使用混合燃料，或用汽油作为改善醇燃料冷起动性能的添加剂时，对橡胶和塑料部件的腐蚀性更强。这是由于混合燃料中的醇能增强燃料在橡胶和塑料表面的润湿作用，从而有利于汽油组分向其内部渗透。

应该注意的是，不同橡胶或塑料在汽油、混合燃料和纯的甲醇或乙醇中的溶胀作用有明显的差异，因此在使用醇燃料或混合燃料时，应选择合适的橡胶或塑料材料作为燃料系统零部件。当混合燃料中的甲醇比例较低（如小于10%）时，腐蚀和溶胀的作用很小，可以直接应用而不必采取相应的措施。当采用高比例醇类燃料时，应配以耐油性好的橡胶材料。据研究，氟橡胶、氟硅橡胶、聚硫橡胶、改性丁腈橡胶、氯丁橡胶、氯磺化聚乙烯和均聚氯醇橡胶等耐醇、汽油和混合燃料的能力较好。塑料件（如一些发动机的滤芯用泡沫塑料制成）可以更换成陶瓷或尼龙材质。

4. 发动机磨损问题

醇类燃料发动机在使用中，气缸和活塞环的磨损加重。由于醇类燃料的汽化潜热高，见表4-1，易因汽化不良而以液态形式冲刷气缸壁，润滑油膜被洗掉而破坏气缸油膜，且稀释润滑油或使润滑油乳化，导致润滑环境恶化，使活塞环和气缸壁等发动机机件的腐蚀磨损增加。另外，醇燃烧时会生成有机酸（甲酸或乙酸），能直接腐蚀金属，造成腐蚀磨损。进入润滑油中的甲酸或乙酸还能与润滑油中的抗氧防腐剂发生反应而使其失效，从而增大各摩擦部位的腐蚀与磨损。

5. 起动问题

醇类燃料低温起动和低温运行性能恶化，发动机热态停车后起动困难。甲醇、乙醇的闪点比汽油高，甲醇在5℃以下、乙醇在20℃以下，在进气系统中很难形成可燃混合气，如果发动机不加装进气预热系统，燃烧全醇燃料时汽车难以起动，在高温和高海拔地区更明显。醇类燃料的气化潜热比汽油高2倍多，在寒冷地区会使混合燃料难以气化，不易起动。试验表明，在−22.5℃时均能顺利起动。

6. 气阻问题

醇类燃料的沸点比汽油低，蒸气压比汽油高，在夏季使用时，容易产生醇类燃料在燃料供给系统中大量蒸发而使供油量下降，甚至供油中断的气阻现象。其解决方法是加强发动机与燃料供给系统间的隔热。此外，还可采用提高油泵的泵油能力而解决产生气阻的问题。

7. 动力性与经济性问题

使用醇类汽油后，使汽车燃油经济性和发动机动力性略有所下降，可适当提高压缩比和加大点火提前角，对电喷发动机进行匹配，延长喷油时间。

8. 安全性问题

安全性包括对人体的危害程度、对环境的影响以及在生产、供应、使用过程中的安全性。

（1）醇类的毒性及对人体的影响　甲醇有毒，会刺激眼结膜，也会通过呼吸道、消化道和皮肤进入人体，刺激神经，造成头晕、乏力、气短等症状，人吸入300μL/L甲醇，便会影响中枢神经系统。每周5天每天工作8h工作场所的甲醇极限值，国外一般规定为200μL/L，我国标准较严，定为50μL/L。乙醇对人体健康的影响较汽油和甲醇小，大部分国家规定工作场所的极限允许浓度为1000μL/L。

（2）醇类对生态的影响　醇类在生产、供应和使用过程中难免蒸发和泄漏，污染局部地区的空气、水和土壤，影响水域和陆地的生态。但是，无论海洋还是陆地，均栖有多种需氧生物，它们很容易分解含氧的醇，故醇在环境中的滞留时间并不长。这样，醇比相同水平的汽油对生态的影响要小。甲醇、乙醇泄漏对植被的影响比汽油小，因此，醇类在陆地泄漏时，对环境造成的影响要比汽油泄漏影响更小。

（3）醇类的安全性　醇类闪点较汽油高，在生产、供应和使用过程中的着火危险性较汽油小，但其闪点仍然偏低（甲醇闪点为11℃，乙醇闪点为21℃），在生产、供应和使用过程中的着火危险性仍然较大，与汽油的生产、供应和使用一样，应着重防止火灾的发生。

（4）醇类在使用过程中的排放　在使用方面，由于醇类燃料含氧量高，燃料燃烧完全，排气中的NO_x、HC、CO含量较使用汽油时低，虽然排气中的醇类不完全燃烧产物甲醛、乙醛、甲醇含量较高，但通过在排气管中采用适当的催化剂即可将排气中的甲醛、乙醛、甲醇含量大大降低。醇类发动机排放的光化学反应性低于汽油机，大气中未燃甲醇、乙醇的光化学反应性也比烃类要低，产生光化学烟雾的可能性较汽油小。因此，从安全性分析，醇类燃料对人体、生态的影响较汽油要小，在使用中的排放污染也比汽油好。

综上所述，醇类燃料来源丰富，作为发动机燃料使用在动力性上与使用汽油接近，虽然对发动机的使用性能有一定影响，但可采取相应的措施而予以解决。从替代的经济性来看，醇类燃料不如汽油，但由植物生产的醇类燃料是再生能源，国家应出台相应的优惠政策给予支持，则醇类燃料在经济性上也是可行的。醇类燃料对人体、生态的影响较汽油要小，在使用中的排放污染也比汽油好，是一种清洁代用燃料，应大力推广使用。

第五章　其他新能源汽车

第一节　生物柴油汽车

一、概述

1. 生物柴油的发展状况及定义

生物质能是太阳能以化学能形式储存在生物中的一种能量形式，一种以生物质为载体的能量，它直接或间接地来源于植物的光合作用，可转化成常规的固态、液态和气态燃料，取之不尽，用之不竭，是一种可再生能源。生物质能的原始能量来源于太阳，所以生物质能是太阳能的一种表现形式。

生物质能是仅次于煤炭、石油、天然气的第四大能源，在整个能源系统占有重要地位的生物质能一直是人类赖以生存的重要能源之一。在生物质液体燃料的研究开发中，乙醇和生物柴油是主要的研究开发对象。由于乙醇已在前面的章节中进行了介绍，本节主要介绍生物柴油。

生物柴油及其生产技术的研究，始于 20 世纪 50 年代末 60 年代初，发展于 20 世纪 70 年代，尤其是 80 年代以后发展迅速。1980 年美国开始研究用豆油代替柴油作燃料，但普通的豆油和以石油为原料制备的柴油并不相容，而且普通动植物油脂中含有的甘油三酸酯中的甘油燃烧不完全，易结焦，导致普通柴油机不能用动植物油脂作为燃料。生物柴油有两种说法：一种是狭义上所说的生物柴油，是指 1983 年美国科学家首先将亚麻籽油的甲酯用于发动机，燃烧了 1000h，并将可再生的脂肪酸甲酯定义为“生物柴油”（Biodiesel）；另一种是 1984 年美国和德国等国的科学家研究了采用脂肪酸甲酯或乙酯代替柴油作燃料形成了广义上所说的生物柴油，是指以油料作物、野生油料植物和工程微藻等水生植物油脂，以及动物油脂、废餐饮油等为原料油通过酯交换工艺制成的甲酯或乙酯燃料，这种燃料可供压燃式发动机使用。

20 世纪 80 年代中后期，美国、德国、法国、意大利等国相继成立了专门的生物柴油研究机构，投入大量的人力物力进行生物柴油的研究；政府也通过政策优惠手段，鼓励生物柴油的研究、生产和应用，生物柴油迅速成为新经济产业的亮点。美国能源部门把发展生物柴油意义提高到战略高度对待。美国将其 21 世纪的能源战略定为“安全、清洁、高效”。由于生物柴油的优异性能，在美国生物柴油已成为替代燃料增长最快的产品，目前生产能力为 30 万 t/年。2001 年 12 月，美国试验材料学会 ASTM 颁布了生物柴油的标准 ASTM D 6751，它与生物柴油在美国市场的标准化紧密相关，增强了消费者和制造商的信心，美国生物柴油的税率为零。得到广泛认同的是德国的 DIN 生物柴油系列标准，它是迄今为止最为详细、系统的生物柴油标准，该标准体系针对不同的制造原料有不同的 DIN 标准：以油菜籽为原料的 RME、以蔬菜籽为原料的 PME 生物柴油 DIN E 51606 标准，以蔬菜油脂和动物脂肪为混合原料 FME 的生物柴油 DIN V 51606 标准。欧盟也在 2003 年 11 月颁布了 EN14241 生物柴油燃料标准。此外，奥地利、澳大利亚、捷克共和国、法国、意大利、瑞典等国家也拟订了生物柴油燃油规范。在欧洲，法国和德国是最大的生物柴油生产国。2000 年德国制订了生物柴油的标准 DIN V 51606，对生物柴油不收税。2006 年德国生物柴油产量已达 250 万 t，有 1400 多个生物柴油加油站。奥地利政府早在 1989 年即支持“从废油脂制取高质量燃料”课题，1994 年建立了使用 100％废油脂为原料制取生物柴油的工业装置，1995 年申请了再酯化专利，转化率高达 100％，每年从 135 个餐馆收集废油脂可生产生物柴油 1000 多吨，其生物柴油的主要市场在于农林业设施及湖泊河川的休闲游艇之用，利于清洁空气。

在我国，海南正和生物能源有限公司 2001 年在河北邯郸建成以回收废油、野生油料为原料年产 1 万 t 生物柴油的试验厂。2002 年 8 月，四川古杉油脂化学有限公司成功开发出生物柴油，该公司以植物油下脚料为原料生产生物柴油，产品的使用性能与 0 号柴油相当，燃烧后废物排放较普通柴油下降 70％，主要性能指标达到德国 DIN 51606 标准。2002 年 9 月，福建省龙岩市也建成 2 万 t 生物柴油装置，标志着我国生物柴油生产实现了产业化，其产品成本可控制在 2000 元/t。北京市科学技术委员会（以下简称北京市科委）可持续发展科技促进中心与中国石油大学合作，2003 年对利用北京市每年产生的 5 万多吨餐饮废油脂制取生物柴油进行立项且已通过专家论证。北京把生物柴油作为北京绿色奥运最理想的燃料之一。2004 年，后勤工程学院利用重庆市特有的火锅废油制取生物柴油的项目已通过专家论证并在重庆市科委立项，重庆市有大小火锅店 8 万多家，年产生废油 17500t。该项目的实施将有利于保护三峡地区水资源环境，同时变废为宝，缓解重庆市车用燃料的供需矛盾。

目前，我国对生物柴油的研究刚刚起步，与西方发达国家相比差距很大，未能形成生物柴油的产业化。从未来的发展看，生物柴油的主要应用有石油的炼油厂、发电厂、轮船航运公司以及流通领域的中间商。政府的扶持和全世界汽车车型柴油化的趋势加快，生物柴油的需求量在不断增加。随着生物柴油的竞争力不断提高，其发展空间巨大，生物柴油在柴油发动机、柴油发电厂、空调设备和农村燃料等方面的应用前景将更加广阔。

2. 生物柴油的资源

目前生物柴油主要通过酯交换法生产。生物柴油原料资源按用于酯交换的油脂分类，可分为植物油脂、动物油脂、餐饮废油脂等。生物柴油发展到今天技术已经基本成熟，大规模的生产工厂已经出现。由于其对生态环境友好，生物柴油正在被逐渐应用到各个生产领域。可以预见，生物柴油在将来必将向着进一步提高生物柴油的性质、降低其生产成本、扩大其应用领域等方面发展。能源专家预计，在未来 50 年左右，液体燃料能源 80％将来源于可再生资源，如木本植物、草本植物、棕榈油、藻类和废弃的动植物油脂。

（1）植物油脂　植物油脂是我国最为丰富的生物柴油原料油资源。植物油脂主要包括草本植物油、木本植物油及水生油料植物油。

1）草本植物油。草本植物油的主要原材料有油菜、大豆和其他主要油料作物。近年来我国开发出一批高产、高含油率的品种，但作为生物柴油原料，按目前的生产技术水平，其产量低、成本高、经济性差，同时还可能与其他农作物争夺土地。欧盟国家和美国靠政府大量财政补贴支持农民生产油菜和大豆作为生物柴油原料，而我国应当因地制宜，结合退牧还草，尊重农民意愿，开发和种植经济性好的高产油料作物，如整体出油的油草。

2）木本植物油。木本油料树种即木本植物油原料资源是今后十年或更长时间内最主要的生物柴油植物原料。中国地域辽阔，木本油料树种资源丰富，但现有的资源没有充分开发利用。我国南方几千年来一直种油桐、油茶及其他的木本油料树种。我国应当依托生物柴油产业这一广阔的市场，开发利用各种高产、经济性好的油料林木资源。

3）水生油料植物油。在水生油料植物方面，藻类的生物能量巨大，我国有大量可开垦的海岸滩涂和大量的内陆水域，一旦高产油藻开发成功并实现产业化，我国生物柴油产业规模将达到数千万吨。

（2）餐饮废油脂　餐饮废油脂是目前阶段最有可能生产生物柴油的原料油资源。餐饮废油脂（俗称垃圾油、泔水油）一直是令人头疼的问题。一方面，全国各大城市都曾先后发生过餐饮废油脂重新进入餐桌的事件。一些不法分子由于受利益驱动，非法从下水道和泔水中提取垃圾油，并作为食物油低价销售。垃圾油极不卫生，过氧化值、酸价、水分严重超标，属非食用油。一旦食用，将会破坏白细胞和消化道黏膜，引起食物中毒，甚至致癌，严重危害人们的身体健康。另一方面，餐饮业废油对环境污染相当严重，政府每年要消耗大量资金来治理污染。含油废水随下水道进入排污管网，经常导致排污管网堵塞，给环卫工作带来很大难度，也造成人力财力浪费；废油脂若未经任何处理即流向江河则会恶化水体，对环境生态极为不利。

以餐饮废油脂为原料制取生物柴油利国利民。这样既能解决上述问题，还能变废为宝，降低生物柴油的制造成本。经济快速增长并且收入提高导致居民的饮食习惯发生较大的变化，主要是菜品用油量大，特别是流行于全国各地的重庆火锅和川菜系列，其含油更大。人均植物油消耗量为17.6kg，餐饮废油脂按我国植物油消耗量的30%计，我国每年餐饮废油脂的数量至少也有500万t。

3. 生物柴油理化特性

作为柴油的替代燃料或添加剂，生物柴油应当满足柴油的使用要求，才能保证作为燃料使用的性能。因此，评价生物柴油是否可以作为柴油的替代燃料，应当看其是否具有同矿物柴油相近的性质，生物柴油与柴油的某些性质比较见表5-1。

表5-1　生物柴油和常规柴油的性质比较

主要性质	生物柴油	常规柴油	主要性质	生物柴油	常规柴油
十六烷值	≥56	≥49	夏季产品	−10	0
热值(MJ/L)	32	35	冬季产品	−20	−20
相对密度	0.88	0.83	硫含量(质量分数)(%)	<0.01	<0.2
运动粘度(mm^2/s)	4～6	2～4	氧含量(体积分数)(%)	10	0
闭口闪点/℃	>100	55			

生物柴油的优点如下：

1）含水率较高，最大可达30%～45%。水分有利于降低油的粘度，提高稳定性，但降低了油的热值。

2）pH值低，故储存装置最好是抗酸腐蚀的材料。

3）密度比水小，相对密度约为0.83。

4）具有“老化”倾向，加热不宜超过80℃，宜避光、避免与空气接触保存。

5）润滑性能好。

6）优良的环保特性。生物柴油不含硫、铅、芳香烃及卤化物等，二氧化硫和硫化物的排放低；生物柴油的生物降解性高达98%，降解速率是普通柴油的2倍，可大大减轻意外泄漏时对环境的污染。

7）较好的低温发动机起动性能。

8）较好的安全性能。闪点高，运输、储存、使用方面安全；生物柴油的储存、运输及分配供应系统皆可使用原来用于柴油的容器及设备，对材料没有特殊要求。

9）十六烷值高，又含氧，燃烧性能好于柴油。

10）无需改动柴油机，可以掺烧任何比例的混合燃料或者直接添加使用，同时无需另添设加油设备、储存设备，这是在多种替代燃料中唯一能够这样做的。

11）生物柴油的资源丰富，是对环境友好的可再生燃料。

12）由动、植物油脂及废烹调油转化成生物柴油的技术基本已成熟，不需要复杂的设备。

13）生物柴油没有毒性，而且是生物可降解的物质。

14）在柴油机上推广应用甲醇及乙醇作燃料时，生物柴油既可用作助溶剂，又可以提高醇燃料的粘度。

生物柴油作燃料主要存在如下缺点：价格尚高于常规柴油；在大量生产时，还需要保证原料的供应，如用可食用植物油作原料，就需较多土地；如用野生植物油，则还有待于开发；如用废烹调油，则需组织采购工作；发动机使用生物柴油，尚需进一步优化，解决可能产生的新问题。

4. 生物柴油的生产方法

按照生物柴油的来源分类，生物柴油主要有以下几种生产方法：

（1）由植物油或动物脂的脂肪酸烷基单酯组成　目前，大多数生物柴油是由大豆油、甲醇和一种碱性催化剂生产而成的，其简单工艺流程为：原料预处理（脱水、脱臭、净化）、酯交换反应、搅拌反应、沉淀分离排杂、回收醇、过滤、成品等。

（2）生物柴油的化学法生产　它是采用生物油脂与甲醇或乙醇等低碳醇，并使用氢氧化钠或甲醇钠作为触媒，在酸性或者碱性催化剂和高温（230～250℃）下发生酯交换反应，生成相应的脂肪酸甲酯或乙酯，再经洗涤干燥即得生物柴油。但化学法合成生物柴油有以下缺点：反应温度较高、工艺复杂；反应过程中使用过量的甲醇，后续工艺必须有相应的醇回收装置，处理过程繁复、能耗高；油脂原料中的水和游离脂肪酸会严重影响生物柴油得率及质量；产品纯化复杂，酯化产物难以回收；反应生成的副产物难以去除，而且使用酸碱催化剂产生大量的废水、废碱（酸）液排放容易对环境造成二次污染等。

（3）生物柴油的生物酶合成法　为解决上述问题，人们开始研究用生物酶法合成生物柴油，即用动物油脂和低碳醇通过脂肪酶进行转酯化反应，制备相应的脂肪酸甲酯及乙酯。酶法合成生物柴油具有条件温和、醇用量小、无污染排放的优点。2005年6月，清华大学生物酶法制生物柴油中试成功，采用新工艺在中试装置上生物柴油产率达90%以上。中试产品技术指标符合美国及德国的生物柴油标准，并满足我国0号优等柴油标准。中试产品经发动机台架对比试验表明，与市售石化柴油相比，采用含20%生物柴油的混配柴油作燃料，发动机排放尾气中一氧化碳、碳氢化合物、烟度等主要有毒成分的浓度显著下降，发动机动力特性等基本不变。

（4）物柴油的“工程微藻”法　为柴油生产开辟了一条新的技术途径。利用“工程微藻”生产柴油具有重要经济意义和生态意义，其优越性在于：微藻生产能力高，用海水作为天然培养基可节约农业资源；比陆生植物单产油脂高出几十倍；生产的生物柴油不含硫，燃烧时不排放有毒害气体，排入环境中也可被微生物降解，不污染环境，发展富含油质的微藻或者“工程微藻”是生产生物柴油的一大趋势。

二、生物柴油在汽车上的应用

1. 生物柴油的使用

我国政府尚未针对生物柴油提出一套扶植、优惠和鼓励的政策办法，更没有制订生物柴油统一的标准。生物柴油在柴油机的使用方法主要有两种：纯烧和掺烧。目前，由于生物柴油纯烧在动力性、经济性、粘度和腐蚀橡胶和塑料等多方面的原因，应用比较少，大多是以一定的比例与矿物柴油相混合，形成生物柴油混合物，大都是以“BXX”表示，其中“XX”代表生物柴油在燃料所占的体积比例，B20 表示包含 20%的生物柴油。例如在奔驰 BR300、400 系列的货车，奥迪小客车，沃尔沃公司生产的 S70 及 V70 系列客车等使用。

使用生物柴油发动机不必作任何改动，因此世界各国竞相发展生物柴油。但目前国内外以植物油脂为原料制造的生物柴油价格偏高，难以推广应用，于是利用餐饮业废油脂制造生物柴油越来越受到重视，已成为一大趋势。

2. 生物柴油汽车使用性能

（1）动力性　柴油机使用十六烷值过低的柴油，很容易导致工作粗暴，引起机件振动和磨损增大，结果降低了发动机功率，增大了柴油消耗量。十六烷值高的柴油，自燃点低，易于自行发火燃烧，在发动机起动时气缸内温度较低的情况下也能发火自燃，因而起动性能好，发动机不易产生工作粗暴。生物柴油十六烷值大于 56，完全能满足高速柴油机的使用要求。

生物柴油热值较柴油低约 10%，使用生物柴油时，如不改变发动机的结构参数，发动机的功率要下降 8%。但生物柴油含有 10%的氧，其燃烧完全有助于弥补发动机功率的降低。

在美国，生物柴油主要应用 B20。实践证明，B20 生物柴油在所有未经改造的柴油机动力上运行，其功率、扭矩和做功的消耗量都与普通柴油基本一样。

（2）经济性　目前生物柴油的主要问题是成本高，不同原料生产的生物柴油（B100）比矿物柴油价格高出 30%～100%。成本问题是限制生物柴油使用的最主要问题，只有降低成本，才能有广阔的商业化应用前景。据统计，生物柴油制备成本的 75%是原料成本。因此采用廉价原料及提高转化率从而降低成本是生物柴油能否实用化的关键。以餐饮废油脂为原料来生产生物柴油能解决上述问题，大大降低生物柴油的制造成本，这是我国目前发展生物柴油的一条捷径。

由于生物柴油属可再生能源，对保障国家的能源安全和保护环境具有重大的战略意义，因此国外普遍对生物柴油的生产、销售和使用采用扶持政策。法国、意大利对生物柴油的税率为零；德国农民种植生物柴油原料的油菜籽可获得 1000 马克/公顷补贴，并对制造生物柴油予以免税；美国农业部每年拿出 1.5 亿美元补贴生物柴油等生物燃料的使用。

(3) 排放性　生物柴油不含对环境造成污染的硫化物和芳香烃，加上含有10%的氧，其燃烧更加完全。与普通柴油相比，生物柴油车尾气中有毒有机物排放量下降90%，CO_2和CO排放量下降90%，颗粒物排放下降80%，其废气排放指标可满足欧Ⅲ排放标准，因而对城市的污染治理极为有利。

(4) 使用安全性　生物柴油无毒，其闪点高达200℃以上，不属于危险品。因此，生物柴油在运输、储存、使用方面的安全性是显而易见的。

(5) 对柴油润滑性的影响　在普通柴油中掺入1%的生物柴油，其润滑性能提高了30%。生物柴油与矿物柴油混合使用，大大改进了燃油的润滑性。

随着汽车工业的发展和环保要求越来越高，我国制订了GB 19147—2009《车用柴油》。这个标准主要规定了车用柴油的硫含量不大于0.035%。为防止硫含量下降带来柴油润滑性能的下降，车用柴油又增加了柴油抗磨性能的指标，要求60℃的磨痕直径不大于460μm。因此，生物柴油与矿物柴油混合使用的方法将有助于达到GB 19147—2009《车用柴油》低硫含量和润滑性的相关要求。

第二节　二甲醚汽车

一、概述

1. 二甲醚的定义

二甲醚（Dimethyl Ether，DME），属于醚的同系物，但与用作麻醉剂的乙醚不一样，虽然对皮肤有轻微的刺激作用，但二甲醚毒性极低，具有优异的环境性能指标，在大气中二甲醚能够在短时间内分解为水和二氧化碳，不会对环境造成破坏；作为柴油机代用燃料，二甲醚具有十六烷值高，在55以上（天然气、液化石油气和醇类燃料十六烷值小于10，不能直接作为柴油机代用燃料使用，而只能作为汽油机的代用燃料），不含S、N等杂质，加上组成中含氧，尾气排放造成的环境污染少，其CO和HC的排放比以柴油为燃料的柴油机有较大幅度的下降，因而是城市车辆比较理想的清洁燃料。研究表明，大规模生产二甲醚的成本不会高于柴油，成本和污染都低于丙烷和压缩天然气等低污染替代燃料。

2. 二甲醚的资源

自然界中二甲醚并不存在，必须由原料来制成。二甲醚的制取原料主要有天然气、煤、生物质等。

(1) 天然气　我国天然气总资源约为55万亿m^3，预测天然气可采资源量为12万亿m^3，具有加快发展的潜力，居世界第15位。到2020年，我国天然气的储量仍将保持青年期的特点。

(2) 煤　我国已探明直接利用的煤炭储量1886亿t，人均探明煤炭储量145t，可以保证开采上百年。另外，包括3317亿t基础储量和6872亿t资源量共计1万亿多吨的资源，可以留待后人勘探开发。因此，在能源产业方面，煤炭的开发和综合利用必将成为我国国民经济可持续发展的重要支柱。尽快采用高效洁净煤技术，将煤炭转化为二次能源，对于我国经济发展、环境保护与生态平衡具有重要意义。随着煤化工和化学的发展，人们越来越关注煤除了制合成氨和甲醇以外的其他化工产品及煤作为替代石油资源的新途径。从中长期看，生产二甲醚的原料应选定为煤。将固体燃料煤，特别是劣质煤用于生产二甲醚是十分有利的，我国煤储量丰富，泥煤、粉煤、褐煤等劣质煤很多，由于它们含大量硫、灰分和40%以上的化学结合水，很少有别的用途，故而价格很便宜。

（3）生物质　我国生物质资源丰富，仅农作物秸秆和薪柴等农林废弃物，年产量可分别达6亿t和1.3亿t，若全部用以生产乙醇和其他液体燃料，每年可达2亿t，差不多等于我国目前的石油总产量的1.5倍。加上未统计的城市垃圾、工业有机废弃物、水生植物、野生植物等，资源量相当巨大。

3. 二甲醚的理化性质

二甲醚的理化性能与柴油比较见表5-2。二甲醚的理化性质有以下特点：

表5-2　二甲醚的理化性能与柴油比较

项目	二甲醚	0号柴油	项目	二甲醚	0号柴油
十六烷值	55～60	40～60	气/液容积比(15℃)	624	150
H/C原子比	3	2～2.3	理论空燃比	8.98	14.3
含氧量(%)	34.8	0	低热值/(MJ/kg)	27.6	42.5
密度(液相)/(kg/m³)	661(−24.8℃)	780～860	理论混合气热值/(MJ/m³)	3.71	3.79
沸点(常压)/℃	−24.8	200～300	着火极限(%)	3.4～19	1.5～8.2
蒸发潜热/(kJ/kg)	467(−24.8℃)	270	着火温度(常压)/℃	235	250

1）常温常压下二甲醚是一种无色、无味、无毒气体，其化学式是CH_3OCH_3。二甲醚的组成决定了其理化性能。

2）二甲醚是最简单的醚类化合物，只有C—H和C—O键，没有C—C键，又是含氧（氧质量分数为34.8%）燃料，容易完全燃烧，在燃烧时不会像柴油那样产生碳烟，即有利于减少燃烧生成的烟度和微粒。同时，还可使用更大的废气再循环（EGR），降低NO_x排放。

3）二甲醚的十六烷值为55～60，一般柴油的只有40～55；二甲醚的着火温度为235℃，低于柴油的250℃，着火性能优于柴油。在柴油机上燃用二甲醚不需采用助燃措施。

4）二甲醚不发生光化学反应，对人体无毒，当体积分数超过10%时，才会产生轻微的麻醉作用，因此对环境和人体无害。

5）二甲醚是一种可再生燃料，不仅可以从石油及天然气中提取合成，而且可从煤、植物、生活垃圾中提取合成。

6）醚的低热值只有柴油的64.7%，为达到柴油机最佳动力性，必须增大二甲醚的循环供应量。

7）二甲醚在常温、常压下的饱和蒸气压为0.5MPa。随着温度的升高，其饱和压力增大，为防止气阻现象发生，燃料供给系统的压力远高于柴油机燃料供给系统的压力。

二甲醚的分子式与乙醇相同，但分子结构不同，因此其性质与乙醇有很大差异。例如：乙醇属高辛烷值类燃料，而二甲醚属高十六烷值（55～60）类燃料，从而决定了它们应用的主方向不同，前者主要应用于点燃式发动机，后者主要应用于压燃式发动机；乙醇常态下是液态，二甲醚常态下是气态，从而决定了它们储运方式不同，前者以常态储运，后者则是加压储运；乙醇的沸点为78.3℃，而二甲醚的沸点为−24.8℃，从而决定了它们有不同的密封要求，前者的储存容器无需专门的密封，后者的储存容器必需设置专门的密封。

此外，二甲醚与柴油虽然同属高十六烷值类燃料，但因二甲醚分子组成中含有34.8%的氧且二甲醚有高挥发特性，因而具有良好的减烟效果。

二甲醚和液化石油气都在几个大气压下变成液态，故二者储运方式基本一样。

二、二甲醚汽车的应用

1. 二甲醚汽车的现状

二甲醚在发动机上的应用，最早是为了改善用压燃方式工作的甲醇发动机的低温起动性能，用作甲醇的引燃剂。这是由于二甲醚的十六烷值高，自燃温度比柴油还低，只有235℃。丹麦技术大学和Topsoe公司从环保角度进行了二甲醚燃料在中型汽车运行时的尾气排放试验，结果CO、HC、NO_x含量与美国加州1998年颁布的中小汽车尾气超低排放标准（ULEV）相比，分别低55%、83%、4%。说明使用二甲醚作汽车燃料，废气污染明显低于目前使用的柴油。日本采用3600mL四缸DI柴油发动机进行的燃烧试验表明，烟度排放为零，NO_x极少。近年来，奥地利AVL公司应AMOCO公司要求，在一台NAVISTAR 7.3L V-8柴油机上进行了用二甲醚替代柴油的可行性研究。研究表明，二甲醚用作压燃式发动机燃料，具有优越的低排放、高效率性能。首先是烟度为零，其次是NO_x排放大约降低30%，在较高的废气再循环率下，碳烟排放为零而NO_x排放得到大幅度降低。这一优点彻底解决了传统柴油机不能同时降低颗粒和NO_x排放的矛盾。试验表明，压燃式发动机燃用二甲醚性能良好。特别引人注目的是，二甲醚能使压燃式发动机在不采取任何后处理措施情况下，达到欧Ⅲ排放标准。目前，世界许多国家相继对二甲醚的应用开展了研究。

在高速直喷发动机上进行改燃二甲醚燃料的研究表明，发动机燃烧柔和，排放好，同时还具有直喷柴油机的高热效率。在2000r/min、50%负荷时的燃烧噪声与柴油机相当，而在100%负荷时，噪声较柴油机低10dB(A)，接近于汽油机的噪声水平。在质量为1360kg，带有氧化催化器的轿车上，采用模拟欧洲MVEG行驶循环的稳态工况试验法所得到的排放结果显示，该发动机具有达到美国加州颁布的超低排放标准的潜力。

针对二甲醚饱和蒸气压高，在较低启喷压力下就能获得优异发动机性能的特点，国外开发了适用于二甲醚的共轨喷射系统。随着专用燃油喷射和燃烧系统的发展，二甲醚发动机能保留了传统柴油机的优点，如高压缩比、稀混合气燃烧，又能使NO_x排放能够降低到期望的最严厉的法规（如ULEV和欧Ⅴ）的限值。

国内上海交通大学、西安交通大学也进行了二甲醚作柴油代用燃料的发动机试验研究。根据西安交通大学的试验，使用二甲醚可使发动机功率提高10%～15%，热效率提高2%～3%，噪声降低10%～15%，可达到欧Ⅲ排放标准。上海柴油机股份有限公司和中国第一汽车集团大连柴油机厂也进行了二甲醚作为柴油机燃料的相关研究，如二甲醚燃料发动机喷射特性、燃烧机理与排放特性、二甲醚燃料特性以及燃油系统精密偶件减磨耐磨及可靠性的研究等。

2. 二甲醚在汽车的应用方式

二甲醚在汽车上主要用作压燃式发动机的燃料，其使用方式主要有纯液态二甲醚和以二甲醚作为点火促进物质两种方式。二甲醚除应用于压燃式发动机之外，也可以以复合燃料方式应用于点燃式发动机。

（1）纯液态二甲醚缸内直喷压燃式　由于二甲醚的十六烷值高，很适于用作压燃式发动机的燃料，尤其是纯烧二甲醚可以获得相当优良的综合性能。利用燃油喷射装置直接向气缸内喷射液态二甲醚，靠发动机的活塞压燃着火的方式是二甲醚在发动机上最常见的应用方式。

柴油机改造成为二甲醚发动机主要是在柴油机上加装一套储气装置和加压设备。工作时，在压缩行程终了附近，液态二甲醚经由原柴油机供油系统中的高压泵和喷油器喷入气缸，迅速与缸内的空气混合并在缸内的高温作用下自燃、进行扩散燃烧。纯二甲醚发动机保留了柴油机的主要特征：压燃和负荷质调。纯二甲醚发动机需要配备一定压力的气瓶，同时还需要配备用以保证二甲醚保持液态的加压设备，如高压氮气瓶。

直喷式涡轮增压柴油机上进行的燃用二甲醚的研究表明，在未改变原有供油系统的情况下，就可获得低的 NO_x 排放和无烟运行，在所有的工况点颗粒物 PM 排放为零。就经济性而言，燃用二甲醚时能量的消耗与燃用柴油时相当。

在改进了喷油器，安装了降低进气温度升高的中冷器后，在各种转速和负荷下，甚至在过量空气系数小于 1 的情况下，发动机实现无 PM 排放。无 PM 排放意味着可以采用大比例的 EGR，使得 NO_x 排放降到很低的水平。由于二甲醚沸点低，容易形成良好的可燃混合气。二甲醚的喷射无需很高的压力，采用峰值为 22MPa 的压力即可获得无烟运行等好的排放指标。热量消耗率在任意给定的 NO_x 排放水平均低于燃用柴油。

（2）二甲醚作为点火促进物质在柴油机上的应用　把二甲醚作为部分燃料使其进入发动机气缸，可以从进气道与空气同时进入，也可以采用其他方式。作为促进点火的物质主要是考虑二甲醚的十六烷值高、自燃性好，因而使少量二甲醚在进气行程进入气缸，在压缩行程后期先行燃烧，使得气缸内温度升高，对主燃料的着火起促进作用，进而改善发动机的性能和排放特性。按燃料供给方式的不同可分为混合喷射式和二甲醚预混柴油（或甲醇）喷射式两种。

1）混合喷射：将二甲醚加压以液态与柴油（或甲醇）混合，一同经由喷油器喷入气缸。此法也保留了柴油机压燃和负荷质调的特征，但效果不如纯烧二甲醚，而且仍然需要加压设备，装置也未简化。

2）二甲醚预混柴油（或甲醇）喷射式：二甲醚以预混方式进入气缸，柴油（或甲醇）仍利用原喷油装置喷入气缸。该方式不再需要确保二甲醚为液态的加压设备，不可能获得大的掺烧比，整个发动机的性能与纯烧相比也存在差距。

（3）二甲醚混合燃料在点燃式发动机上应用　适当加入抑制自燃的物质之后，二甲醚也可应用于预混的点燃式发动机，长安大学做了很多这方面的研究工作。

二甲醚应用于点燃式发动机的方式按二甲醚的储存形式主要有气态和液态式两种。

1）常压气态。高压储存，有单一复合燃料式和复合燃料-汽油两用燃料式之分。单一复合燃料式是用二甲醚、液化石油气等制成复合燃料，其在汽车上的储存和工作方式与液化石油气汽车相同，可以采用与液化石油气汽车通用的燃料供给系统。复合燃料-汽油两用燃料式在汽车上的储存和工作方式与液化石油气-汽油两用燃料汽车相同。

2）常压液态式。用二甲醚、烃类和抑制自燃的物质混合制成液态复合燃料，其在汽车上的储存和工作方式与汽油车相同，可以采用与汽油车通用的燃料供给系统。这种混合燃料需要解决燃料物性因蒸发而迅速变化的问题。

另外，国内外科学研究人员在二甲醚与天然气、液化石油气的混合在柴油机及汽油机上应用也有较好的研究成果，如天津大学研究的二甲醚与天然气双燃料均质压燃，长安大学研究的在汽油机中使用二甲醚与液化石油气的混合燃料，西安交通大学研究的二甲醚均质充量压燃等。

3. 二甲醚汽车的应用情况

国内外将使用DME的柴油机作为不同类型汽车的动力，取得良好的效果。

（1）二甲醚轻型货车　1998年，日本NKK公司在载重2t的轻型货车上，将4105柴油机改用DME。该发动机主要参数如下：缸径及行程皆为105mm，排量3.64L，ε为17.8，标定功率为80.9kW，$n=3600\mathrm{r/min}$，采用直列喷油泵及$4\times\phi0.30\mathrm{mm}$的多孔喷油器。该轻型货车DME发动机供油系统的示意图如图5-1所示。用原来储存LPG的油箱储存DME，其中压力为0.6MPa。将原来汽油机用的油箱中的输油泵改动后，串联三个输油泵对DME进行多级加压，将压力提高到2.5MPa后供给发动机的高压喷油泵，以适应其温度达到60～70℃的高温状态。从喷油泵、喷油器处泄漏出的DME蒸气被引回到进气管中，而回流的液态DME则返回到DME油箱中。在DME中加入250μg/g的粘度增加剂。

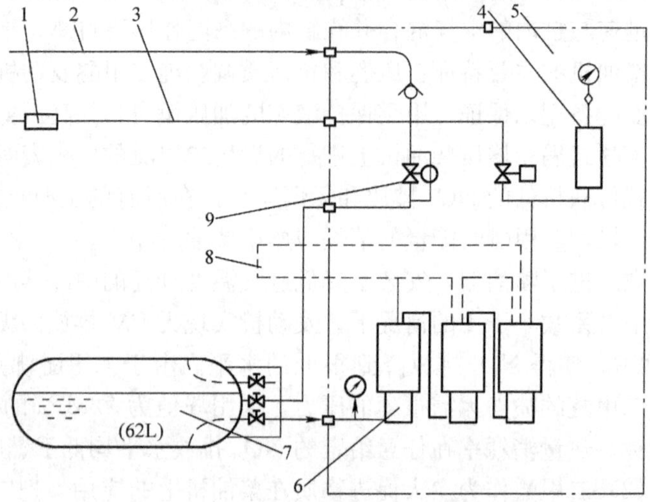

图5-1　轻型货车的DME供油系统的示意图
1—滤清器　2—DME回油管　3—DME供油管　4—蓄电池
5—DME供给单元　6—输油泵　7—DME油箱
8—24V蓄电池　9—压力控制阀

进行道路试验，平均车速为30km/h，燃油经济性为5.2km/L，与标准的轻型柴油机货车一样。NO_x比用柴油时低40%，CO下降99%，HC下降82%。将4105柴油机改用DME的比能耗、排放及噪声等对比如图5-2所示。

（2）二甲醚公共汽车　日本ISUZU公司将中型公共汽车的柴油机改用DME进行行驶试验。公共汽车的总质量为10t。发动机的主要情况如下：6HH1型非增压直喷柴油机，缸径为115mm，行程为132mm，排量为8.226L，压缩比为18.5。

DME发动机采用共轨式供油系统，为实现不同燃烧

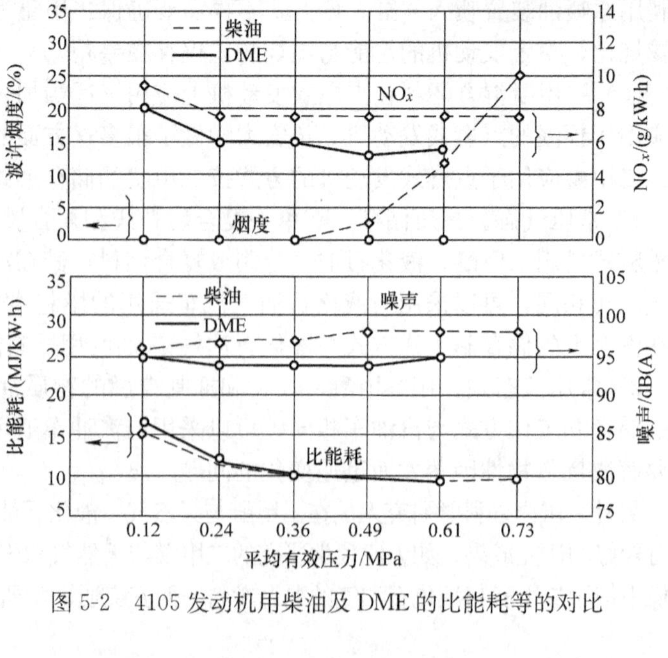

图5-2　4105发动机用柴油及DME的比能耗等的对比

方式在控制燃油喷射方面具有较大的潜力；DME 的弹性模量低，采用共轨系统可使喷射过程较稳定；DME 的沸点低，蒸发雾化快，不需要采用高的喷射压力，仅为 15MPa。二甲醚公共汽车的供油系统示意图如图 5-3 所示。该系统较复杂，分两大部分，一部分安装在底盘上，另一部分属于发动机，主要增加了两个低压输油泵、三个燃油冷却器及高压供油泵等元件，能为公共汽车提供可靠的供油系统。现正在进一步研究使该供油系统简化。

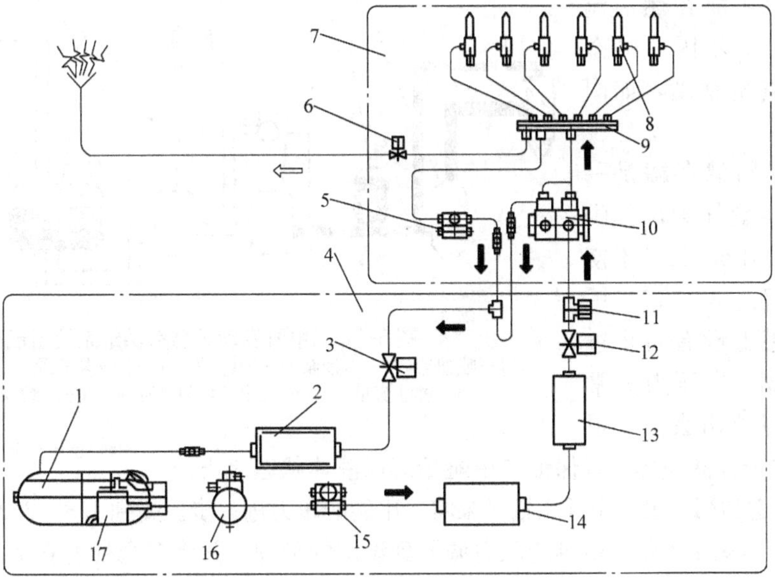

图 5-3　二甲醚公共汽车的供油系统示意图

1—油箱　2—回油冷却器　3—燃油单向阀　4—底盘　5—压力调节器（15MPa）　6—排气阀　7—发动机　8—喷油器　9—燃油共轨管　10—燃油泵　11—滤清器　12—截止阀　13—主燃油冷却器　14—辅助燃油冷却器　15—压力调节器（3MPa）　16、17—输油泵

在高压输油泵的柱塞偶件腔与供油腔及凸轮轴传动室之间，设计有金属波纹套，以防止 DME 泄漏进入润滑油中。喷油器的针阀直接由其中的电磁阀驱动，针阀较短，以减少其质量。喷嘴为 5 孔，孔径为 ϕ0.35mm。

在汽车性能上，使用 DME 高速时的扭矩比柴油低，这是因为 DME 供油速率低，供油时间长；低速时的扭矩比柴油高，同样高速时 DME 的功率比柴油低，由于公共汽车通常以低、中速行驶，不影响汽车的性能。在同样比能耗情况下，DME 的 CO、HC、NO_x、CO_2 排放比柴油机低。

4. 二甲醚汽车燃料供给系统的改进

（1）气阻现象的产生和克服方案　二甲醚的饱和蒸气压随温度增加而急剧升高，即使在 20℃的常温下，其饱和蒸气压也达到 0.4～0.5MPa，如图 5-4 所示。由于柴油发动机燃油供给系统非常靠近发动机缸体，而单缸机的高压泵甚至是装入机体内部的，因此高压油泵的温度往往与缸体的

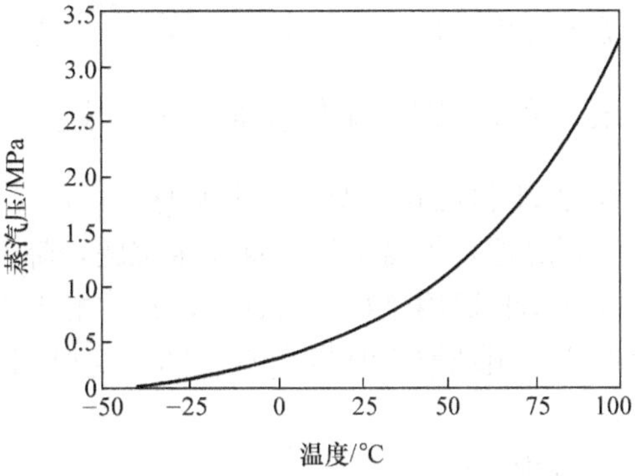

图 5-4　二甲醚发动机蒸气压与温度的关系

温度接近，达70℃左右。而二甲醚在此温度的饱和蒸气压高达1.7～2.0MPa，如果不采取措施增加燃料供给系统的压力，在燃料供给系统中DME很容易蒸发成气态而产生气阻。

克服方案主要采用两段的低压部分解决气阻问题。如图5-5所示，第一段主要有压缩氮气瓶8、二甲醚燃料储存罐7和燃油流量计6等组成。第二段主要有包括低压输送泵4、蓄能器3等组成。在第一段，利用高压氮气使系统内压力高于环境温度下二甲醚饱和蒸气压力，以确保二甲醚在燃油流量计中为液态，不因有气态存在而影响测量精度，如图5-5所示。

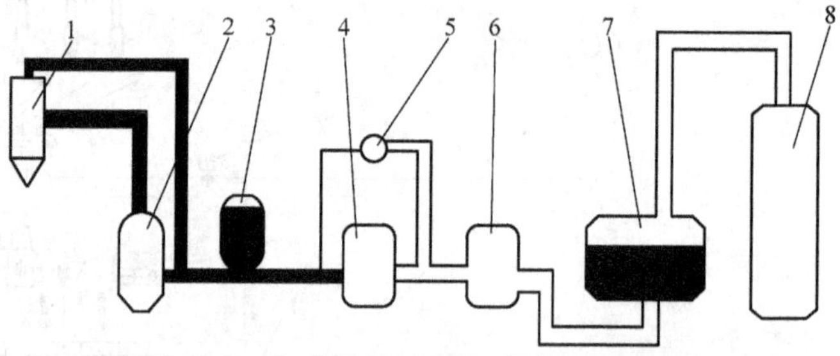

图5-5 二甲醚发动机燃料供给系统组成
1—喷油器 2—喷油泵 3—蓄能器 4—低压输送泵 5—调压阀 6—燃油流量计 7—二甲醚燃料储存罐 8—压缩氮气瓶

二甲醚燃料储存罐是一种卧式、大容量气罐，其耐压压力为4.0MPa，为了不使最高填充量超过85%，二甲醚燃料储存罐上设有防止过充气的安全阀，在压力异常时将二甲醚释放出去。二甲醚燃料出口位于容器底部，以保证二甲醚始终以液体状态流出。

在低压输送的第二段，用低压输送泵将二甲醚的压力进一步提高到1.8～2.0MPa；溢流式压力调节器-调压阀用来将二甲醚的压力调节到设定的范围，并将多余的燃料旁通回到进油管道。在低压输送泵和喷油泵之间安装一个囊式蓄能器，进一步稳定二甲醚的供给压力。

(2) 喷油泵的改进设计 原柴油机的喷油泵是为燃用柴油而设计的。由于二甲醚的低热值只有柴油的64%，因此，必须对喷油泵进行改造，提高每循环的供油量，使喷油量达到原机的156%，才能使发动机燃用二甲醚时的功率达到原机的水平。增大每循环供油量主要有增大柱塞直径和柱塞的有效行程两种方法。

(3) 喷油器的改进设计 为了与增加了的循环供油量相匹配，在设计喷嘴时应考虑以下问题：加大总的喷孔流通面积，以与增大了的喷油量相匹配；改变喷孔数目，以寻求最优的喷孔数目。

(4) 空气供给系统的优化设计 进气涡流是影响直喷式柴油机燃烧过程的重要参数之一。主要研究进气涡流的强度对发动机燃用二甲醚时性能的影响，优化二甲醚发动机的最佳进气涡流强度；通过对发动机进行改造，使之具有随工况变化的可变进气涡流强度的功能。

三、我国二甲醚发展面临的问题

作为21世纪新能源的二甲醚具有广阔的市场前景，但要想在新一轮的能源结构调整中占据一席之地，仍需突破自身技术难题，降低成本，同时需要国家政策积极扶持。

在汽车和民用燃料替代领域，二甲醚有着非常美好的市场前景，市场需求大。但目前二甲醚在这一领域推广时机尚不成熟，主要用于化工领域。二甲醚产业发展面临的主要问题如下：

1. 成本

我国对二甲醚的需求将很大，因此二甲醚不存在出路问题，关键在于成本的控制。目前国内二甲醚的成熟生产工艺生产链长，且产品成本要随甲醇价格的波动而变化。国内甲醇市场价格波动范围大（1000～2000 元/t），如果二甲醚价格也随之起伏，它作为车用和民用燃料的吸引力会大打折扣。二甲醚和目前使用的液化石油气的热值相比，二甲醚的成本不能超过 3000 元/t。

2. 技术

需要高效、低价的煤制气工艺及设备；需要能满足大型二甲醚生产用的反应器；解决以煤为原料制成二甲醚生产过程中二氧化碳的利用；相关催化剂的开发与生产；成熟、经济的二甲醚分离和提纯技术等。

3. 政策

目前我国二甲醚建设项目的投资多是企业自筹、地方和国家配套贷款、国外企业投资和政府贷款。这三种方式都无法保障二甲醚的大发展。需要国家在投资、税收等方面制定倾斜政策，二甲醚作为新能源才有可能发展起来。

第三节　氢气汽车

一、概述

与使用传统能源的汽车相比，氢是石油时代后最有希望的发动机能源，用氢气作发动机燃料的汽车具有明显的优点：热值高，洁净无污染，能源转化率高（40%以上），噪声低，续驶里程可与汽油车相当。氢气作为代用燃料，其燃烧产物既没有 HC、CO 和炭烟等污染物，也没有造成温室效应的 CO_2，唯一的有害排放物是 NO_x。因此氢气是理想的清洁燃料。汽油发动机只需稍加改造，就可燃烧氢气。所以有人认为未来的燃料是氢气，氢气燃料汽车是将来最有希望的交通工具。

1. 氢气的来源

氢气可以燃烧，产生热量。水是由氢气和氧气组成的，空气中也含有氢。氢气的来源主要是从水中通过裂解制取，或者来源于各种工业副产品。虽然氢气本身的天然储量不大，但作为氢的来源——水资源却十分丰富，而且氢气燃烧后生成的物质还是水，能形成资源的快速循环。因此，研究应用氢气作为发动机燃料，已成为许多国家非常关心的问题。同时，氢气来源广泛，在地球上取之不尽，用之不竭，它既可以借助化工技术从煤、天然气等化石能源制取，也可利用电能、风能、太阳能、水能、地热能、核能等能源转化而来。

在宇宙中氢是最丰富的物质。氢在自然界多以化合物形态出现。化合态氢的最常见形式是水和有机物，如石油、煤炭、天然气及生命体等。然而，在地球上自然存在的氢气数量极少。因此，要获得大量的氢气只有依靠人工制取。其中，天然气、石油、煤炭、生物质能及其他富氢有机物等，都是氢气的有效来源。氢气的最大来源是水，特别是海水，因 9t 水可以生产出 1t 氢气及 8t 氧气，而且氢气与氧气的燃烧产物就是水，因而水可以再生。由此可见，以水为原料制氢气，可使氢气的制取和利用实现良性循环，真是取之不尽，用之不竭。

工业副产品氢气也是向燃料电池提供燃料的有效途径。据统计，我国在合成氨工业中氢气的年回收量可达 $14\times10^8\text{m}^3$；在氯碱工业中有 $87\times10^6\text{m}^3$ 的氢气可供回收利用。此外，在冶金工业、发酵制酒厂及丁醇溶剂厂等，产品生产过程中都有大量氢气可回收。上述各类工业副产品氢气的可回收总量，可达15亿m^3以上。

2. 氢气的制备（制氢）

制氢的方法主要有两类：一是从矿物燃料及水制氢，需要耗较多的能，从而要利用可再生能如太阳能、水能、风能及核能等制氢；另一类就是利用微生物及纳米技术，即利用多种生物质及微生物制氢，这也可以认为是传统与现代制氢的两大类方法。

（1）矿物燃料制氢

1）天然气制氢。当前主要制氢法是将水蒸气与天然气在650～700℃及镍基催化剂作用下，生产出H_2及CO_2的混合气，总反应式如下：

$$C_nH_{2n}+2nH_2O \rightarrow nCO_2+3nH_2$$

2）由煤制氢。煤的种类很多，其组成也不一样，可用$CH_{0.8}$表示其平均成分。在高温下由煤制氢的反应式如下：

$$CH_{0.8}+0.6H_2O+0.7O_2 \rightarrow CO_2+H_2$$

3）由渣油制氢。用$CH_{1.8}$表示渣油的组分，总反应式如下：

$$CH_{1.8}+0.98H_2O+0.51O_2 \rightarrow CO_2+1.88H_2$$

（2）水制氢　水的资源是非常丰富的，而氢气的燃烧产物主要是水，再用水制氢，形成一个循环，对生态平衡无影响。目前很多国家在研究如何从水中制取廉价的氢气。

1）电解水制氢。当向安装正、负电极的电解槽通低压电流时，则在正极产生氧气，而在负极产生氢气。

2）热化学法及混合法。热化学法就是在高温（2500℃以上）下，把水直接裂解为氢气和氧气。由于热化学法需要大量的热能，而且要用耐高温的材料和结构设计、制造良好的设备，因此各国在研究热化学及电解混合法，并可以组成很多种不同的方案。其中有代表性的反应过程如下：

$$2H_2O+SO_2 \rightarrow H_2+H_2SO_4$$

3）光解法制氢。这是在研究中的新方法。光解法制氢是在光催化剂的作用下，利用光能hv将水分解氢气和氧气，其反应可以下列总式表示：

$$H_2O \xrightarrow{hv} H_2+\frac{1}{2}O_2$$

3. 氢气的理化性质

氢气的理化性能与汽油、柴油比较见表5-3。

表5-3　氢气的理化性能与汽油、柴油比较

项　目	氢　气	汽　油	柴　油
分子式	H_2	C_4～C_{12}烃化合物类	C_{16}～C_{23}烃化合物类
相对分子质量M	2.02	100～115	226
物理状态	气态	液态	液态
车上的储存状态	-	液态	液态
液态的相对密度20℃/(g/cm³)	0.0708	0.72～0.75	0.82～0.88
沸点常压/℃	−252.8	30～220	18～370
低热值/(MJ/kg)	119.9	44.52	43

（续）

项　目	氢　气	汽　油	柴　油
混合气热值/(kJ/m^3)	3180	3750	3750
汽化潜热/(kJ/kg)	447	297	270
最低点火能量/(MJ)	0.018	0.25～0.30	40～60
着火温度(常压下)/℃	400	260～370	250
火焰传播速度/(m/s)	2.91	0.35～0.47	-
理论空燃比	34.5	14.9	14.5
着火极限(%)	4～75(α=0.14～9.85)	1.3～7.6	1～8.25
气/液体积比(15℃)	845	150	150

氢气的具体特点如下：

1）氢气在常温、常压下是无色、无味、无毒的气体，其分子式是 H_2。氢气的组成决定了其理化性能。

2）最轻。氢是最轻的元素。氢气的相对分子质量约等于 2。其密度仅为空气的 1/14.5。其他燃料的密度由小到大依次为：天然气 16、甲醇 32、液化石油气（丙烷）44、乙醇和二甲醚 46、汽油 114、柴油 170。

3）沸点最低。氢气的沸点为－252.8℃，属超低温。其他燃料的沸点由低到高依次为：天然气－161.5℃，液化石油气（丙烷）－42℃、二甲醚－24.8℃、甲醇 64.8℃、乙醇 78.3℃、汽油 30～220℃、柴油 180～370℃。

4）理论混合比最大。氢气的理论混合比为 34.48。其他燃料的理论混合比由大到小依次为：天然气 17.2、液化石油气（丙烷）15.6、汽油 14.8、柴油 14.3、二甲醚和乙醇 8.98、甲醇 6.47。

5）质量低热值最大。氢气的质量低热值为 119.9MJ/kg。其他燃料的低热值由大到小依次为：天然气 49.54MJ/kg、液化石油气（丙烷）45.31MJ/kg、汽油 44.52MJ/kg、柴油 43MJ/kg、二甲醚 27.6MJ/kg、乙醇 27.2MJ/kg、甲醇 20.26MJ/kg。

由于氢气的低热值遥遥领先，尽管它的理论混合比大，以质量计的理论混合气仍保持为最大，等于 3.38MJ/kg。其他燃料以质量计的理论混合气的热值由大到小依次为：汽油 2.82MJ/kg、柴油 2.81MJ/kg、二甲醚 2.77MJ/kg、液化石油气（丙烷）2.73MJ/kg、乙醇 2.73MJ/kg、天然气 2.72MJ/kg、甲醇 2.71 MJ/kg。

6）以容积计的理论混合气热值最小。虽然氢气的质量低热值和以质量计的理论混合气的热值最大，但因其密度太小，故以容积计的理论混合气热值反而最小，其值为 3.17MJ/m^3。其他燃料的以容积计的理论混合气热值由小到大依次为：天然气 3.36 MJ/m^3、甲醇 3.56 MJ/m^3、液化石油气（丙烷）3.59 MJ/m^3、乙醇 3.66 MJ/m^3、二甲醚 3.71 MJ/m^3、汽油 3.82 MJ/m^3、柴油 3.83 MJ/m^3。

7）分子变更系数最小。氢气是上列燃料中，燃烧后的分子数比燃烧前少的唯一燃料，故分子变更系数最小，等于 0.8521。其他燃料的分子变更系数由小到大依次为：天然气 1、液化石油气（丙烷）1.037、汽油 1.049、甲醇 1.056、乙醇 1.060、柴油 1.062、二甲醚 1.135。

8）不含碳的燃料，废气中的主要成分是燃烧后的生成物 H_2O、空气中的 N_2，燃烧后空气中剩余的 O_2 以及在高温下生成的 NO_x，没有汽油及柴油车所排出的 CO、HC 以及微粒、铅、硫等有害物质，不会诱发光化学烟雾，也没有导致地球温室效应的 CO_2。其他燃料的含碳比例由小到大依次为：甲醇 37.5％、乙醇和二甲醚 52.2％、天然气 75％、液化石油气（丙烷）82％、汽油 85.5％、柴油 87％。

9）容积系数最小。氢气相对于汽油的容积系数为 3210。其他燃料相对于汽油的容积系数由大到小依次为：天然气 927、甲醇 2.04、二甲醚 1.74、乙醇 1.54、液化石油（丙烷）1.34、柴油 0.917。

10）自燃点高。氢气的自燃点为 400℃，比汽油、柴油和二甲醚的高。

11）火焰传播速度为 4.85m/s，比汽油的 0.83m/s 高很多。氢气是气态燃料，混合气形成质量好、分配均匀，加之火焰传播速度高，允许采用较稀的混合气。氢气的自燃温度比汽油高，辛烷值高，允许有较高的压缩比。这些因素都使得燃氢时，热效率较高，燃料消耗率较低。

12）容积系数太小，加上沸点低，决定了氢气比其他燃料的储带难度都要大。质量很小的气态氢会有明显的挤占空气效应、质轻和理论混合比大导致氢以容积计的理论混合气热值小，另外氢-空气混合气燃烧时分子变更系数小，都会影响氢气发动机的动力性。

氢的优点和缺点都十分明显，氢的突出优点是使人们一直坚持不懈地对氢气发动机进行研究，而突出缺点也实实在在地制约了它实际应用的进度。

4. 氢气的携带方式及氢气汽车类型

氢气发动机属于点燃式发动机，可以由汽油机改制，也可以由柴油机改制。由汽油机改制要考虑喷氢器的安装，由柴油机改制则要考虑加装点火系统等问题。氢气携带方式主要有高压缩氢储存、低温液氢储存和吸附氢气储存三种形式。氢气汽车按照相应的氢气携带方式主要有压缩氢气汽车、液化氢气汽车和吸附氢气汽车三种。

（1）压缩氢气汽车　压缩氢气汽车是指以高压气态携带氢的氢燃料汽车，在压缩氢气汽车中，氢气以 20～25MPa 的压力储存于高压容器中，工作时经降压、计量和混合后进入气缸，也可以直接喷入气缸。16.2L 的这种装在高压瓶里压缩氢气的热量相当于 1L 汽油的热量。即使用氢气，燃料箱的容积要是汽油箱的 16.2 倍，将会占去汽车的大部分容积。从重量上看，汽车上装用这样的燃料箱也是不可能的。

（2）液化氢气汽车　液化氢气汽车是指以液态携带氢的氢燃料汽车，工作时液态氢经升温、降压和计量，然后直接喷入气缸，或在机外混合后进入气缸。一般是直接喷入气缸。

把气态氢变成液态氢也相当困难，因为氢气要在非常低温条件下（－252.8℃）才可液化成为液态氢。液态氢的相对密度约 0.0708，3.9L 液态氢的低热值相当于 1L 汽油，重量只有汽油的 1/2.7，这与汽油的情况相差不多。但是，氢气的液化工艺复杂，要求的条件较高，成本也高。液态氢的缺点是：液态氢容器必须耐－252.8℃下的超低温；材料要求很高；管道及阀门要求有极高的绝热能力及耐低温能力；液体氢是很难密封的，各接头处还必须非常密封。1990 年，日本用尼桑车改装的液态氢轿车使用容积为 100L、总重 60kg 的液氢罐，车速达 100km/h，一次加气可连续行驶 300km。

（3）吸附氢气汽车　吸附氢气汽车是指以金属氢化物或碳纳米管携带氢气的氢燃料汽车，工作时，储存于金属氢化物或碳纳米管中的氢释放出来直接喷入气缸，或在机外与空气混合后进入气缸。

目前试用最多的是金属氢化合物，在一定的压力和较低的温度条件下，将氢储入金属内，在降压和升温时，氢被释出，用作发动机的燃料。用这种方法可以将氢的体积缩小到千分之一左右，金属氢化合物的能量密度可达0.6～2kW·h/kg。金属氢化合物类似蓄电池，氢释放完以后，可再次充氢，多次使用。充气时，氢与金属化合物放出一定的热量，释放时吸收一定的热量。在充氢气站，金属氢化合物容器的冷却可用水管通水冷却。使用中需加热时，可用发动机的排气热量或冷却系统的热量。美国、德国、法国等国家采用金属氢化物储氢。我国已研制成功一种氢能汽车，它使用储氢材料90kg就可以连续行驶40km，车速达50km/h。

氢气作为汽车的新能源是很理想的，但氢的制取、储存和使用还有许多技术难题尚待解决。目前氢气汽车还处于研究探索阶段，真正应用的很少。但是，随着石油资源的减少和人类科技的不断进步，氢气汽车的前景十分光明，各发达国家都不惜财力、人力进行研究，以备未来其他能源消耗殆尽时氢气可起主导作用。

二、氢气燃料汽车的应用

1. 氢气燃料汽车的发展现状

氢气燃料汽车，即以氢气为能源的汽车，目前主要应用的技术途径有两个：一是内燃机汽车改用氢气燃料；二是氢气燃料电池电动车，这依赖于燃料电池技术的发展。本章仅讨论以氢气为燃料的氢气内燃机汽车，关于氢气燃料电池的相关问题在燃料电池一章中介绍。

以氢气为燃料的汽车的研究经历了一个曲折的过程。早在1920年，有人将氢气作为燃料在发动机中试验，但进展不大。20世纪70年代的石油危机给各国敲响了警钟，对氢的研究开始受到人们的关注。此后，石油供应又趋于稳定，氢气汽车的研究又停滞下来。进入90年代，由于大气中二氧化碳的增加，地球的温室效应日益严重。而氢气燃烧不产生二氧化碳，所以氢气发动机的研究开发再次被人们重视。

德国奔驰汽车公司自20世纪70年代就开始了这一领域的研究工作，1978年完成了第一辆氢气燃料样车，氢气装在高压瓶中放置在车顶部，氢气与空气均匀混合后从发动机进气管吸入气缸。1984～1988年，用作城市交通工具的10辆汽车在柏林试运行，它一次加气可行驶100km，加气时间约为10min，经运行证明氢燃料汽车在原理上是可以实现的。奔驰汽车公司在德国科技部的支持下又将氢燃料项目列入进一步的研究课题“HYPASS”，即利用季节性过剩电力制氢的氢动力车试验。与1978年的方案不同的是，氢气由高压气瓶中直接喷入燃烧室。“HYPASS”项目分为部件试验和样车试验，包括30MPa氢气瓶安全寿命及充气供气系统试验。1985年，日本研制出以金属化合物作为储氢方式的吸附氢气汽车，1990年日本研制出改装液态氢轿车。1986年瑞典人奥洛夫·戴克斯罗姆也研制成功氢气汽车。欧洲与加拿大联合研制的第一辆以液态氢为燃料的公共汽车早在1994年10月便投入试运行。目前世界汽车工业巨头，包括戴姆勒-克莱斯勒、通用汽车、福特、奔驰、宝马、本田、丰田等，都在大力研究燃料电池汽车，其中宝马公司已经在氢气燃料汽车研发上投入了近10亿欧元，如宝马氢动力7系发动机8kg的氢气罐和74L双燃料系统可实现自动切换续驶总里程700km。

中国在氢气燃料汽车研发上投入了大量人力和物力。“十五计划”期间，国家科技部对开发节能汽车及新能源汽车的资金投入达8.8亿元，其中用于氢气燃料汽车开发研究的资金超过 4 亿元。今后的投入更将进一步加大，并给予发展氢气燃料汽车相关的扶植政策。

由于氢气燃料汽车技术整体上处于起步阶段，我国氢气燃料汽车在技术上与世界发达国家的差距远小于传统汽车业。资金上，发展氢气燃料汽车所需要的资金的确庞大，但研发氢气燃料汽车的资金并不一定要求汽车企业进行额外的投入，而只是在研发传统汽车的同时划出一定比例的资金用于研发氢气燃料汽车。从技术层面上讲，中国对氢气汽车的开发和利用早已起步。浙江大学新材料与材料物理研究所和天津内燃机研究所合作改装了一辆燃用氢气-汽油混合燃料的中巴车，通过添加约 4.7%氢气进行的氢气-汽油混合燃料燃烧，平均节油率达 44%。由上海市和北京市分别牵头的氢气燃料小轿车和氢气燃料公共汽车均已研发出第二代产品，由清华大学开发的氢气大巴 863 路公交客车在北京成功运营。2008 年北京奥运会和 2010 年上海世博会期间，以氢气为燃料的汽车示范车队参与了交通运输，还有长安汽车公司的氢气轿车和比亚迪汽车公司的氢气汽车。

氢气在未来汽车上的应用前景决定于制氢及氢携带技术有无突破性的进展。根据氢能在世界范围的发展势头，到 21 世纪中叶，氢气汽车有可能成为一个活跃的汽车品种。

2. 动力性

氢燃料内在的气态、火焰传播速度高和辛烷值高等特性，使氢燃料发动机具有较高的热效率，相应地氢燃料发动机的燃料消耗率和氢燃料汽车的燃料消耗较低。因进气量少、混合气热值低，故氢燃料发动机的动力性较差，这意味着氢燃料发动机的功率、转矩和氢燃料汽车的爬坡能力、加速能力较差，最高车速较低。但若采用缸内喷气等措施，动力性反而提高。汽油机改用氢燃料，可使热效率提高 15%～45%，而功率降低 20%～30%。在掺烧情况下（即掺烧一定比例的氢），热效率可提高 10%～35%。

3. 排放性

氢气完全燃烧的产物只有 H_2O 这么一种无害的物质。实际上，由于空气参与燃烧，空气中的氮气在燃烧的高温下会生成 NO_x，在废气中还会含有未参与燃烧的氮气和剩余的氧气，以及没有来得及燃烧的氢气。

对于氢燃料汽车而言，因窜油导致的 HC 和 CO 排放虽然不可避免，但排放量极少，除非发动机有故障。燃烧时产生的 NO_x 也很少。当采用液氢缸内喷射时，NO_x 排放在各类发动机中最低。

4. 氢气汽车的使用安全

一般来说，氢气的危险性与汽油或丙烷相当。在安全性方面，各种燃料均有不同的特点。

（1）氢燃料更为安全的方面的优点

1）氢气的自燃温度高，若无高温火源，一般不会着火。

2）氢气的密度小，扩散系数大，即使发生泄漏，也会很快扩散到空气中去。因此，在开放空间，氢气几乎不会着火燃烧。

3）石油及煤燃烧时，均发出强烈的红色辐射热，而氢气燃烧时火焰为无色，且辐射十分微弱，除上方外，其下方或侧面的高温危险区十分狭窄。

（2）氢燃料具有的危险性的缺点

1）氢气点燃所需的点火能量很低，因此能被高温炽热点点燃。

2）氢气的着火界限很宽广，即使是极为稀薄的氢空气混合气，也能被点燃着火。

3）氢气能从很窄的缝隙中泄漏出来。

第六章　电动汽车的结构和工作原理

第一节　纯电动汽车

纯电动汽车（Battery Electric Vechicle，BEV）是由车载可充电蓄电池提供电能、由电动机驱动的汽车。纯电动汽车的电动机相当于传统汽车的发动机，蓄电池相当于原来的油箱。

一、纯电动汽车的分类

纯电动汽车有各种不同的分类方法，常见的有三种。

1. 按照是否有辅助动力源分类

（1）用纯蓄电池作为动力源的纯电动汽车　用单一蓄电池作为动力源的纯电动汽车只装置了蓄电池组，结构简单。用单一蓄电池作为动力源的纯电动汽车的电力和动力传输系统如图 6-1 所示。

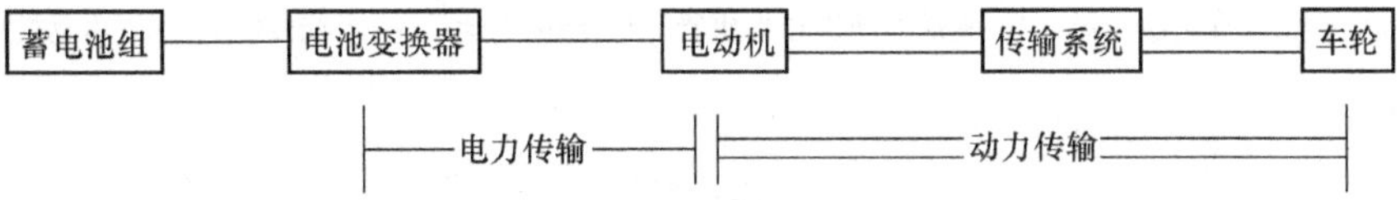

图 6-1　单一蓄电池为动力源的纯电动汽车的电力和动力传输系统

（2）装有辅助动力源的纯电动汽车　如果用单一蓄电池作为动力源，蓄电池的比能量和比功率较低，质量和体积较大，故需在某些纯电动汽车上增加辅助动力源。辅助动力源有超级电容器或发电机组，用来改善起动性能和增加续驶里程。装有辅助动力源的纯电动汽车的电力和动力传输系统如图 6-2 所示。

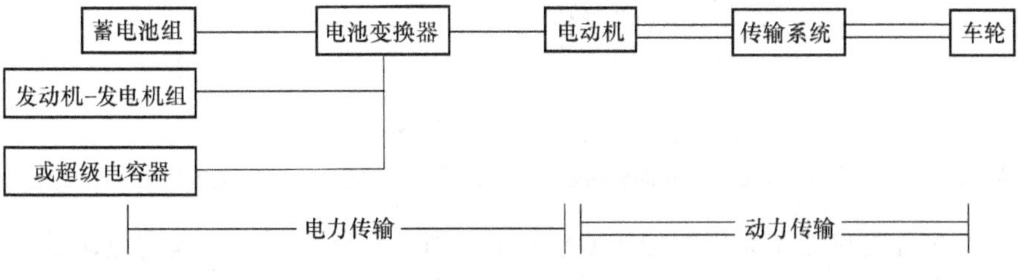

图 6-2　装有辅助动力源的纯电动汽车的电力和动力传输系统

2. 按照蓄电池的种类分类

可分为铅酸蓄电池电动汽车、锂离子电池电动汽车、镍氢电池电动汽车等。

3. 按动力驱动控制系统的结构形式不同分类

可分为直流电动机驱动的电动汽车、交流电动机驱动的电动汽车、双电动机驱动的电动汽车及电动轮电动汽车。

二、纯电动汽车的结构与工作原理

纯电动汽车的组成包括电力驱动系统、电源系统和辅助系统。电力驱动系统是电动汽车的核心，取代内燃机汽车的发动机，这是最大不同点。电动汽车的其他装置基本与内燃机汽车相同。后轮驱动电动汽车的组成如图 6-3 所示。前轮驱动电动汽车的组成如图 6-4 所示。

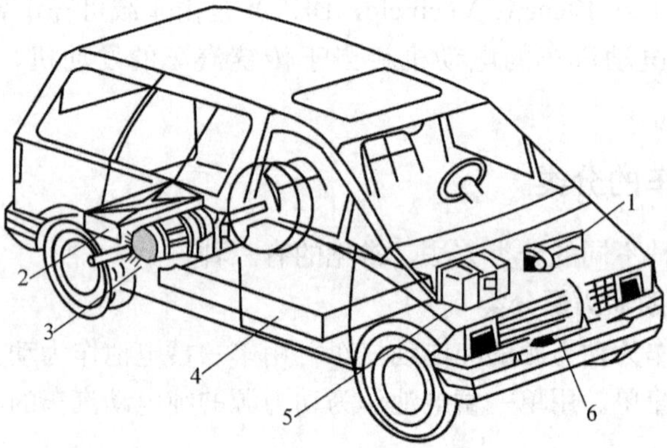

图 6-3 后轮驱动电动汽车的组成

1—加热器 2—直交逆变器 3—驱动电动机和减速器 4—钠硫电池 5—系统控制器 6—电动转向器

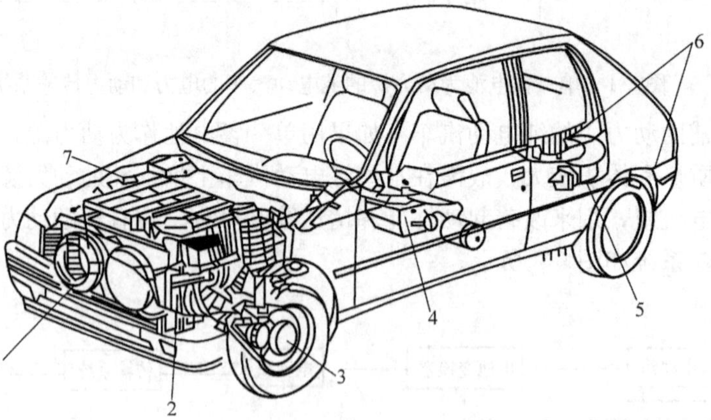

图 6-4 前轮驱动电动汽车的组成

1—调速控制器 2—驱动电动机 3—转向驱动轮 4—散热器 5—充电器 6—充电插座 7—蓄电池

纯电动汽车的组成与工作原理图如图 6-5 所示。当汽车行驶时，由蓄电池输出电能（电流）通过电子控制器驱动电动机运转，电动机输出的转矩经传动系统带动车轮转动。

电力驱动系统由控制单元、驱动控制器、电动机、机械传动装置和车轮等组成。电源系统由蓄电池、能量管理系统和充电控制器等组成。辅助系统由辅助动力源（辅助电源和DC/DC 功率转换器）、动力转向系统、驾驶室显示操纵台和辅助装置（照明、各种声光信号装置、车载音箱设备、空调、刮水器、风窗除霜清洗器、电动门窗、电控玻璃升降器、电控后视镜调节器、电动座椅调节器、车身安全防护装置控制器等）等组成。

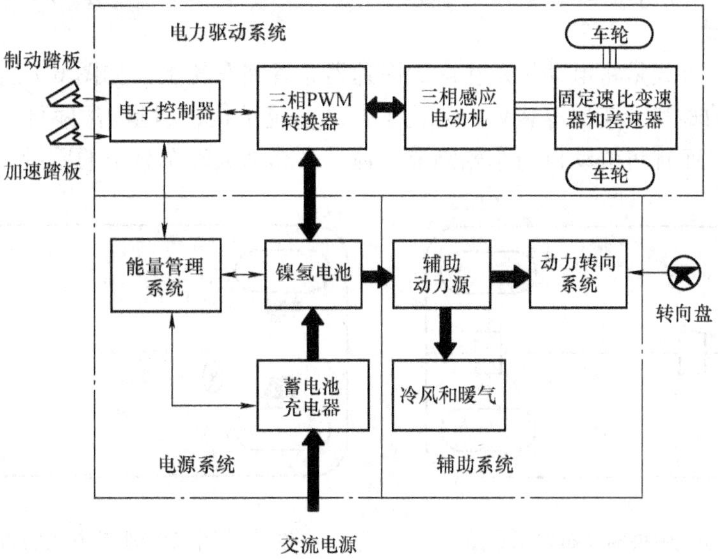

图 6-5　纯电动汽车的组成与工作原理图

当汽车行驶时，电力驱动系统将储存在蓄电池中的电能高效地转化为车轮的动能，控制单元根据加速踏板和制动踏板的输入信号，向驱动控制器发出相应的控制指令，对电动机进行起动、加速、减速、制动控制，并能够将汽车车轮的动能转化为电能充入蓄电池。电动机正常行驶时发挥其主要的电动机功能，将电能转化为机械能；在减速和下坡滑行时又被要求进行发电，将车轮的惯性动能转化为电能。机械传动装置将电动机的驱动转矩传输给汽车的驱动轴，从而带动汽车车轮前进或后退。

辅助动力源一般为 12V 或 24V 的直流低压电源，它主要给动力转向单元、制动力调节控制、照明、空调、电动窗门等各种辅助装置提供所需的能源。

纯电动汽车的常用蓄电池电源有铅酸电池、镍镉电池、镍氢电池、锂离子电池等。电动汽车续驶里程与蓄电池容量有关，蓄电池容量受诸多因素限制。要提高一次充电续驶里程，必须尽可能地节省蓄电池的能量。

三、纯电动汽车的布置形式

纯电动汽车的布置是指电源、驱动系统及机械传动装置等的具体布置。由于电动汽车的驱动电动机及其减速器的体积和质量较内燃机要小，蓄电池虽然质量和体积较大，但电池组可以分散，所以电动汽车的总体布置较灵活。从电气控制的角度讲，在汽车总体布置时，应使电源到控制器再到电动机之间的大电流回路的导线尽可能短，以减小回路的电压损失，保证汽车的动力性和行驶里程的要求。纯电动汽车的主要布置形式有电动机中央驱动、电动轮驱动、电动机-驱动桥组合式、双电动机驱动四种。

1. 电动机中央驱动

电动机中央驱动的布置方式与内燃机汽车的布置方式相同，即将电动机放在发动机的位置，动力经离合器、变速器、减速器、差速器传至半轴及车轮。电动汽车的中央驱动布置示意图如图 6-6 所示。这种布置方式的特点是：汽车的结构与传统布置相近，可以在内燃机汽车的基础上改装，其传动装置和技术较成熟；只需一台驱动电动机，控制电路较简单。

2. 电动轮驱动

电动轮驱动的方式是将电动机及相应的减速器布置在车轮上，如图 6-7 所示。这种布置方式可以省略传动轴和差速器等装置，简化了传动系统结构；但是需要两台或四台电动机，控制电路较复杂，而且将电动机与车轮制成一体，必然加大汽车悬架的质量。

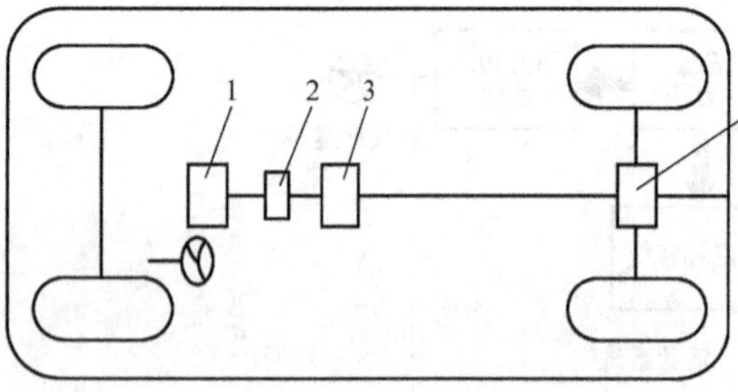

图 6-6 电动机中央驱动布置示意图

1—电动机 2—离合器 3—变速器 4—驱动桥

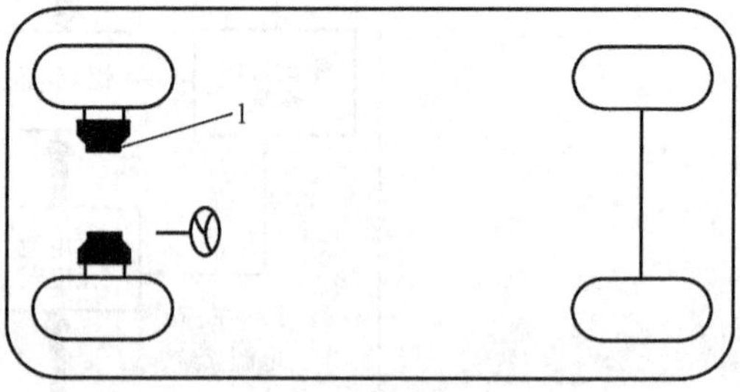

图 6-7 电动轮驱动方式的布置示意图

1—电动机

3. 电动机-驱动桥组合式

如图 6-8 所示，电动机-驱动桥组合式的布置方式取消了离合器和变速器，但有减速差速机构，由一台电动机驱动两个车轮旋转，其优点是可以继续沿用当前发动机汽车中的动力传动装置，只需要一组电动机和逆变器。这种方式对电动机的要求较高，不仅要求电动机具有较高的起动转矩，而且要求具有较大的后备功率，以保证电动汽车在起动、爬坡、加速超车时的动力性。

4. 双电动机驱动式

将电动机装到驱动轴上，直接由电动机实现变速和差速转换，如图 6-9 所示。这种传动方式同样对电动机有较高的要求，要求有大的起动转矩和后备功率；同时，这种方式不仅要求控制系统有较高的控制精度，而且要具备良好的可靠性，从而保证电动汽车行驶的安全、平稳。

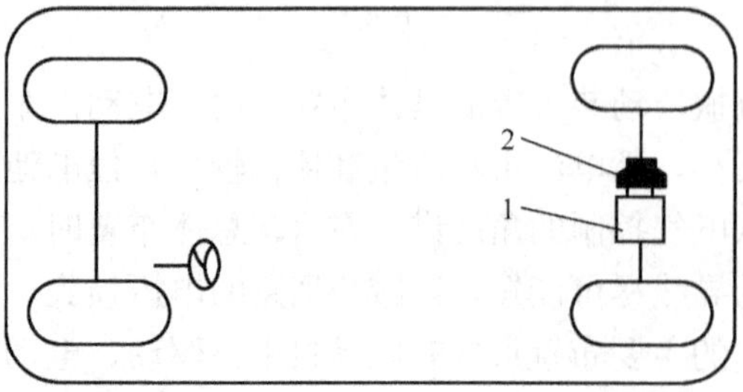

图 6-8 电动机-驱动桥组合式

1—减速差速机构 2—电动机

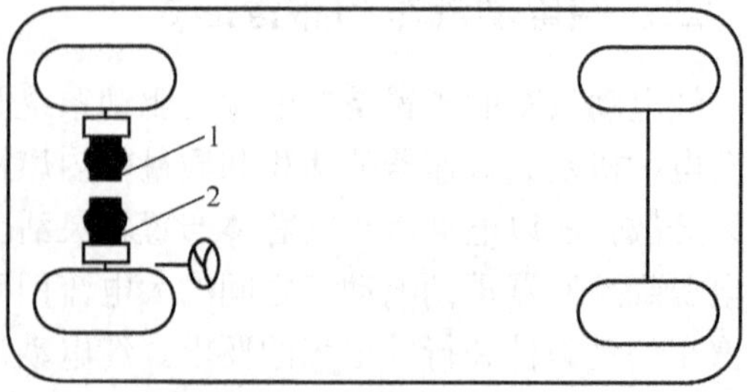

图 6-9 双电动机驱动式

1—电动机 2—减速器

四、纯电动汽车的应用

1. 我国自主开发的 EV

（1）天津清源纯电动汽车　天津清源电动车辆有限责任公司（以下简称“清源公司”）是我国纯电动汽车研发的重要企业之一，在电动汽车技术研发上取得了重要进展，在“十五”期间研发的中低速纯电动车辆已经出口美国，累计近 2000 辆。

“十一五”期间，清源公司按照美国联邦法规和产业化要求开发了高速纯电动轿车（同时能符合我国道路车辆技术要求的车型），配置自主开发双离合器两挡自动变速箱和磷酸铁锂动力电池，系统集成度、可靠性、整车性能进一步提高，产品通过了型试认证，已得到美国经销商的认可。

图 6-10　清源高速纯电动轿车

清源公司已建成年产能 2 万辆纯电动轿车柔性总装生产线和产能 3 万套的动力总成生产线，并开始运行。图 6-10 所示为清源高速纯电动轿车，其性能见表 6-1。

表 6-1　清源高速纯电动轿车技术指标

车　　型	XL—1	XS500
最高车速/（km/h）	120	130
0～100km/h 加速时间/s	≤17	≤18
0～50km/h 加速时间/s	≤7	≤7
最大爬坡能力（%）	30	30
续驶里程/km	250	200
动力电池类型	锂离子电池	锂离子电池
充电时间/h	5～6	5～6

（2）天津一汽夏利汽车股份有限公司（以下简称天津一汽夏利公司）生产的电动汽车　天津一汽夏利公司以夏利“幸福使者”为基础平台开发的电动轿车，采用 150A·h 的镍氢蓄电池，用直流电动机驱动，通过 CAN 总线系统对汽车的各个总成进行控制，最高车速为 50km/h，最大爬坡度为 15%，续驶里程为 80km。

天津一汽“威姿”电动轿车采用 55A·h 的锂离子蓄电池，用 15kW 交流电动机驱动。汽车制动时能够回收制动再生的能量。整车的电力控制中心是主控制器，通过自主开发的 CAN 总线通信系统，对整车电子、电力系统进行控制，最高车速为 100km/h，最大爬坡度为 30%，续驶里程为 170km。

（3）株洲时代集团的 TEG6120EV-2 型电动大客车　株洲时代集团公司长期承担我国电力机车、地铁和轻轨车辆的研究开发，所研发的 TEG6120EV-2 型电动大客车有 38 个座位，如图 6-11 所示。

图 6-11　TEG6120EV-2 型电动大客车

TEG6120EV-2 型电动大客车采用水平铅酸电池为电力电源，电池管理系统对电池组的 SOC 进行监控计算。驱动电动机为三相交流异步电动机，采用直接转矩/矢量控制技术进行控制，使电动机控制在最佳工况下运转。整车采用 ECU 控制器和 CAN 总线系统对整车进行全网络化控制。其技术性能见表 6-2。

表 6-2 株洲时代集团的 TEG6120EV-2 电动大客车技术性能

项目	单位	TEG6120EV-2	项目	单位	TEG6120EV-2	项目	单位	TEG6120EV-2
长度	mm	11220	最大爬坡度	%	≥15	标称安时数	A·h	3×85
宽度	mm	2500	0～50km/h 的加速时间	s	≤30	电动机形式	-	交流
高度	mm	3200	续驶里程（实际工况）	km	≥90	额定功率	kW	100
整备质量	kg	12500	续驶里程（等速工况）	km	≥120	峰值功率	kW	150
最大总质量	kg	16500	电池类型	水平铅酸电池		最高转速	r/min	5200
最高车速	km/h	70	工作电压	V	384	-	-	-

此外，我国自主开发的 EV 还有比亚迪汽车公司的全轮驱动电动轿车、北京理工大学与多个汽车企业共同研发的多种纯电动客车、哈尔滨工业大学电磁与电子技术研究所研发的超级电容器客车等。

2. 国外汽车公司开发的 EV

（1）美国通用汽车公司 EV-1 电动轿车　美国通用汽车公司 EV-1 电动轿车的控制系统及控制技术装备如图 6-12 所示。车身造型的流线型，以及采用轻金属和碳纤维增强树脂等复合材料制造车身覆盖件和底盘零部件，使汽车的空气阻力系数仅为 0.19，车轮的滚动阻力系数为 0.0048。EV-1 型电动轿车使用 85%的电池组电量时，EPA 城市循环行驶里程为 112km，高速公路行驶可达 144km。该车可以回收再生制动能量，是效率高、动力性能好的“零污染”电动轿车。其技术性能见表 6-3。

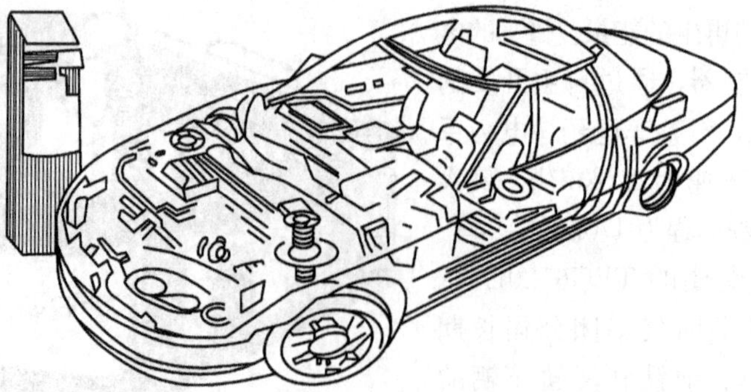

图 6-12　美国通用汽车公司 EV-1 电动轿车总布置图

表 6-3　美国通用汽车公司 EV-1 电动轿车的技术性能

项目		单位	EV-1	项目		单位	EV-1
尺寸参数	总长	mm	4309	电动机	类型		三相交流
	宽度	mm	1766		最大功率	kW	100
	高度	mm	1281		最高转速	r/min	15000
	轴距	mm	2512	性能参数	最高车速	km/h	128
	前轮轮距	mm	1470		空气阻力系数		0.19
	后轮轮距	mm	1244		续驶里程	km	铅酸电池 88～152
质量参数	乘员数	人	5		续驶里程	km	镍氢电池 120～200
	整备质量	kg	铅酸电池 1400	充电器	输入电压	V	220
	整备质量	kg	镍氢电池 1320		充电程度	%	0～100
电池组	类型		铅酸电池或镍氢电池		充电时间	h	铅酸电池 5.5～6
					充电时间	h	镍氢电池 6～8

（2）日本丰田汽车公司的 RAV4-EV　丰田汽车公司的 RAV4-EV 是“零污染”和低维护的实用型 EV，其结构如图 6-13 所示。在市内道路行驶条件下，该车最高车速可达 125km/h，一次充电后的续驶里程为 215km。RAV4-EV 采用免维修密封型 Ni-MH 动力电池组，总电压为 288V。动力电池组采用强制性空气冷却，装在底盘中部和座椅的地板下面，可以保证车厢有宽大的乘坐空间。驱动电动机为永磁电动机，效率高，体积小，最大输出功率为 45kW。汽车制动时，电动机转换为发电机回收制动能量。

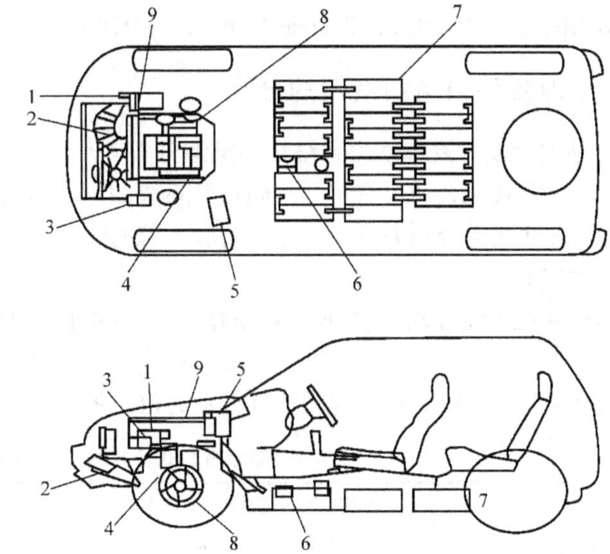

图 6-13　丰田汽车公司的 RAV4-EV 型电动轿车
1—空调用压缩机　2—DC/DC 转换器　3—制动器用电动真空泵　4—驱动电动机　5—辅助电池　6—继电器　7—动力电池组　8—减速器　9—动力控制组件

此外，国外汽车公司开发的纯电动汽车还有本田技研工业的 EV PLUS、日产公司的Rnessa EV 等。

五、纯电动汽车的特点和发展方向

1. 特点

纯电动汽车没有内燃机汽车产生的排气污染，电动机的噪声比内燃机也小；电动汽车较内燃机汽车运转、传动部件少；电动汽车停车时不消耗电量，在制动过程中，电动机可自动转化为发电机，实现制动减速时能量的再利用。纯电动汽车具有无污染、噪声低、结构简单、使用维修方便、能源效率高、多样化等优点。其缺点是动力电源使用成本高、续驶里程短。

2. 发展方向

纯电动汽车发展的关键在于电池，攻关重点集中在提高电池性能、降低成本。纯电动汽车的发展重点趋向小型乘用车，大型公交车，市政、邮政等特殊用途车辆。纯电动汽车大规模进入市场为时尚早。在车载电源得到解决后，电动汽车必然会迅速地发展。

我国基本掌握纯电动汽车整车动力系统匹配与集成设计、整车控制技术，样车的动力性和能耗水平与国外相当，在小型纯电动汽车和大型公交车方面实现了小规模生产和示范运行。但也存在一些主要问题，如整车产品在续驶里程、可靠性和工程化，电池的比能量、安全性、可靠性、使用寿命等方面在满足整车要求上，机械、电池所需部分部件、材料要国产化；同时控制器基础硬件、芯片、高速CAN网关和信号处理放大部件、电动附件还没有成熟的产品可用，成本高，也依赖进口。

第二节 混合动力电动汽车

混合动力汽车是能够从至少两类车载储能装置（传统的汽、柴油机和电池与电动机）中获得动力的汽车（Hybrid Electric Vehicle，HEV）。

一、混合动力电动汽车的分类

1. 按混合动力汽车动力系统结构类型分类

（1）串联式混合动力汽车　车辆行驶系统的驱动力只来源于电动机的混合动力汽车。

（2）并联式混合动力汽车　车辆行驶系统的驱动力由电动机及发动机同时或单独供给的混合动力汽车。

（3）混联式混合动力汽车　具备串联式和并联式两种混合动力系统结构的混合动力汽车。

部分串联式、并联式、混联式混合动力汽车见表6-4。

表6-4　部分串联式、并联式和混联式HEV

串联式	本田Civic，雷诺Vert，本田J-VX，丰田Coaster，克莱斯勒-道奇ESX2
并联式	本田Civic，奥迪DUOⅢ，本田Insight，日野HIMR，大众Golf
混联式	丰田Prius，丰田Estima，丰田Crown，日产Tino

2. 按混合动力汽车混合程度分类

（1）微度混合动力汽车（Micro HEV）　以发动机为主要动力源，电动机的峰值功率与发动机的额定功率之比≤5%，只具备停车停机功能。

（2）轻度混合动力汽车（Mild HEV）　以发动机为主要动力源，电动机作为辅助动力，电动机的峰值功率与发动机的额定功率之比为5%～15%，电动机可向车辆行驶系统提供辅助驱动力矩，但不能单独驱动车辆行驶。

（3）中度混合动力汽车（Medium HEV）　以发动机和/或电动机为动力源，电动机的峰值功率与发动机的额定功率之比为15%～40%，低速时可电动机独立驱动。

（4）重度/全混合动力汽车（Full HEV）　以发动机和/或电动机为动力源，电动机的峰值功率与发动机的额定功率之比大于40%，电动机可以独立驱动车辆行驶。

二、混合动力电动汽车的结构与工作原理

1. 串联式混合动力电动汽车（Series Hybrid Electric Vehicle，SHEV）

串联式混合动力电动汽车主要由发动机、发电机、电动机和蓄电池组等部件组成。如图6-14所示，发动机带动发电机发电，发电机发出的电能一部分通过电动机控制器直接输送到电动机，由电动机产生的电磁力矩驱动汽车行驶；另一部分则可储存到蓄电池中，用于延长混合动力汽车的行驶里程。发动机仅仅用于发电。蓄电池也可以单独向电动机提供电能来驱动混合动力电动汽车在零污染状态下行驶。

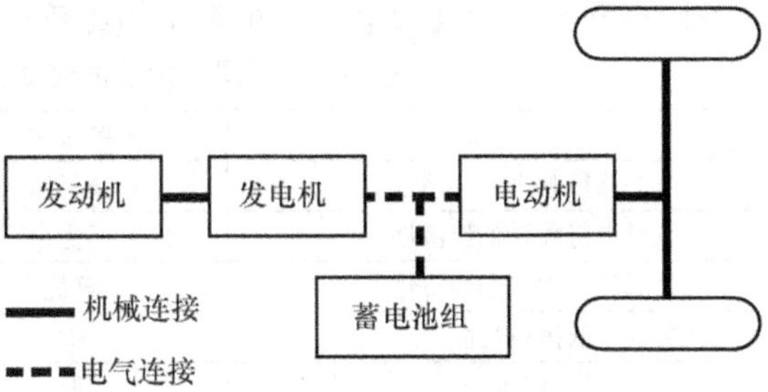

图6-14　串联式混合动力电动汽车结构

串联式混合动力电动汽车可使发动机在高效、低污染状态下运转，获得良好的经济性和排放性。结构简单，布置方便。但是，由于能量经过发动机、发电机、电动机之间进行多次能量转换，产生能量损失，能量转换效率比传统汽车低。串联式布置适用于环保要求较高、车速低的城市大型客车，如美国BAE混合动力客车。

2. 并联式混合动力电动汽车（Parallel Hybrid Electric Vehicle，PHEV）

并联式混合动力电动汽车主要是由发动机、电动机/发电机和蓄电池等部件组成，发动机和电动机通过某种变速装置同时与驱动桥直接相连接，如图6-15所示。并联式混合动力系统采用发动机和电动机两套独立的驱动系统驱动车轮。一套为发动机的动力通过离合器传到传动系统，与传统汽车结构一样；另一套为能量经蓄电池、电动机到传动系统。两套系统可以同时使用，也可以独立使用。并联式混合动力电动汽车不需要发电机，发动机与车轴直接连接，与串联式混合动力电动汽车比具有效率高、能量损失小、排放性能差的特点，适合于小型混合动力电动汽车，如美国EATON混合动力车。

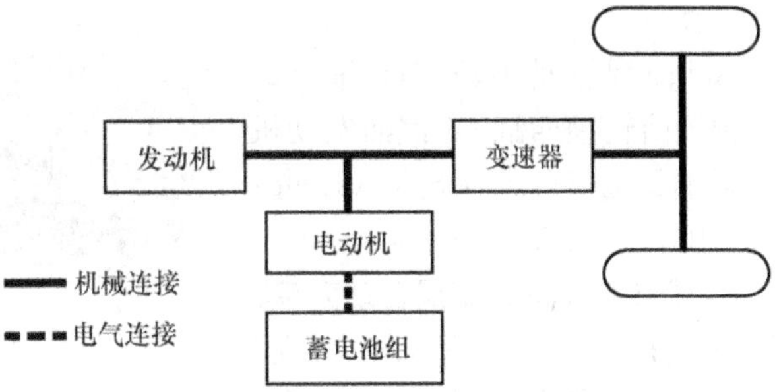

图6-15　并联式混合动力电动汽车结构

3. 混联式混合动力电动汽车（Split Hybrid Electric Vehicle，PSHEV）

混联式混合动力电动汽车如图6-16所示，主要由发动机、发电机、电动机、行星齿轮机构和蓄电池组等部件组成。混联式驱动系统是串联式与并联式的综合，同时具备串联和并联系统的特性。在市区低速行驶时，采用串联方式工作；在高速行

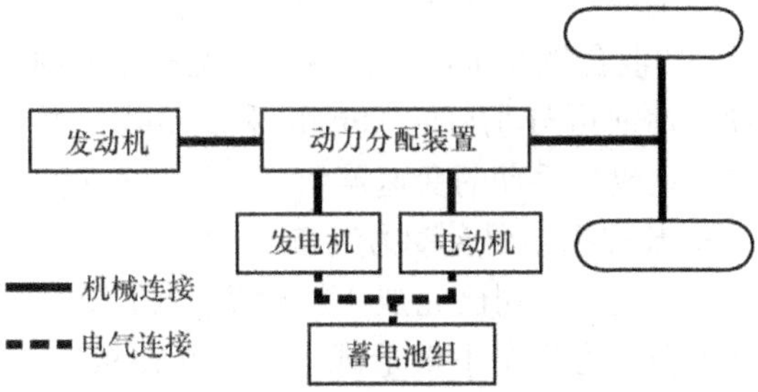

图6-16　混联式混合动力电动汽车结构

驶时，采用并联方式工作。混联式混合动力结构一般采用行星齿轮机构作为动力分配装置，两种驱动形式同时存在，充分利用两种驱动形式的优点。所以，混联式混合动力电动汽车能够使发动机、发电机、电动机等部件进行更多的优化匹配，保证了在更复杂的工况下系统可以在最优状态下工作，更容易获得良好的经济性和排放性，如丰田 Prius 混合动力轿车。

4. 不同类型的混合动力电动汽车类型的比较

不同类型的混合动力电动汽车类型的比较见表 6-5。

表 6-5 不同类型的混合动力电动汽车类型的比较

项 目	串联式	并联式	混联式
公路行驶燃油经济性	较优	优	优
城市行驶燃油经济性	优	较优	优
无路行驶燃油经济性	较优	优	优
低排放性能	优	较优	较优
成本	低	较低	较低
复杂程度	简单	较复杂	复杂
控制难易程度	简单	较复杂	复杂

三、混合动力电动汽车的应用

1. 日产 Altima 双电动机混合动力轿车

2001 年，日产汽车公司研制了混联式方案的混合动力轿车 Tino，并进行了小规模试销。2007 年，日产汽车公司研发的 Altima 混合动力轿车正式投放市场，如图 6-17所示。

图 6-17 日产 Altima 双电动机混合动力轿车

Altima 混合动力轿车配备了 2.5 升双顶置凸轮轴四缸 L4 汽油发动机，平均耗油量为 34mile/USgal（1mile=1.61×10^2m，1USgal=3.79dm^3）。

2. 福特 Escape 四驱混合动力系统

08 款福特 Escape 混合动力汽车是一款运动型多功能越野车，如图 6-18 所示，它有前轮驱动和四轮驱动两个款型。

前轮驱动的标配为 2.3L、直列四缸发动机，最大功率为 133hp，城市工况和高速时每加仑燃油可分别行驶 34mile 和 30mile。

四轮驱动的福特 Escape 同样配备了 2.3L、直列四缸发动机，最大功率仍为 133hp 的混合发动机，它在城市工况和高速时每加仑燃油可分别行驶 29mile 和 27mile。可任选自动或是手动的变速器。

图 6-18 福特 Escape 四驱混合动力汽车

3. 长安杰勋混合动力汽车

长安汽车公司已完成 137 辆杰勋和 29 辆志翔混合动力汽车小批量试生产，并在重庆、北京进行了示范运行。杰勋混合动力轿车已于 2009 年正式上市，如图 6-19 所示，其主要配置和技术指标见表 6-6。

图 6-19　长安杰勋混合动力汽车

表 6-6　长安混合动力乘用车主要配置和技术指标

车型		杰勋
	整备质量/kg	1501
发动机	排量/mL	1497
	最大净功率/(kW/r/min)	69/5600
	最大净扭矩/(N·m/r/min)	131/3500～4500
电动机	形式	永磁同步 ISG
	额定功率/(kW/r/min)	13/3000
	额定扭矩/(N·m/r/min)	42/3000
动力蓄电池组	蓄电池类型	镍氢电池
	工作电压/V	144
	容量/(A·h)	6
油耗及排放	NEDC 综合油耗(L/100km)	6.8
	排放水平	国Ⅳ

4. Prius 混合动力电动汽车

（1）Prius 混合动力电动汽车基本结构　Prius 混合动力汽车在结构上综合了串联式和并联式的特点，与串联式相比它增加了机械动力的传递路线，与并联式相比它增加了电力驱动传输路线。其具有串联式和并联式的优点，但结构复杂，成本高。然而随着控制技术和制造技术的发展，一些现代混合动力电动汽车更倾向于选择这种结构。2003 年市场上销售的混联式混合动力汽车有丰田的 Prius（ZA-NHW20-AHEEB 型）、Crown（YA-JKS175）、Estima（ZA-HR10W）等。

图 6-20　Prius 牌混合动力轿车

1—Atkinson 发动机　2—THS-Ⅱ系统　3—电动机　4—中央控制器　5—蓄电池组　6—ISG 电动/发电机

丰田汽车公司的 Prius-Ⅱ牌 PSHEV 采用发动机前置，4×2 前轮驱动的布置形式，如图 6-20 所示。在日本 10-15 工况的试验条件下，油耗达到 35.5km/L 的世界最佳水平。我国一汽引进的最新款 Prius 牌 PSHEV 为 Prius-Ⅱ型 PSHEV。其技术性能见表 6-7。

表 6-7　Prius 牌混合动力轿车的技术性能

项目		单位	Prius-Ⅱ	项目		单位	Prius-Ⅱ
尺寸参数	总长	mm	4310	电动机	种类		永磁式
	宽度	mm	1695		个数	个	1
	高度	mm	1465		最大功率	kW	30
	轴距	mm	2550		最大转矩	N·m	350/0～400
质量参数	乘员数	人	5	性能参数	最高车速	km/h	160
	总质量	kg	1255		油耗（城市）	L/100km	4.5
发动机	形式	直列四缸顶置双凸轮轴			油耗（公路）	L/100km	5.2
	压缩比		13.0∶1	底盘	变速器	电控无级变速	
	最大功率（美）	kW/（r/min）	52/4500		制动系统	前盘、后鼓带再生制动	
	最大功率（日）	kW/（r/min）	43/4000		转向系统	齿条齿轮	
	最大转矩	N·m	111/4200		前悬架	烛式独立悬架	
电池组	类型	-	镍氢电池		后悬架	扭杆	
	额定电压	V	274	-	-	-	-
	最大功率	A·h	6.5	-	-	-	-

Prius-Ⅱ 采用经过强化后的 INZ-FXE-1.5L、直列 4 缸、16 气门，Atkinson 循环高膨胀比的汽油发动机。发动机的尺寸更加紧凑，采用铝合金缸体减轻了发动机的质量，使得 INZ-FXE 汽油发动机的效率比传统发动机的效率高 80%。在汽车行驶速度低于 20km/h 时，发动机自动关闭，当电量不足时，发动机自行起动，对蓄电池进行充电，供应驱动电动机运行。Prius-Ⅱ的废气排放值达到了美国加州的超低污染排放标准（ULEV）和部分零排放车（PZEV）的标准要求。

Prius-Ⅱ 采用的驱动电动机是大功率永磁同步电动机，其 8 个永磁磁极对称排列，电动机的额定电压为 500V，可以在恒转矩和恒功率的大范围内来调制它的输出特性，并提高电动机中等转速时的输出功率。采用 500V 高电压可以减少电能在传输过程中的损耗，在不增加电动机重量的前提下，提高电动机的功率和整车的动力性能和经济性能。

Prius-Ⅱ 的 ISG 是一台小型的永磁交流同步电机，最高转速达 10000r/min，在发动机起动时作为起动机使用，在发动机运转时作为发电机使用，相当于发动机的飞轮。

Prius-Ⅱ 电池采用由 40 个模块串联组成的镍氢电池组，电池组总电压为 288V，经过 DC/DC 电流变换器转换为 500V 电流，电流经过逆变器转换为三相交流电，供给 ISG 或驱动电动机。蓄电池的使用寿命可达到 160000km 以上，可以不需要从外部充电，直接由 ISG 进行充电。镍氢电池采用空气冷却系统来散热。

Prius-Ⅱ采用“THS（TOYOTA Hybrid System）Ⅱ 动力混合器”。THS 系统是一个单排单行星齿轮机构，其有三个接口，发动机输出轴与齿轮架相连接，ISG 与太阳轮相连接，驱动电动机与内齿圈相连接。单排单行星轮齿轮机构（THS）的驱动模式如图 6-21 所示。由于单排单行星齿轮机构具有两个自由度，可以灵活地控制和调整各个动力装置的动力运动或组合，实现：①发动机驱动模式；②发动机 ISG 双混合驱动模式；③发动机、驱动电动机双混合驱动模式；④发动机、ISG 和驱动电动机三混合驱动模式；⑤驱动电动机驱动模式；⑥驱动电动机与 ISG 双混合驱动模式；⑦发动机带动 ISG 发电；⑧带动发动机起动；⑨回收制动反馈能量等。各个动力总成之间不会发生运动干扰和产生寄生功率，相当于一个二自由度的无级变速器。一般控制策略是起步或低负荷行驶时用电池电能驱动；匀速行驶时由发动机提供动力；加速行驶时，发动机与电池共同提供动力；停车或滑行时，发动机带动发电机向电池充电；制动和减速时通过能量回收系统向电池充电。

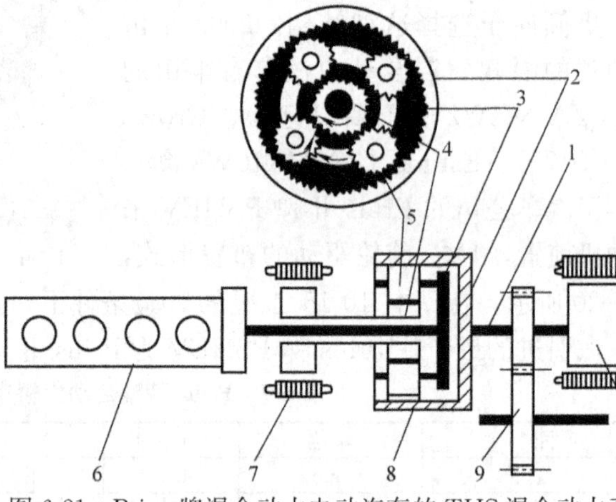

图 6-21 Prius 牌混合动力电动汽车的 THS 混合动力系统
1—驱动轴 2—内齿圈 3—行星齿轮架 4—太阳轮
5—行星轮 6—发动机 7—电动/发电机
8 —混合动力系统（THS） 9—驱动系统 10—驱动电动机

（2）Prius 的维修知识

1）维修注意事项

① 发动机维修注意事项

检查或维护发动机室时的注意事项：a）电源开关处于“ON”位置时，Prius 的发动机自动打开和关闭（仪表板的“READY”灯亮）。维护发动机室前，应该将 HV 主系统关闭。b）解除检查模式前行驶可能损坏变速驱动桥。c）在检查模式下，主警告灯亮时，应解除检查模式来检查诊断区域。

激活混合动力系统时的注意事项：a）将电源开关切换为开（在 IG 位置），断开蓄电池。如果重新连接时钥匙不在钥匙孔内，则可能输出“DTC B2799”。b）蓄电池断开又重新连接或者警告灯亮起时，初次按下电源开关可能无法启动该系统，则再次按下电源开关可以启动。

使用智能测试仪Ⅱ时的注意事项：a）使用前要仔细阅读使用手册。b）测试汽车时需要两人配合，一人驾驶汽车，另一人操作测试仪。c）智能测试仪Ⅱ连接在汽车上行驶时，要防止其电缆绞到变速杆、转向盘或踏板上。

初始化应注意的事项：断开蓄电池负极（—）电缆后，当重新连接端子时，以下系统将被初始化，仅拆下蓄电池不能完成初始化。

② 混合动力控制系统维修注意事项

混合动力控制系统使用高压电路，不正确的操作可能导致电击、漏电，发生危险。

操作高压系统时一定要断开电源：a）确保电源开关关闭。b）从辅助蓄电池上断开负极端子电缆。c）必须戴绝缘手套。DTC（故障诊断码）也会被清除，因此断开电源之前必须检查 DTC。d）拆下检修塞。为防止其他技师重新连接检修塞，要将拆下来的检修塞放好。拆下检修塞后，不要操作电源开关，否则可能损坏混合动力汽车控制单元 ECU。e）放置汽车 5min 以上，对变频器内的高压电容器进行放电。

插接器和线束注意事项：高压电路的插接器和线束均为橙色，HV 蓄电池等的高压零件都贴有高压警示，小心不要触碰到这些配线。

使用绝缘手套的注意事项：a）应对绝缘手套进行检查，确保其无破损、裂纹再进行佩戴。b）不要戴湿手套。

进行维修或检查时的注意事项：a）工作前必须断开电源。b）对高压系统进行操作时，用警告牌警示其他人员。c）必须戴绝缘手套检查和维修零件、高压配线。d）为防止掉落从而引起短路，不要携带任何金属物体。e）由于扭矩不足或过量可能导致的故障，必须按规定扭矩将高压螺钉端子拧紧。f）拆下任何高压配线后，立刻用绝缘胶带将其绝缘。g）完成对高压系统的操作后和重新安装检修塞前，应再次确认没有遗留任何零件或工具，以及确认高压端子已拧紧和插接器已插接。

2）发动机控制系统的故障诊断表。若发动机控制系统的故障不能由诊断故障代码和基本检查确定，则根据表 6-8 进行故障排除。

表 6-8　发动机控制系统常见故障

常见故障	故障排除
发动机不转动（不起动）	（1）MG1　（2）混合动力系统 （3）停机系统　（4）推动起动系统
不完全燃烧（不起动）	（1）燃油泵控制电路　（2）火花塞 （3）停机系统　（4）喷油器 （5）曲轴位置传感器电路

（续）

常见故障	故障排除
无初始燃烧（不起动）	(1) ECM电源电路 (2) 燃油泵控制电路 (3) 火花塞 (4) 停机系统 (5) 喷油器 (6) ECM (7) 曲轴位置传感器电路
冷发动机难以起动	(1) 燃油泵控制电路 (2) 火花塞 (3) 喷油器 (4) 曲轴位置传感器电路
热发动机难以起动	(1) 燃油泵控制电路 (2) 火花塞 (3) 喷油器 (4) 曲轴位置传感器电路
发动机正常起动但难以起步	(1) 燃油泵控制电路 (2) 气缸压缩压力 (3) 火花塞 (4) 喷油器 (5) 曲轴位置传感器电路
怠速不平稳（怠速不良）	(1) 气缸压缩压力 (2) 电子节气门控制系统 (3) 喷油器 (4) 燃油泵控制电路 (5) 火花塞
发动机怠速低（怠速不良）	(1) 燃油泵控制电路 (2) 电子节气门控制系统 (3) 喷油器
发动机怠速高（怠速不良）	(1) ECM电源电路 (2) 电子节气门控制系统
游车（怠速不良）	(1) ECM电源电路 (2) 电子节气门控制系统 (3) 燃油泵控制电路
发动机起动后很快熄火	(1) 燃油泵控制电路 (2) 电子节气门控制系统 (3) 停机系统 (4) 曲轴位置传感器电路
爆震（驾驶性能差）	(1) 燃油泵控制电路 (2) 火花塞 (3) 喷油器
断续工作/加速不良（驾驶性能差）	(1) 燃油泵控制电路 (2) 喷油器 (3) 火花塞 (4) HV变速驱动桥

3）混合动力控制系统的故障诊断步骤

步骤1：故障汽车进入车间。

步骤2：分析客户所叙述的故障。

步骤3：首先将智能测试仪Ⅱ连接到DLC3（数据链路连接器），如果智能测试仪Ⅱ显示通信故障，则检查DLC3。

步骤4：检查并记录DTC和定格数据。如果输出与CAN通信系统有关的故障的DTC，则首先检查并修理CAN通信。

步骤5：清除DTC。

步骤6：确认故障症状。若未出现故障，进行步骤7。若出现故障，进行步骤8。

步骤7：症状模拟。

步骤8：检查DTC。

步骤9：查DTC表。

步骤10：电路检查。

步骤 11：故障识别。

步骤 12：调整和/或修理。

步骤 13：确认故障试验。

步骤 14：结束。

（注：步骤 3～5、步骤 8 使用智能测试仪Ⅱ）。

智能测试仪Ⅱ（Intelligent Tester Ⅱ）是丰田公司最新推出的第二代汽车检测仪。智能测试仪Ⅱ结构紧凑坚固，采用手持电脑，触摸屏操作，中文显示。该测试仪诊断功能支持所有可诊断系统，如安全气囊、发动机、变速器、防盗和 ABS 等。其内置双通道示波器和万用表，极大地扩展了仪器功能，支持丰田和凌志所有装备 CAN 总线系统的车型。

四、混合动力电动汽车的特点和发展方向

1. 特点

混合动力电动汽车采取了各种现代最新技术使发动机经常工作在经济工况区，充分发挥电动机低速大转矩的特点，使发动机避开在起动、加速和爬坡时燃料消耗量增大和废气排放增多的不利工况，因此工作噪声小，是 HEV 的主要特点。

HEV 用传统的发动机与电动机进行混合，得到各种不同组合形式的 HEV，既保持了传统发动机汽车的优良性能，又在降低石油燃料的消耗和对环境污染方面有重大改进，突出体现了 HEV 的节能和环保的优越性。相比于汽油车，混合动力电动汽车的燃油消耗降低了约一半。

HEV 可以回收制动时的能量，能够充分利用内燃机汽车的生产技术和生产工艺，还可以像内燃机汽车一样，直接从加油站添加燃料，利用已有的燃油设施，如加油站和服务设施，在服务系统工程方面有继承性，不需要另外建立燃料的运输、储存、添加等装置。HEV 也不需要另外建立保养、维修等后勤服务体系，为推广 HEV 提供了良好的基础。但是 HEV 的动力系统复杂，制造成本高，以及动力系统质量增加，占用空间增大，这些都制约了它的推广。

2. 发展方向

世界各大汽车公司充分利用其雄厚的技术基础和现代的制造工艺，以及应用在新技术、新材料和新工艺方面的最新成果，不断地研究和开发了各种各具特色的 HEV，对 HEV 进行全方位的创新，在混合动力技术上由单一发动机驱动向纯电动驱动转移。在混合度上，逐渐提高混合度以实现传统能源向电气化转化；在机电耦合方式上，前期主要存在单电动机并联、双电动机并联和双电动机混联等方案，后期将向插电式方案发展，实现向纯电动方案过渡。在动力系统结构方面，发动机与电动机集成、传动系与电动机集成将向更高的集成度发展，从而实现向电动化转型。

我国基本掌握了混合动力汽车整车开发技术，形成了具有自主知识产权的多种结构形式和多种混合度的技术方案，基本突破了国外专利限制。动力电池和电动机的技术性能取得较大进展，部分满足混合动力整车要求。混合动力汽车成为我国新能源汽车的主要产品类型，部分企业开始较大范围地示范运行，部分产品开始进行产业化推广。但还存在一些问题，如除个别整车企业的产品已上市外，大多数企业尚处于样车阶段，未经过多次验证研究，未达到系统优化和批量生产要求。此外，零部件产业链未形成，关键原材料和电力电子元器件依赖进口，整车和零部件工程化不足，产品尚处于产业化初期，成本较高。

第三节　燃料电池电动汽车

一、燃料电池电动汽车的基本组成及功用

采用燃料电池作为电源的电动汽车称为燃料电池电动汽车（FCEV），也叫燃料电池汽车。燃料电池汽车与普通燃油汽车的区别在于动力系统。燃料电池汽车的动力系统主要由电驱动系统、燃料电池组、动力控制单元、燃料箱、蓄电池（储能装置）、功率转换器以及燃料加入口等组成。

燃料电池发动机是 FCEV 主要的电源，通常由多个单体燃料电池组成。单体电池的电压一般在 1V 以下，需要串联多个单体燃料电池才能提高输出电压。一般用燃料电池管理系统模块对燃料电池状态进行监控、检查和电源的管理。燃料电池组要向空调系统和电动油泵转向系统提供电能。燃料电池的电流需要经过专用的大功率动力 DC/DC 转换器，将燃料电池的直流电转换为稳压的直流电流，再经过逆变器转换为交流电输送给驱动电动机。

一般来说，FCEV 上还要装配蓄电池组作为辅助电源，其功用是：①用于 FCEV 快速起动；②为控制系统、仪表板、车载电子、照明系统、信号系统、电气设备等提供低压电源；③用于储存 FCEV 再生制动时反馈的电能。该蓄电池也可以用其他储能装置来代替，如超级电容、飞轮储能器等。

动力控制单元按照驾驶员的指令决定动力系统应提供的动力大小，或者进行回收减速以及制动过程的能量。燃料电池组提供能量给电驱动装置使汽车行驶，或者为了加速和大负荷之用而向蓄电池充电。当汽车行驶所需的动力超过燃料电池的发电能力时，蓄电池也进行工作，其电流经 DC/DC 转换器进入电驱动装置来驱动汽车行驶。

二、燃料电池电动汽车的分类及基本结构

由于燃料电池汽车具有突出的环保、节能优势，各种各样结构的燃料电池汽车不断问世，为了便于区分各种燃料电池汽车的结构特征，需要对燃料电池汽车进行科学的分类。目前常见的分类方法有三种。

1. 按照驱动形式分类

燃料电池汽车按照驱动形式可分为纯燃料电池驱动和混合驱动两种类型。

纯燃料电池汽车只有燃料电池一个动力源，汽车的所有功率负荷都由燃料电池承担。其主要缺点有：①不能进行制动能量回收。②对燃料电池系统的动态性能和可靠性提出了很高的要求。③燃料电池的功率大，成本昂贵。基于这些不利因素，目前的燃料电池汽车主要采用的是混合驱动形式，即在燃料电池的基础上，增加了一组蓄电池或超级电容作为另一个动力源。根据混合式燃料电池汽车中燃料电池和蓄电池的关系，又可进一步把燃料电池汽车的动力系统归纳为并联式和串联式两种，如图 6-22 所示。

采用“燃料电池＋蓄电池”（FC＋B）混合驱动形式的燃料电池汽车的动力系统结构如图 6-23 所示。考虑到燃料电池系统自身的要求，如电堆需要加热、氢气和空气需要加湿、在起动时空压机或鼓风机需要供电等，也为了能够回收制动能量，因而将蓄电池和燃料电池

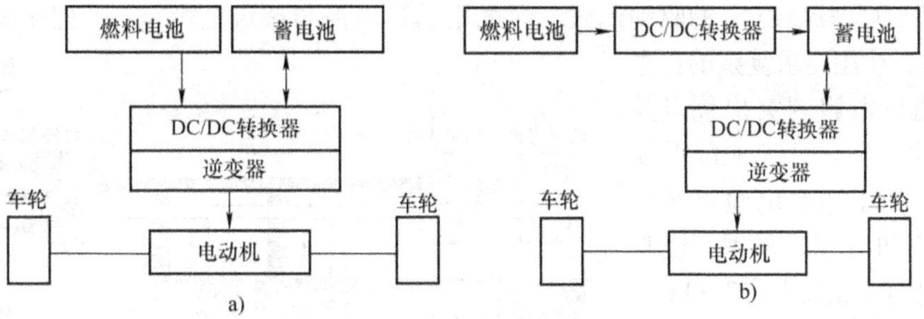

图 6-22 并联式和串联式燃料电池汽车动力系统示意图

a）并联式 b）串联式

系统组合起来形成混合动力驱动系统。该系统降低了对燃料电池的功率和动态特性的要求，也降低了燃料电池系统的成本，但驱动系统的重量、体积和复杂性增加，从而增加了电池的费用。

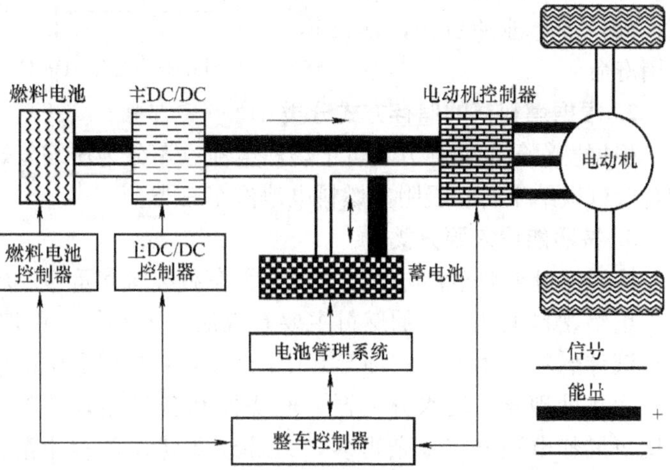

图 6-23 “FC+B”燃料电池汽车混合动力系统结构

根据燃料电池所提供的功率占整车总需求功率的比例不同，燃料电池混合动力汽车还可分为能量混合型和功率混合型两大类。

在燃料电池汽车开发的早期，燃料电池的功率较小，难以满足汽车的功率需求。在汽车行驶过程中燃料电池只能提供整车功率需求的一部分，不足的部分由其他动力源如蓄电池来提供，采用此种混合驱动形式的汽车为能量混合型燃料电池汽车。为了满足一定的性能指标，能量混合型燃料电池汽车往往需要配备较大容量的蓄电池组，从而导致整车的自重增加、动力性变差、布置空间紧张。能量混合型燃料电池汽车的燃料电池可以经常在系统效率较高的额定功率区域内工作。每次运行结束后，除了要加注氢燃料外，还需要为蓄电池充电。

随着燃料电池技术的不断成熟，燃料电池的性能逐渐提高，燃料电池所提供的功率比例越来越大，这样就可以减少蓄电池的容量，从而提高动力性、减轻车重。但还需要一定数量的蓄电池来回收制动能量，不过蓄电池只提供整车所需功率中很小的一部分。汽车需要的功率主要由燃料电池提供，蓄电池只是在燃料电池汽车起动、爬坡和加速时提供功率，在汽车制动时回收制动能量。燃料电池作为主动力源，蓄电池作为辅助动力源，采用此种混合驱动形式的电动汽车为功率混合型燃料电池汽车。

由于镍氢电池或锂离子电池的比能量及比功率较高，可以减少蓄电池组的体积和重量，越来越多地被用作燃料电池混合动力汽车的蓄电池。但其价格仍非常昂贵，往往需要配备专门的电池管理系统。

目前，燃料电池混合动力汽车的驱动形式多种多样，除“FC+B”外，功率混合型燃料电池汽车开始出现“FC+C”的驱动形式，即采用燃料电池与超级电容组合，完全摒弃了成本高、寿命短、使用要求复杂的蓄电池。采用超级电容的突出优点是寿命长和效率高，可大大降低使用成本，有利于燃料电池汽车的商业化推广和应用。采用“燃料电池+蓄电池+超级电容”（FC+B+C）驱动形式的燃料电池汽车的系统结构如图 6-24 所示，该形式是在电压总线上再并联一组超级电容，用于提供加速的尖峰电流，减轻蓄电池的负担，延长其使用寿命。

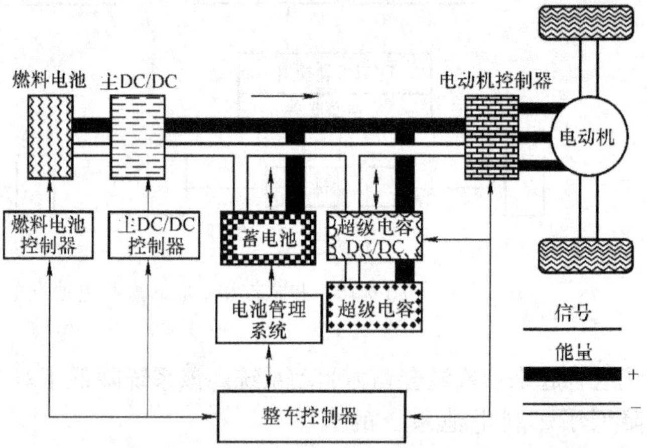

图 6-24 “FC+B+C”燃料电池汽车混合动力系统结构

2. 根据燃料氢的储存方式分类

根据燃料氢的储存方式可把燃料电池汽车分为压缩氢燃料电池汽车、液氢燃料电池汽车和合金（碳纳米管）吸附氢燃料电池汽车三类。

3. 按照能量来源分类

按照能量来源燃料电池汽车可分为车载纯氢和重整燃料两种类型。

重整燃料电池汽车的燃料主要有汽油、天然气、甲烷、甲醇、液化石油气等。为了获得从液体燃料（甲醇或汽油等）中产生燃料电池所需要的 H_2，必须在 FCEV 上装置重整器、净化处理器、气水分离器、燃烧器和各种循环泵等装备。重整燃料电池汽车的结构要比氢燃料电池汽车复杂得多，另外还要建设储存甲醇的基础设施，这样以甲醇为燃料的 FCEV 的发展就受到了限制。氢燃料电池汽车由于其无有害排放．因此被认为是最理想的，但氢存在制取及运输困难、续驶里程短、需要建设储存及其他基础设施等问题。目前在大多数的 FCEV 上，特别是在燃料电池电动轿车上，仍然是以压缩氢气或液化氢气作为燃料。

三、燃料电池电动汽车的应用

1. 国外汽车公司开发的 FCEV

（1）美国通用汽车公司的 HydroGen-3“氢动 3 号”HCEV　通用汽车公司与美国联邦快递公司 FedFx 联合采用通用汽车公司改进后的 HydroGen-3“氢动 3 号”HCEV 作为邮政投递汽车，并在日本东京进行了高湿度、高温环境条件下，以及在城市交通不畅、频繁起动和制动等情况下的各种运行试验。“氢动 3 号”HCEV 如图 6-25 所示。

HydroGen-3 是以“欧宝-赛飞利”为原型车开发的 FCEV，外形尺寸为 4309mm×1766mm×1286mm，轴距为 2512mm。汽车的整备质量为 1590kg，行李空间达到 600L，最高车速达 160km/h，0～100km/h 的加速时间为 16s，一次充满氢的续驶里程为 270～400km。HydroGen-3 液氢储存罐的容量为 68L，可储存 4.6kg 的液态氢，液态氢的温度保持在－252.8℃，氢气储存罐隐藏在后座椅下方。

采用的燃料电池组是通用汽车公司自行开发的 HydroGen-3 型燃料电池组，由 200 个单元燃料电池串联，功率为 94kW，功率质量密度为 0.94kW/kg，功率体积密度为 1.6kW/L，其质量比 Hydrogen-1 降低约 100kg。

驱动电动机采用三相同步电动机，电动机的电压为 250～380V，输出功率为 60kW，最高转速为 12000r/min。通过一个减速器驱动汽车的前轮行驶，减速器的速比为 8.67。

操纵采用按键式控制的方式。燃料电池组及其各种附件，如空压机、控制器件、电力控制系统、泵、阀等，都安排在精巧紧凑的底盘平台内。电力驱动系统可以在生产线上和普通内燃机汽车一样按程序进行组装，并可以和“欧宝-赛飞利”轿车共同使用一条柔性装配线，装配线将 Hydrogen-3 的燃料电池组、氢气罐直接装置到“欧宝-赛飞利”轿车的底盘上。

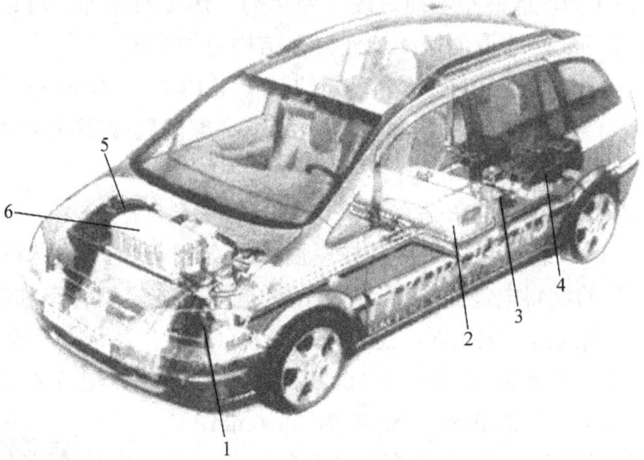

图 6-25　美国通用汽车公司的 Hydrogen-3 燃料电池轿车
1—驱动电动机　2—液氢储存罐　3—DC/DC 变换器
4—蓄电池组　5—空气压缩机　6—燃料电池发动机

（2）日本丰田汽车公司的 FCHV-4 SUV　2001 年 6 月，丰田汽车公司在第 4 届丰田环境论坛上宣布燃料电池汽车 FCHV-4 SUV 研制成功。FCHV-4 是以 Kluger-V SUV 为原型开发的，使用纯氢为燃料的燃料电池混合动力车，其外形尺寸为 4735mm×1815mm×1685mm，可乘坐 5 名乘客，整备质量 1850kg，最高车速达到 150km/ h，一次充氢后的续驶里程为 250km。FCHV-4 SUV 如图 6-26 所示。

FCHV-4 采用高压储氢瓶方式储氢，共采用 4 个高压气瓶，每个容积 34L，储氢压力为 250 个大气压，被布置在汽车底盘下。与使用储氢合金相比，整个储氢系统质量减轻了 200kg，只有 100kg 左右。装置丰田最新开发的高性能的聚合物电解质的燃料电池 SPEFC（PEM），输出功率为 90kW，最大可达到 95kW。聚合物电解质燃料电池和它的附属设备全部布置在发动机机舱内。

图 6-26　日本丰田公司的 FCHV-4 SUV 燃料电池轿车
1—能量控制单元　2—丰田燃料电池发动机
3—驱动电动机　4—高压储氢瓶　5—蓄电池组

驱动电动机为永磁同步电动机，用镍-金属氢化物电池作为辅助电池。

FCHV-4 采用了热泵式空调系统。该系统使用 CO_2 作制冷剂，实现了无氟化，最大制冷量增加 15%，并且使制冷的能量消耗量降低 15%。

（3）日本丰田汽车公司的 FCHV-5 SUV　在 2001 年东京汽车展上，丰田汽车公司展出了其燃料电池汽车 FCHV-5 SUV，主要特点是采用车载清洁碳氢燃料（Clean Hydrocarbon Fuel，CHF）重整方法制氢。CHF 不仅含硫量低，而且燃料来源广泛，可以从石油、天然气、煤炭等多种原料中制取。另外，使用汽油的汽车也可以使用 CHF，还可以使用现有的加油站设施。FCHV-5 SUV 使用的马达、燃料电池等主要零部件同 FCHV-4 SUV 一样。车载的 CHF 重整器，通过改进催化剂、热交换器等，可以提供更高质量的氢。FCHV-5 SUV 通过各部件的最佳搭配，使整车结构更加紧凑。

此外，还有丰田汽车公司的 FCHV-BUS1、本田汽车公司的 FCX-V3、福特汽车公司的 Focus FCV、日本大发汽车公司的 Move、戴姆勒-克莱斯勒汽车公司的 Necar-1 和 Citaro、大众汽车公司的 Hymotion 等燃料电池汽车。

2. 我国自主开发的 FCEV

（1）北京清能华通科技发展有限公司等单位的燃料电池大客车　清华大学先后研发了 5kW 的燃料电池游览车，15kW 的燃料电池轻型客车和燃料电池大型客车等多台 FCEV。

我国第一辆燃料电池大客车由北京清能华通科技发展有限公司、清华大学、上海神力科技有限公司等多家单位于 2002 年共同研制，如图 6-27 所示。该车外形尺寸为 10890mm × 2490mm × 3360mm，轴距为 5600mm，总质量达 14200kg，装有 30+1 个座位。

图 6-27　北京清能华通科技发展有限公司研制的燃料电池客车

燃料电池大客车以压缩氢气为燃料，压缩氢气罐装置于客车顶棚上。该车采用上海神力科技有限公司的质子交换膜燃料电池 PEMFC，输出电压为 245～400V，功率为 100kW。辅助蓄电池组的电流 35A·h 超级电容能量为 1kW·h，最大功率为 50kW（1min），驱动电动机额定功率为 100kW，最大功率为 160kW。电动机和控制器的总效率在 90%以上。

（2）“楚天 1 号”FCEV　武汉理工大学与东风汽车公司联合开发制造了“楚天 1 号”FCEV 轿车，其外形尺寸为 4350mm × 1707mm × 1413mm，轴距为 2760mm，最高车速达 103km/h，最大爬坡大于 20%。

“楚天 1 号”FCEV 采用 68L、35MPa 的高压氢气作为燃料，氢气储存罐装于汽车后部行李箱靠近后排座椅处。该车装置湖北省燃料电池重点实验室自行研究和开发的 25kW 的质子交换膜燃料电池 PEMFC，全部采用湖北省燃料电池重点实验室所研发的关键材料、CAN 控制总线、燃料电池核心组件 CCM 等新型材料和现代技术。

其辅助电池为镍氢电池，装置于后排座椅下面，用于起动汽车和回收制动时的再生能量。

“楚天 1 号”FCEV 装有武汉理工大学自行开发的燃料电池发动机智能控制器，具有 CAN、USB 和以太网接口，通过对空气供给系统、氢气供给系统、冷却系统的智能协调和容错控制，实现燃料电池发动机的最优化净功率输出。采用燃料电池单片电压巡检系统实时测量每个单位燃料电池的电压，实现对单位燃料电池电压的实时检测与分析。燃料电池发动机监控软件配合控制器使用时，可以以逼真实时动态界面来反映燃料电池的运行情况，用户还可以通过该软件对控制器进行设定，以控制流程和修改控制参数以及重新配置。

此外，我国自主开发的燃料电池汽车还有上海同济大学研发的“超越一号”、“超越二号”和“超越三号”三代 FCEV 轿车。

四、燃料电池电动汽车的特点及发展方向

1. 优点

1）热效率高。热效率高是燃料电池突出的优点，热效率高意味着用燃料电池的汽车比内燃机汽车更加节能。内燃机汽车热效率仅为燃料电池汽车的1/3。

2）配置灵活、机动性大。通常将多个单体电池按使用要求组合成不同功率的系列燃料电池组。辅助设备可以充分地利用汽车上的有效空间，在不同类型FCEV上灵活地配置。

3）无污染或超低污染、无噪声。采用以氢气为燃料的燃料电池，其化学反应后所产出的废物只有水，属于零污染。采用以甲醇或汽油经过重整后产生氢气，也只有极少数的有害气体排放，为超低污染，完全可以达到最严格的排放标准的要求。燃料电池本身在化学反应过程中没有噪声。

2. 缺点

1）燃料电池汽车基本性能有待于提高。燃料电池组的功率密度、隔离板轻量化、离子交换膜的耐高温性、低加湿和不加湿技术等均有待于提高。

2）辅助设备复杂。以甲醇或汽油为燃料的FCEV，要采取净化装置，增加了结构和工艺的复杂性。

3）制造成本过高。制造成本过高被认为是燃料电池汽车推广的重大障碍。与装备充电电池的汽车相比，燃料电池汽车的价格要高很多，最大因素是燃料电池的生产成本一直居高不下。

4）燃料供给体系尚需建设。为了实现燃料电池汽车的普及，必须改变现有燃料供给体系，建立新的适合燃料电池汽车的燃料供给系统。

3. 发展方向

燃料电池是当前所开发的电池中最有发展前途的高能电池，其高燃烧效率、无工作噪声以及无废气排放等特点，是其他化学电池所不能相比的。国外目前燃料电池出现模块化趋势，单个燃料电池模块的功率范围被界定在一定的范围之内，通过提高产品性能实现模块化组装，以满足不同车辆对燃料电池功率等级的要求；为有效提高燃料电池的寿命、降低系统成本，需优化蓄电池和燃料电池的能量分配。燃料电池汽车技术攻关的焦点集中在把提高可靠性、耐久性，但近期内将不会有重大突破。

我国基本建立了燃料电池汽车的研发体系；研发的样车与国外相比，主要技术指标水平相当；样车已进行了示范运行。但还存在一些问题，如燃料电池电堆和发动机系统在核心技术上技术水平与国外存在较大差距，技术研发进展较为缓慢；我国燃料电池汽车技术示范考核运行规模较小，储氢和氢能源基础设施等问题尚未解决。我国燃料电池汽车产品的可靠性和成本离实用化还有相当大的差距。

氢气是21世纪的主要燃料，当前氢气的制取还比较困难，价格也比较贵，但大规模的以电能和太阳能制造氢气的工厂，将来会得到普及。燃料电池辅助系统正在加速小型化，使燃料电池在电动汽车上的实用化更加接近现实。目前用甲醇、汽油等通过重整快速转化为氢，是一种成熟的技术，使得氢气的生产成本降低，而更具有竞争力。在燃料电池的催化剂、质子交换膜、燃料电池组、电极的密封性、可靠性和燃料电池组的管理系统等方面也开展了全方位的技术攻关，新兴的专业工厂也正在兴起，形成新能源的技术产业。当前世界汽车公司的奋斗目标是使燃料电池的价格大幅度地降低，以实现新型燃料电池电动汽车的商品化。

第七章　电动汽车共性装置

“863计划”电动汽车重大专项提出“三纵三横”研究开发布局。其中，“三横”是指动力蓄电池、驱动电动机和多能源动力总成控制系统等关键零部件，这是任何一种电动汽车不可或缺的共性装置。

第一节　蓄电池

与内燃机汽车上的常用蓄电池不同，在电动汽车上，动力电池组必须是具有强大能量的动力电源，除了作为驱动动力能源外，还要向空调系统、动力转向系统等提供电力能源。另一方面，电动汽车上的蓄电池还要为点火系统、照明、信号系统、刮水器和喷淋器，以及车载娱乐和通信设备等装备提供低压电源。配有蓄电池的电动汽车的电气系统如图7-1所示。纯电动汽车蓄电池通过商用电源（大功率的是三相200V，小功率的是单相100V），依靠蓄电池专用充电器对其进行控制和充电。

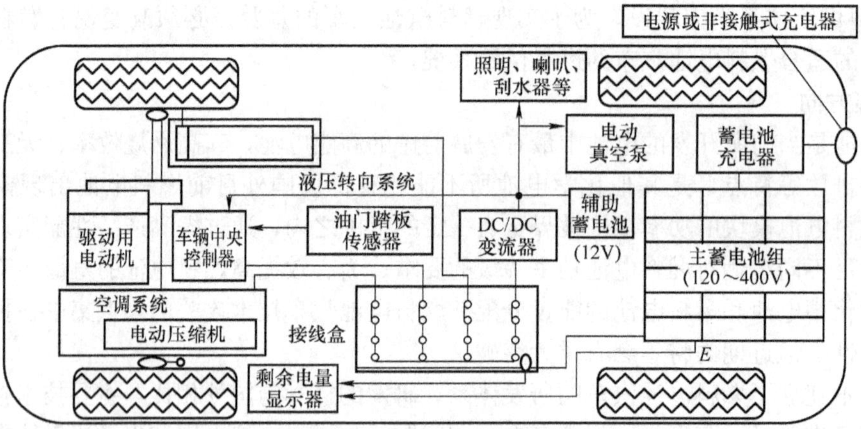

图7-1　配有蓄电池的电动汽车的电气系统图

蓄电池是一种储存能量、向外传送能量（放电）和从外部接受能量（充电）的能量储存装置，而燃料电池本质上是一种能量转换装置，将在本章第二节中讨论。

一、概述

1. 电池的分类

按电池的原理不同可分为物理电池、生物电池和化学电池三大类。其中，化学电池是一种直接把化学能转变为电能的装置，其学名为化学电源，通常所说的电池即指这类电池。

化学电池常见的分类方法有三种：

1）按电解液种类分类，可把常见的电池分为碱性电池、酸性电池、中性电池及有机电解液电池四类。

2）按电池所用正、负极材料的不同，可把常见的电池分为锌系列电池、镍系列电池、铅系列电池、锂系列电池、二氧化锰系列电池及空气（氧气）系列电池等。

3）按工作性质和储存方式的不同，可把常见的电池分为一次电池、二次电池、燃料电池、储备电池四类。蓄电池习惯上指铅酸蓄电池，也属于二次电池（相对于一次电池，二次电池是指可充电电池）。

作为电动汽车动力能源使用的电池主要指二次电池（蓄电池）、燃料电池两类，因此电动汽车可根据使用的化学电源种类不同分为蓄电池汽车、燃料电池汽车。

2. 电池的工作原理

电池由电极（正极、负极）、电解质、隔膜和容器（外壳）四部分组成，其中最主要的是正（电）极（电源内部称阴极）、负（电）极（电源内部称阳极）和电解质三个部分。电极是电池的核心部分，电池的正极被定义为电池放电时由外电路获得电子的电极，负极则被定义为电池放电时向外电路输送电子的电极。电解质通常为固体或液体，液体电解质常称为电解液或电液。电解质为不能流动的固体的电池常称为干电池。

电池正极 P 和负极 N 都浸在电解液 E 中。放电时，负极发生氧化反应向外电路释放电子，正极发生还原反应，从外电路得到电子。充电时，过程正好相反，负极得到电子发生还原反应，正极失去电子发生氧化反应。电池基本工作原理如图 7-2 所示。

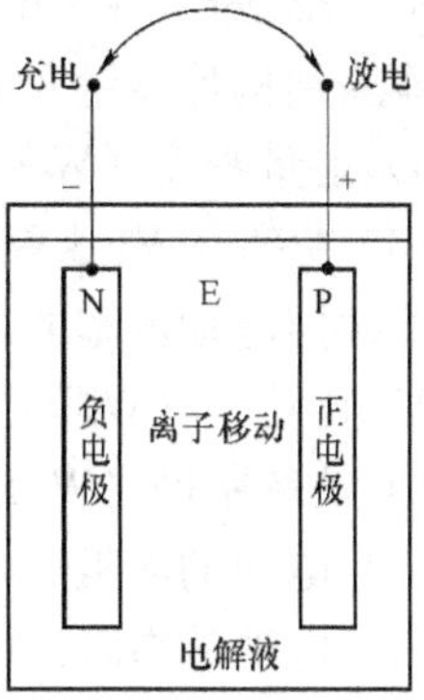

图 7-2　电池基本工作原理

3. 蓄电池的主要性能指标

蓄电池的主要性能指标有电压、电池容量、能量、功率、电池的内阻、电池的放电深度、电池的循环使用寿命、放电速率、自放电率、成本等。

（1）电压（V）

1）电动势：电池正极和负极之间的电位差 E。

2）开路电压：电池在开路时的端电压，一般开路电压与电池的电动势近似相等。

3）额定电压：电池在标准规定条件下工作时应达到的电压。

4）工作电压：在电池两端接上负载 R 后，在放电过程中显示出的电压，也叫做负载电压或放电电压。

5）终止电压：电池在一定标准所规定的放电条件下放电时，电池的电压将逐渐降低，当电池再不宜继续放电时，电池的最低工作电压称为终止电压。

（2）电池容量（A·h）　指充满电的电池在指定的条件下放电到终止电压时输出的电量。

1）理论容量：根据蓄电池活性物质的特性，按法拉第定律计算出的最高理论值，一般用质量容量 A·h/kg 或体积容量 A·h/L 来表示。

2）实际容量：在一定条件下所能输出的电量，等于放电电流与放电时间的乘积。

3）标称容量（公称容量）：按一定标准所规定的条件下，厂家标出的电池应保证具有的储存电量。

4）额定容量（保证容量）：按一定标准所规定的放电条件下，电池应该放出的最低限度的容量。

5）电池的荷电状态（State of Charge，SOC）：描述电池剩余容量占额定容量的百分比。SOC为1即表示电池为充满状态。随着蓄电池放电，蓄电池的电荷逐渐减少，一般蓄电池放电高效率区为（50%～80%）SOC。

（3）能量（W·h，kW·h） 是指在按一定标准所规定的放电制度下电池所输出的电能，它决定电动汽车的行驶距离。

1）标称能量：按一定标准所规定的放电条件下，电池所输出的能量。电池的标称能量是电池的额定容量与额定电压的乘积。

2）实际能量：在一定条件下电池所能输出的能量。电池的实际能量是电池的实际容量与平均工作电压的乘积。

3）比能量（W·h/kg）：指动力电池组单位质量中所能输出的能量。电池的质量包括电池本身结构件质量和电解质质量的总和。

4）能量密度（W·h/L）：是指动力电池组单位体积中所能输出的能量。

（4）功率（W，kW） 指在一定的放电制度下，电池在单位时间内所输出的能量。电池的功率决定电动汽车的加速性能和最高转速等。

1）比功率（W/kg）：指电池单位质量中所具有电能的功率。

2）功率密度（W/L）：指电池单位体积中所具有的电能的功率。

（5）电池的内阻 电流通过电池内部时受到的阻力使电池的电压降低，此阻力称为电池的内阻。电池的内阻作用使得电池在放电时端电压低于电动势和开路电压，在充电时充电的端电压高于电动势和开路电压。

（6）电池的放电深度 指电池已经放出的电量与电池额定容量的比值。

（7）电池的循环使用寿命 电池充电和放电一次为一个循环。按一定测试标准，当电池容量降到某一规定值（我国标准规定为额定值的80%）以前，电池经历的充放电循环总次数为电池的循环使用寿命。

（8）放电速率（放电率） 一般用电池在放电时的时间或放电电流与额定电流的比例来表示。

1）时率：电池以某种电流放电直到电池的电压降低到终止电压时，所经过的放电时间。

2）倍率：电池以某种电流放电的数值为额定容量数值的倍数。

（9）自放电率 指电池在存放时间内，在没有负荷的条件下自身放电，使得电池容量损失的速度。自放电率用单位时间（月/年）内电池容量下降的百分数来表示。

（10）成本 电池的成本是与电池的技术含量、材料、制作方法和生产规模有关。目前新开发的高比能量的电池成本较高，使得电动汽车的造价也较高。开发和研制高效、低成本的电池是电动汽车发展的关键。

除上述主要性能指标外，还有环境、安全等指标。电池毒性大小、对周围环境的污染或腐蚀程度等也是电池的一个重要指标。

4. 电动汽车对蓄电池的基本要求

由于不同种类电动汽车的结构和工作模式不同，对动力电池的要求也有所不同。纯电动汽车行驶安全完全依赖电池的能量，由于要求小型化和长的续驶里程，所以相对于比功率来说，人们更多关注的是比能量。而与之相对的，混合动力电动汽车，要求的是质量比功率，即要实现小电池提供大电流，这里主要对加减速时的瞬时大功率的要求多一些。

对于这些要求，目前已经被提出或是正在被应用的储能装置有：化学蓄电池、超级电容器、飞轮储能装置。但是，就目前的技术现状而言，蓄电池仍是大部分情况下的选择。

一般来说，电动汽车上的蓄电池需满足以下基本要求。

1）比能量高。比能量是保证 EV 能够达到基本合理的行驶里程的重要性能，2h 放电率时电池的比能量至少不低于 44W·h/kg。

2）充电时间短。电池对充电技术没有特殊要求，能够实现感应充电。电池的正常充电时间应小于 6h，且能够适应快速充电的要求。电池快速充电达到额定容量 50%时的时间为 20min 左右。

3）连续放电率高，自放电率低。电池能够适应快速放电的要求，连续 1h 放电率可以达到额定容量的 70%左右。自放电率要低，电池能够长期存放。

4）不需要复杂的运行环境。电池能够在常温条件下正常稳定地工作，不受环境温度的影响，不需要特殊的加热、保温热管理系统，能够适应 EV 和 HEV 行驶时振动的要求。

5）安全可靠。电池应干燥、洁净，电解质不会渗漏腐蚀接线柱、外壳。电池不会引起自燃或燃烧，在发生碰撞等事故时，不会对乘员造成伤害。废电池能够回收处理和再生处理。电池中有害重金属能够集中回收处理。电池组可以采用机械装置进行整体快速更换，线路连接方便。

6）寿命长，免维修，制造成本低。电池的循环寿命不低于 1000 次，在使用寿命限定期间内，不需要进行维护和修理。

二、蓄电池技术

电动汽车和混合动力电动汽车的蓄电池主要有铅酸蓄电池、镍基蓄电池和锂基蓄电池等。近期主要的应用形式是铅酸蓄电池。但是，在中长期内，镍基和锂基蓄电池将是应用于电动汽车和混合动力电动汽车的主要备选形式。

1. 铅酸蓄电池

铅酸蓄电池以酸性水溶液为电解质，电极是以铅及其氧化物为材料。铅酸蓄电池于 1859 年由法国科学家普兰特（G. Plante）发明。1881 年法国人发明的电动汽车就是以铅酸蓄电池作为动力的。铅酸蓄电池广泛用于燃油（气）汽车的起动。

（1）铅酸蓄电池的种类　铅酸蓄电池按其工作环境又可分为移动式和固定式两大类。固定式铅酸蓄电池按电池槽结构分为半密封式及密封式，半密封式又有防酸式及消氢式。依据排气方式，密封式铅酸蓄电池可分为排气式和非排气式两种。1986 年后国际电工委员会 IEC 的 TC21 标准规定：非排气式密封电池有密闭型和气阀调节式两种。装有密封气阀的密封铅酸蓄电池，称为阀控铅酸蓄电池。依据电解液数量还可将铅酸蓄电池分为贫液式和富液式，密封式电池均为贫液式，半密封式电池均为富液式。此外，根据铅酸蓄电池的用途还可分为动力用和起动机用铅酸蓄电池等。电动汽车上使用的铅酸蓄电池的种类及其特点见表 7-1。

表 7-1 电动汽车上使用的铅酸蓄电池的种类及其特点

铅酸蓄电池类型	主要特点	电动汽车类型
阀控胶质管式铅酸蓄电池	有较高的比能量和比功率，良好的循环寿命，免维护	轻型、中型和大型客车，服务与环卫车辆，厢式车辆
平板阀控铅酸蓄电池	有较高的比功率，免维护	轻型、中型和大型客车，服务与环卫车辆，货车
薄平板阀控铅酸蓄电池	有较高的峰值功率，浅循环放电，免维护	各种用途的混合动力电动汽车

(2) 铅酸蓄电池的工作原理　铅酸蓄电池活性物质在充电和放电时发生的可逆的化学变化过程，可以用以下化学方程式来表示：

$$PbO_2 + 2H_2SO_4 + Pb \underset{充电}{\overset{放电}{\rightleftharpoons}} PbSO_4 + 2H_2O + PbSO_4$$

正极　　　负极　正极　　　负极

铅酸电池在放电过程中，化学反应由左向右进行，其相反的过程为充电过程的化学反应。单体铅酸蓄电池的电压为 2V，通常所使用的蓄电池组是由多个单体蓄电池串联组成。在使用或存放一段时间后，单体电池的电压可能降低到 1.8V 以下。如果电压继续下降，铅酸蓄电池将会损坏。

(3) 普通铅酸蓄电池的构造　铅酸蓄电池的基本单元是单体电池，如图 7-3 所示，每个单体电池都是由正极板 1、负极板 2 和装在正极板和负极板之间的隔板 4 等组成。将不同数量的单体电池按使用要求串联组合，装置在塑料外壳中来获得不同电压和不同容量的铅酸蓄电池总成，普通铅酸蓄电池的构造如图 7-3 所示。

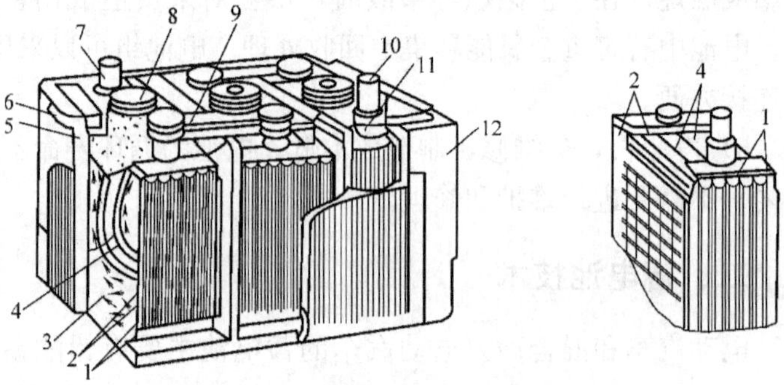

图 7-3　普通铅酸蓄电池的构造
1—正极板　2—负极板　3—肋条　4—隔板　5—护板
6—封料　7—负极　8—加液口盖　9—电极连接条
10—正极柱　11—极柱衬套　12—蓄电池容器

(4) 铅酸蓄电池的特点　近 10 年来，国内外开发的称之为第一代的电动汽车广泛使用了铅酸蓄电池，这是因为它具有低成本、成熟的技术、相对的高功率容量和良好的循环性等优点。这些优点对其应用于混合动力电动汽车是有吸力的，因在混合动力电动汽车中高功率是首要考虑的技术条件。但是铅酸蓄电池有两大缺点：一是比能量和能量密度都比较低（通常为 35W·h/kg 和 70W·h/L），自放电率较高（每天降低 1%，环境温度为 25℃），因此所占的质量和体积太大，且一次充电行驶里程较短；另一个是使用寿命短，使用成本过高，循环寿命相对较低（约为 500 次），且因硫酸腐蚀电极而不便长期储存。

由于铅酸蓄电池的技术比较成熟，经过进一步改进后的铅酸蓄电池仍将是近期电动汽车的主要电源。其中阀控式密封铅酸蓄电池（VRLA）的比能量已超过 40W·h/kg，能量密度超过 80W·h/L，并且可实现快速充电。VRLA 电池的典型代表为美国 Electrosource 公司的 Horizon 电池。VRLA 电池采用了铅丝编制的水平极板，性能得到极大提高，比能量达到 43W·h/kg，能量密度达到 84W·h/L，比功率达到 285W·h/kg，应用到电动汽车上的循环寿命超过600次，快速充电能力得到极大提高（8min充电达50%，充满电只需不到30min），成本低廉（一辆电动汽车的电池成本仅为2000～3000美元），机械强度高，免维护以及环保观念设计（绿色生产过程和98%的可回收材质）。其他先进铅酸蓄电池设计还包括双极设计和微管状极板设计。

2. 镍基蓄电池

与铅相比，镍是较轻的金属，且具有很好的合乎蓄电池应用的电化学特性。因此，有许多电化学电池都采用氧化镍作正极，目前镍基蓄电池有两种主要的应用技术：镍镉蓄电池（Ni-Cd）和镍氢蓄电池（Ni-MH）。其中镍镉蓄电池由于技术可靠、性能良好在电动汽车上得到了应用。镍氢蓄电池发展迅速，有望在近期电动汽车市场上取代镍镉蓄电池。

（1）镍镉蓄电池　镍镉（Ni-Cd）蓄电池成功用于重型工业领域已经有80多年的历史，这得益于20世纪70年代末80年代初电动汽车行业的复苏，那时Ni-Cd电池开始应用于电动汽车。

Ni-Cd电池单体额定电压为1.2V、比能量为56W·h/kg，能量密度为110W·h/L，比功率为225W/kg。活性材料为负极的金属Cd和正极的氧化镍，电解液为碱性KOH溶液，电池化学反应为：

$$Cd+2NiOOH+2H_2O \underset{充电}{\overset{放电}{\rightleftharpoons}} Cd(OH)_2+Ni(OH)_2$$

放电时，负极金属镉被氧化生成氢氧化镉，正极上的氧化镍被还原成为氢氧化镍并消耗水。充电时，反应过程相反。与铅酸电池使用的硫酸电解液相比，Ni-Cd电池的氢氧化钾碱性电解液在电池充放电过程中，浓度不发生显著变化。

Ni-Cd电池具有的显著优点使得Ni-Cd电池技术占有重要地位。其中Ni-Cd电池比功率高于220W/kg，循环使用寿命高达2000次，抗电流冲击能力强，机械强度高，在相当大的放电电流范围内都具有比较平滑的电压曲线，有良好的快速充电能力（18min内达电池容量的40%～80%），较宽的工作温度范围（－40～85℃），自放电率小（每天小于0.5%），优越的长期使用能力（电解液对电极的腐蚀作用可以忽略）以及较宽的尺寸和容量选择范围等。

当然，Ni-Cd电池具有的一些缺点限制了它在电动汽车上的广泛使用。同铅酸蓄电池相比较，镍镉蓄电池的造价高，相应的其比能量也大些，特别是其低温时的放电特性以及快速充放电特性都很优越。但是，长时间处于过充电状态会缩短镍镉电池的使用寿命，而且其在高温时的性能低下，还会产生自放电现象。由于镍镉蓄电池具有记忆性，所以在其充分放电之后，要注意必须对其进行充电。此外，由于镍镉蓄电池的单体电池电压低，所以串联起来的蓄电池数目就多，而且镉资源也不是很丰富，对环境的污染也是必须正视的问题，因而如果不进行100%的再循环利用，它的发展就不会有将来。

（2）镍氢（Ni-MH）蓄电池　目前，Ni-MH电池是Ni-Cd电池强有力的竞争对手。镍氢蓄电池在1992年投放市场，其特点与Ni-Cd电池相似，反应机理的差异在于Ni-MH电池使用了氢，氢吸附于金属氢化物中并作为负极活性物质。由于具有比Ni-Cd电池高的比能量以及无毒性、无致癌物质等特点，Ni-MH电池将取代Ni-Cd电池。

目前，Ni-MH电池单体额定电压为1.2V，比能量为65W·L/kg，能量密度为150W·h/L，比功率为200W/kg。镍氢电池的电极活性物质为负极的金属氢化物和正极的NiOOH，金属氢化物能够在电池放电和充电时释放和吸收氢气，碱性氢氧化钾溶液是电解液的主要成分，电化学反应方程式为：

$$MH+NiOOH \underset{充电}{\overset{放电}{\rightleftharpoons}} M+Ni(OH)_2$$

电池放电时，负极的金属氢化物被氧化生成金属合金，正极的 NiOOH 被还原生成氢氧化镍，放电过程正好相反，其原理如图 7-4 所示。

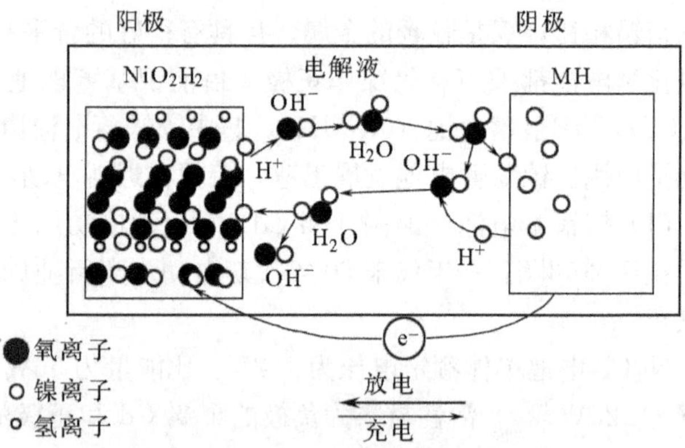

图 7-4 Ni-MH 电池充放电原理图

镍氢电池的负极是储氢合金，正极是氢氧化镍，用氢氧化钾作为电解质，在正负极之间有隔膜，和正、负极共同组成镍氢单体电池，在金属铂的催化作用下，完成充电和放电的可逆反应。氢气是没有毒性的物质，无污染，安全可靠，使用寿命长，而且不需要补充水分。美国 OVONIC 公司生产的 Ni-MH 电池的构造如图 7-5 和图 7-6 所示，Ni-MH 电池的基本单元是单体电池。

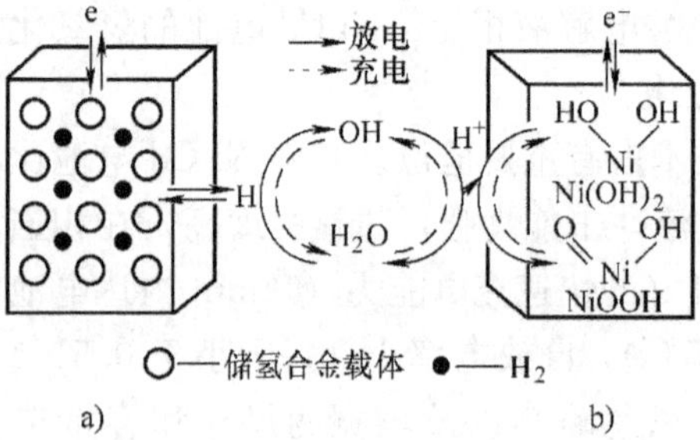

图 7-5 镍氢电池在碱性电解液中进行反应的模型
a）负极（储氢合金载体） b）正极（镍电极）

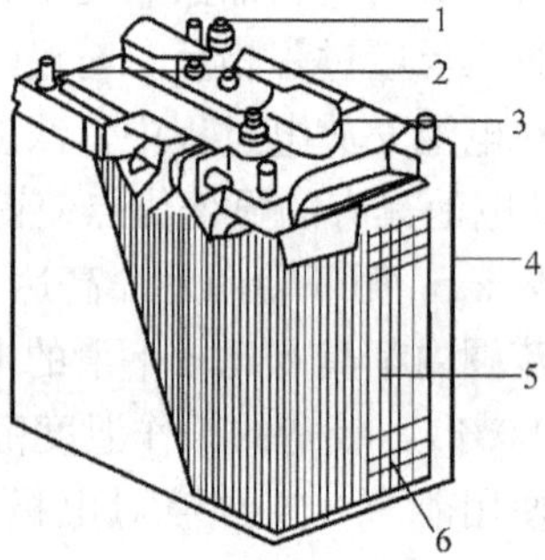

图 7-6 方形镍氢电池
1—接线柱 2—冷却水 3—集中冷却水循环系统
4—塑料外壳 5—分层电极板 6—支撑隔板

Ni-MH 电池和 Ni-Cd 电池大体上具有相同的结构，但是镍氢电池使用储氢合金（$MmNi_5$，Mm：混合稀土金属）取代了镉负电极。它除了具有高比能量的特点外，其他特征和 Ni-Cd 电池大体相同。由于 Ni-MH 电池在充电时容易发热，所以有必要对各单体电池进行有效的温度管理。另外，由于储氢合金比镉的初期投资大，因此 Ni-MH 电池是造价比较高的蓄电池，但它与其他蓄电池相比，循环寿命可达到 1000 次以上，使用寿命长。但是，由于储氢合金中含有稀有金属元素，所以如果不能实现完全的再循环利用，Ni-MH 电池将难以实现实用化。

3. 锂离子蓄电池

锂在所有金属中是最轻的，它可具有很高的热力学电压，由此导致非常高的比能量和比功率。锂基蓄电池按应用技术不同主要有两种：锂聚合物蓄电池和锂离子蓄电池。

（1）锂聚合物蓄电池　锂聚合物蓄电池（Li-P）分别采用锂金属和过渡族金属嵌入氧化

物（M_yO_z）为负极和正极。M_yO_z 具有层状结构，其中可嵌入锂离子，或由其内锂离子分别在放电和充电时迁移。应用了薄型固态聚合物电解质（SPE），以此设计提供了安全性和柔韧性的优良性能。其一般的电化学反应为：

$$x\mathrm{Li} + \mathrm{M}_y\mathrm{O}_z \xrightleftharpoons[\text{充电}]{\text{放电}} \mathrm{Li}_x\mathrm{M}_y\mathrm{O}_z$$

在放电时，负极上形成的锂离子通过固态聚合物电解质迁移，并嵌入正极物质的晶体结构之中。充电时，过程相反。在锂聚合物族电池中，Li/SPE/ V_6O_{13}是最具吸引力的一种。该电池工作的额定电压为 3V，比能量为 155W·h/kg，比功率为 315W/kg，其相应的优越性在于很低的自放电率（每月约 0.5%）、多种形状和尺寸的制造能力，以及安全性的设计（以固态电解质降低了锂的活性）。然而，由于温度与离子的电导率相关，故该电池具有相对弱的低温性能方面的缺陷。

（2）锂离子蓄电池　自 1991 年首次宣告锂离子蓄电池（Li-Ion）成果以来，其制造技术已有了空前的提高，它是目前理论上特性最优越的蓄电池。虽然依然处于发展阶段，锂离子蓄电池已经在电动汽车和混合动力电动汽车的应用中获得了认可。

Li-Ion 电池采用氧化锂嵌入碳中形成的物质（Li_xC）为负极，替代金属锂，以氧化锂的过渡族金属嵌入氧化物（$Li_{1-x}M_yO_z$）为正极，且应用有机溶液或固态聚合物为电解质。在放电和充电期间，锂离子迁移通过正负极之间的电解液。其一般性的电化学反应可描述为：

$$\mathrm{Li}_x\mathrm{C} + \mathrm{Li}_{1-x}\mathrm{M}_y\mathrm{O}_z \xrightleftharpoons[\text{充电}]{\text{放电}} \mathrm{C} + \mathrm{LiM}_y\mathrm{O}_z$$

放电时，负极上将释放锂离子，经电解液迁移，且被正极接纳；充电时，过程逆向进行，如图 7-7 所示。可采用的正极材料包括 $Li_{1-x}CoO_2$、$Li_{1-x}NiO_2$ 和 $Li_{1-x}Mn_2O_4$，它们对于锂嵌入反应，具有在大气状况下的稳定性、高电压和可逆性的优点。

Li-Ion 电池的比能量约为铅酸蓄电池的 3～4 倍，同时还能实现小型化，并且其单体电池的电压比其他类型的蓄电池高 2～3 倍，因而串联起来的电池数就少。Li-Ion 电池在充电时，发生的是吸热反应，具有温升少的特性，同时其内部阻抗也很小，在 2C（C 为额定电流）情况下充电，可以得到 90%以上的充（放电）能量效率。

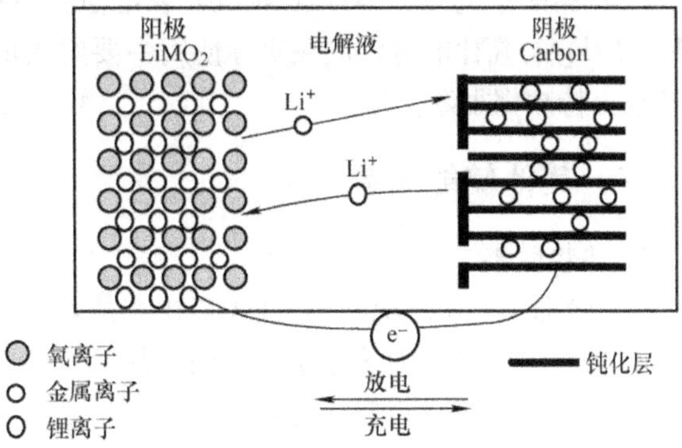

图 7-7　锂离子电池充放电原理

Li-Ion 电池由于比能量很高，所以容易出现着火等危险，此外，还存在各单体电池的均衡电压控制（根据并联均电流法）和锂资源的匮乏等许多尚未解决的问题。

4. 金属空气电池

金属空气电池采用金属负电极和空气正电极。空气是一种取之不尽的资源，电池使用了空气和常用的金属，并且具有很大的潜力提高比能量和能量密度，引起了开发者们极大的兴趣。金属空气电池具有电力充电方式和机械充电方式两种结构方案。常用的电力充电方式需要一个附加电极维持氧化作用或采用一个双功能电极以允许氧气的减少，机械充电方式通常采用更换金属电极的方法。

包括采用电力充电方式和机械充电方式的锌空气（Zn/Air）电池、机械充电方式的铝空气电池（Al/Air）在内的金属空气电池的显著优点为：高比能量和能量密度（Al 空气电池高达 600W·h/kg 和 400W·h/L），低价格（采用了常用金属材料和空气），良好的环保设计，平坦的放电曲线以及与负载和工作温度无关的容量特性。采用机械充电方式的空气电池应用于电动汽车的显著优点为：采用加料方式实现了快速充电（与燃油车的加油方式相似）以及集中充电/回收方式，高效环保地利用电能。可充电金属空气电池的普遍缺陷为：比功率低，工作温度范围有限，空气中的二氧化碳溶于水生成碳酸中和碱性电解液并释放氢气等。

5. 其他种类的蓄电池

除了上面介绍的四种蓄电池之外，电动汽车中用于试验的蓄电池还包含以下几种。

（1）钠硫蓄电池　钠硫（Na/S）蓄电池已经历经了 30 年的发展。Na/S 蓄电池在温度达 350℃后，其比能量高达 100W·h/kg，而且它的制造原料廉价并容易获得。这种类型的蓄电池有一部分为车载专用，但是，必须要配有维持其高温的保暖瓶，还要考虑蓄电池在损坏情况下的安全对策；而且在发生火灾等的情况下，蓄电池工作就被终止。

（2）钠/氯化镍电池　在 Na/S 电池出现了 10 年之后，又出现了钠/氯化镍（$Na/NiCl_2$）电池。该电池具有解决阻碍 Na/S 电池发展难题的巨大潜力。$Na/NiCl_2$ 电池在欧美被称为“ZEBRA（Zero Emission Battery Research Activity）battery”，即零排放、无污染的绿色电源。与 Ni-MH 电池和 Li-Ion 电池不同，它的最大特点是电池反应需要熔融状态（温度范围 260～360℃）的 Na，工作时需要使用加热器（平均需要 100W 左右的电能）保持 300℃左右的高温状态。因此，$Na/NiCl_2$ 电池不适合仅在节假日里作为乘用车动力源使用，而是最适合用于每天都使用的电动汽车。

（3）镍锌蓄电池　镍锌（Ni-Zn）蓄电池使用锌取代 Ni-Cd 蓄电池中的镉。可以得到 70～80W·h/kg 的高比能量，但在实际使用中要解决的问题（如寿命较短）还很多。其低温特性以及输出特性都很好。

三、其他储能装置

1. 飞轮储能

飞轮储能是 20 世纪 90 年代才提出来的新概念电池，它突破了化学电池的局限，用物理方法实现储能。飞轮储能具有转换效率和比功率高的特点，特别适用于混合动力汽车，但是其比能量较低，因此需要通过合理设计使飞轮装置可以满足功率和能量要求。

（1）飞轮储能装置结构　飞轮本体由碳纤维复合材料制造，在其内侧附有永久磁铁 7，飞轮 4 中的无刷电动机/发电机 8 为外转子式的结构，由于要求能达到超过 30000r/min 的高转速，所以选用了无传感器的控制方式。电动汽车专用的飞轮储能装置的结构如图 7-8 所示。

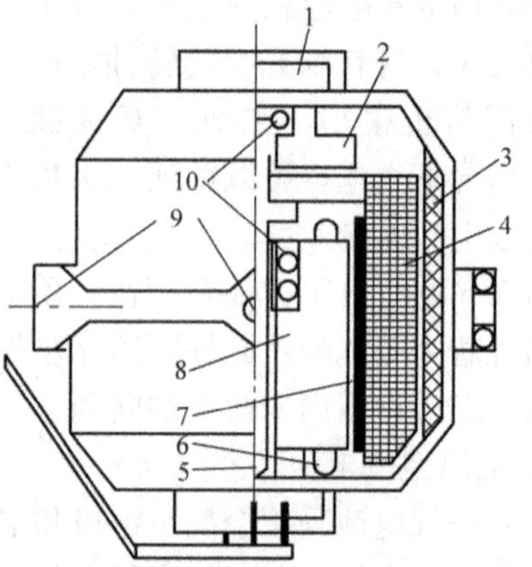

图 7-8　飞轮储能装置的结构

1—真空装置　2—磁性轴承　3—安全保护罩　4—飞轮　5—下部轴承　6—绕组　7—永久磁铁　8—电动机/发电机　9—万向支架结构　10—接触（停止）轴承

(2) 飞轮储能装置原理　飞轮储能的工作过程可分为三个阶段，即：飞轮充电阶段，外部电源通过输入电路给电机供电，此时，电机就作为电动机使用，它的作用是使飞轮加速，储存能量；能量保持阶段，飞轮空闲运转，整个装置就以最小损耗运行；飞轮放电阶段，当负载需要电能时，飞轮给电机施加转矩，此时，电机又作为发电机使用，通过输出电路给外部设备供电。

飞轮储存的能量 E 为

$$E = J\omega^2/2$$

式中　J——转动惯量（$kg \cdot m^2$）；

ω——飞轮转速（rad/s）。

由上式可知，飞轮储存的能量分别与转速的平方和转动惯量成正比。大直径小轴向尺寸的低速飞轮和小直径大轴向尺寸的高速飞轮可以储存相等的能量。飞轮转速越高，储存能量越大，但受飞轮转速和转子使用的材料强度的限制，转速不能无限提高。

(3) 与蓄电池的比较　飞轮储能装置的优点在于：储能效率高（转换效率高），与动力电池相比有很大的比功率潜力；同时，飞轮储能装置的寿命与放电电流大小无关，而且受外界温度影响小。

但是与蓄电池相比，飞轮储能技术不太成熟，成本高，因此影响了其在市场上的竞争力。此外，目前飞轮储能装置的比能量较低，且由于转子高速旋转，在断裂时释放能量的方式不可控，存在安全问题。

(4) 在电动汽车中的应用举例　与其他的长时间的能量储能装置相比，飞轮更擅长利用短时间的大电能，因此更适合混合动力电动汽车的使用。目前，德国、瑞士、美国均已经开发出实验性质的飞轮混合动力电动汽车（大客车）。

美国克莱斯勒汽车公司研发的飞轮混合动力电动赛车（Patriot），依靠飞轮进行快速加减速时候的能量管理系统。这个系统中含有 185kW 的燃气轮机/发动机/电动机，同时配有 370kW 的驱动专用电动机。飞轮的主要参数为：容量为 4.3kW・h，转速为 58000r/min，质量为 57kg，由碳素玻璃钢制造。这个系统作为构想是一个极具吸引力的系统，但是，由于也伴随着飞轮爆炸等的极具危险性的问题，所以它在实际中没有得到应用。

2. 超级电容器储能

超级电容器（Super Capacitor 或 Ultra Capacitor）又被称作双电层电容器。它是一种电荷的储存器，当电源连接在电容器两端时，电源的电荷就储存在电容器中。

(1) 超级电容器结构　超级电容器的一对集电极上装有固体活性材料，在两个集电极之间，装有电解液和绝缘层。电荷沿集电极和电解液成对排列，形成一个双层电容器，扩大了电容器的容量。采用碳纳米管结晶材料制造的电容器导电性好，比表面面积大，比表面利用率可达到 100%。双层超级电容器的结构如图 7-9 所示。

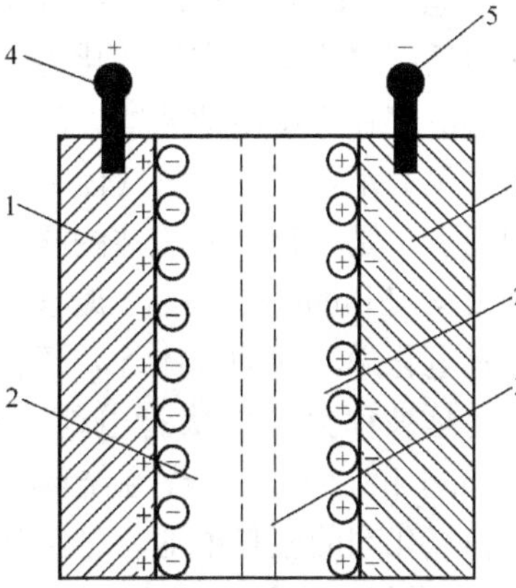

图 7-9　双层超级电容器

1—电容板　2—电解液　3—绝缘层　4、5—正负电极

(2) 超级电容器原理　采用双层电容技术是实现超级电容概念的主要措施。当在电极上极化电极加上电压时，由于电解质分子的趋耦合排列作用，在两电极的表面形成了一个双层电容。电容器的这种极化作用可以储存电能。

(3) 与蓄电池的比较　与同样尺寸传统的电容相比，超级电容所能储存的能量远远大于传统电容所储存的能量；但与同样尺寸的蓄电池相比，超级电容所能储存的能量小于蓄电池所储存的能量。然而超级电容的功率性能优于蓄电池，因为超级电容可以高速率放电，尖峰电流仅受内阻和超级电容大小的限制，故在储能装置的尺寸大小由功率决定时，采用超级电容可能是较好的方案。一般来说，超级电容极好的功率性能与蓄电池良好的储能性能组合在一起可能是最好的方案。

超级电容在其额定电压范围内可以充电至任一电压值，而放电时可以放出所有储存的全部电量，但动力电池只能在很窄的电压范围内工作，而且过放电会造成动力电池的永久性损坏；超级电容可以频繁地释放能量脉冲而不会产生有害的后果，但动力电池如果频繁地释放能量脉冲就会降低寿命；超级电容可以极快地充电，而动力电池如果快速充电则会损坏；超级电容可以有几十万次的充放电循环寿命，而动力电池只有几百次或几千次循环寿命。

(4) 在电动汽车中的应用举例　超级电容极低的比能量使得它近期内不可能单独用作电动汽车能量源，但使用超级电容作辅助能量源具有显著优点。电动汽车上使用的最佳组合为电池与超级电容混合能量系统，从而使得电动汽车对电池的比能量和比功率要求分离开来。电池设计可以集中于对比能量和循环寿命要求的考虑，而不必过多地考虑比功率问题。

马自达汽车有限公司于1997年12月发布的德米欧FCEV，是在电动汽车中同时配备了燃料电池和超级电容。其中，燃料电池作为主要的动力源可以进行均衡的放电，而超级电容用作在加速时为所必需的大电能进行快速放电和减速时回收电能进行快速充电。本田汽车公司近期公布的燃料电池汽车采用了超级电容器来储存燃料电池生成的能源，因此燃料电池汽车在加速期间能获得强大的推动力。另外，同时配有汽油发动机和超级电容的混合动力电动汽车的实例也很多。

第二节　燃料电池

燃料电池（Fuel Cell）是一种氢在氧化时化学能直接转换为电能的电能装置。燃料电池通过电化学反应将化学能直接转化为电能，其间没有热动能的转化，故转化效率高；由于燃料电池内部不存在机械传动装置，故噪声极低，且可靠性较高；当以纯氢为燃料时，其电化学反应产物仅为水，当以富氢气体为燃料时，其电化学反应产物含有少量二氧化碳，故其排放污染物极少，是一种十分清洁的能源方式。

1839年，William R. Grove最早进行了燃料电池的试验，他使用两个铂电极电解硫酸，除析出具有电化学活性的气体外，还在两极产生约1V的电势差。但那时燃料电池的概念还没出现，而是被称为气体伏打电池。其后一些学者相继对燃料电池进行了研究。1889年Ludwig Mond和Carl Langer在结构上对燃料电池进行了很大的改进，他们组装出的以氢与氧为燃料和氧化剂的燃料电池，已经和现代燃料电池有些近似了，可以说是实际燃料电池的原型。在20世纪60年代，燃料电池作为航空器的动力源得到了实际运用。

采用蓄电池作为电动汽车的唯一能源，使电动汽车的续驶里程有限，充电时间较长，这使得燃料电池有望在电动汽车上得到应用。同电化学电池相比，燃料电池的显著优点为：燃料电池电动汽车可达到与燃油车一样的续驶里程。这是因为燃料电池电动汽车的行驶里程仅与燃料箱中的燃料多少有关，而与燃料电池的尺寸无关。

一、概述

1. 燃料电池的分类

燃料电池的种类繁多，通常燃料电池可以依据其工作的温度、燃料种类、电解质类型进行分类。

1）按照工作温度，燃料电池可分为高、中及低温型三类。工作温度从常温至100℃的称为低温燃料电池，这类电池包括固体聚合物电解质燃料电池等；工作温度介于100～300℃的为中温燃料电池，如磷酸型燃料电池；工作温度在500℃以上的为高温燃料电池，这种类型的电池包括熔融碳酸盐燃料电池和固体氧化物燃料电池。

2）按照燃料的来源，燃料电池也可分为三类。

① 直接式燃料电池，即其燃料直接使用氢气，应用较广泛。

② 间接式燃料电池，其燃料不是直接使用氢气，而是通过某种方法把甲烷、甲醇或其他烃类化合物转变成氢或富含氢的混合气后再供给燃料电池，应用较广泛。

③ 再生燃料电池，指把燃料电池生成的水经适当方法分解成氢和氧，再重新输送给燃料电池进行发电，较少见到。

3）按照燃料电池的电解质类型分类。目前正在开发的商用燃料电池，依据电解质类型可以分成五大类，即碱性燃料电池（Alkaline Fuel Cell，AFC）、磷酸燃料电池（Phosphoric Acid Fuel Cell，PAFC）、质子交换膜燃料电池（Proton Exchange Membrane Fuel Cell，PEMFC）、熔融碳酸盐燃料电池（Molten Carbonate Fuel Cell，MCFC）和固体氧化物燃料电池（Solid Oxide Fuel Cell，SOFC）。其中，PEMFC被认为是车用燃料电池的最佳选择。

2. 燃料电池的工作原理

燃料电池实质上是电化学反应发生器。燃料电池的反应机理是将燃料中的化学能不经燃烧而直接转化为电能。氢氧燃料电池实际上就是一个电解水的逆过程，通过氢氧的化学反应生成水并释放电能。氢气和氧气分别是燃料电池在电化反应过程中的燃料和氧化剂，反应产生的电子在外电路的连接下形成电流，通过适当连接可以向负载输出电能。燃料电池装置的基本原理示意图如图7-10所示。

燃料电池的电化学总反应为：

$$H_2+1/2O_2 \rightarrow H_2O$$

燃料电池的工作原理与普通的电化学原电池和充电电池类似，都是通过电化学反应将化学能转换成电能，但两者之间还是有本质差别的。普通的原电池或充电电池是一个封闭系统。封装后它与外界只存在能量交换而没有物质交换，当电池内部的化学物质耗尽或反应条件发生变化时，系统就无法继续输出能量。而

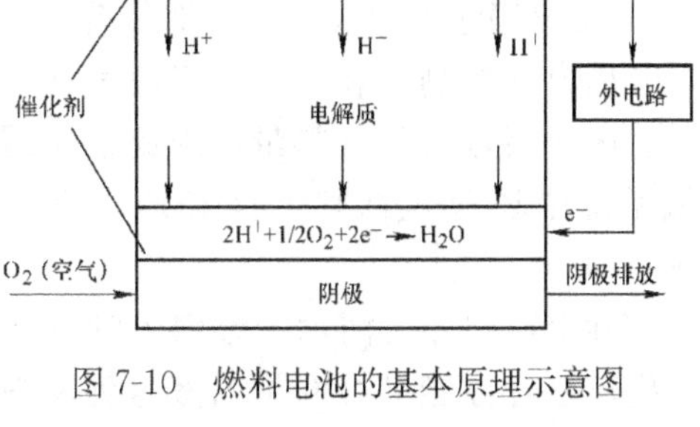

图7-10　燃料电池的基本原理示意图

燃料电池则不同，参与反应的化学物质，如氢和氧，是由燃料电池外部的单独供气系统供给的，只要保证物质供应的连续性，就可以保证能量输出的连续性。

从这个意义上来讲，燃料电池是一种能量转换装置，在工作时必须有能量（燃料）输入，才能产出电能。普通蓄电池是一种能量储存装置，必须先将电能储存到电池中，工作时只能输出电能，不需要输入能量，也不产生电能。这是燃料电池与普通电池本质的区别。

3. 燃料电池的车载供氢系统

燃料电池电动汽车使用的燃料有氢气、醇类和汽油等碳氢化合物。其中，氢气可以作为燃料直接使用，醇类、汽油等碳氢化合物则必须通过车载重整制氢才能使用。因此，燃料电池汽车的供氢系统可分为车载储氢和车载制氢两大类。

（1）车载储氢　车载纯氢储存方法主要分为高压氢气储存、液态氢储存、金属储氢、活性炭吸附储氢和碳纳米材料储氢等几种。

1）高压氢气储存。用氢气压缩机把氢气压缩灌入到车上携带的压力容器中，是目前最简单和最常用的车载纯氢储存方法。燃料电池大客车主要采用这种车载储氢方法。车载高压氢气储存供应系统由储气瓶组、压力表、滤清器、减压器、单向阀、电磁阀、手动截止阀及管路等组成。

耐高压的氢压力容器及材料是车载高压氢气储存方法的关键。国外非常重视先进的高压储氢容器的开发，技术较成熟的是合金铝容器，外用碳纤维加强，内胆为抗氢脆的聚合物材料。国外储氢钢瓶典型的工作压力范围为15～40MPa，常用工作压力为20MPa。我国大量使用的是钢瓶储氢，以合金钢制成的压力容器，储氢压力为15MPa时，氢的装载量仅占容器质量的1%，体积储氢容量约0.008kg/L，不太适用于车载储氢。最近国内一些单位也在研制工作压力为20MPa的复合材料气瓶。

车载高压氢气储存技术是目前最简单和最常用的方法，但也存在安全和实施方面的问题。安全方面：高压容器本身就需要特殊的照顾与维护，况且容器中装的易燃、易爆、易渗漏的氢气，车祸时可能有严重的后果。实施方面：容器压力越高，充氢站的建设，压缩运行所花的代价越高。

2）液态储氢。车载液氢储藏系统由客车顶部（轿车及轻型车在地板下或侧后方）的液氢储藏罐、压力控制装置及管路等组成。一些燃料电池电动大客车和燃料电池轿车已经采用了车载液氢储存方法。

由于氢气的液化温度非常低，通常约在$-252.8℃$以下，因此，储氢结构设计主要考虑绝热问题。如图7-11所示，液氢储藏罐外壳由超绝热材料包裹，设有（液氢）进出口1、安全排气管3。其内部装有液位计5和压力（控制）装置。由于液氢在气化过程中要吸收大量的热量，因此在车载液氢系统中还应包括热交换和压力调节系统。

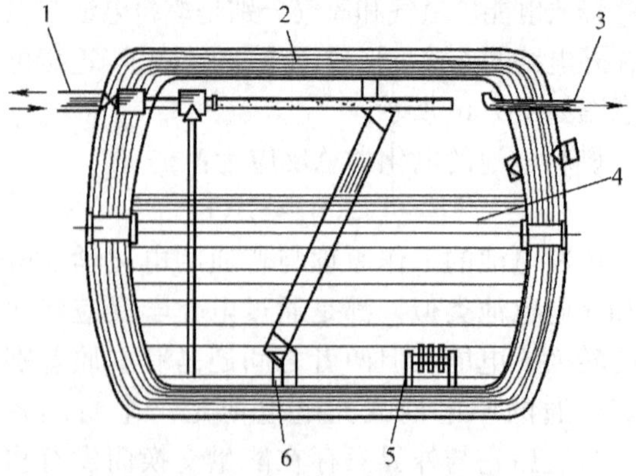

图7-11　典型的液氢储藏罐示意图
1—液氢进出口　2—超绝热材料　3—安全排气管　4—液氢　5—液位计　6—压力表

实际上，国外所演示的燃料电池汽车中，整车综合性能最好的是以液氢为燃料的，其根本原因就是用液氢储存燃料系统的体积与质量最小。液氢是密度仅为0.0708kg/L（约−252.8℃）的液体，以10kg左右的液氢为例，容器的质量容量可达10%以上，要远高于其他的储氢方法。

但是，由于低温容器的热漏损及液氢的生产、储存、运输、向车上加注和氢必须消耗大量的能量等问题，使得目前实施规模化的车载液态储氢非常困难。

3）金属储氢。金属氢化物储氢是金属与氢形成氢化物的储氢方法。将金属氢化物加热，则金属氢化物分解脱氢而得 H_2。有些金属氢化物储氢密度可达标准状态下氢气的1000倍，与液氢相同甚至超过液氢。此外，金属氢化物还具有氢气纯化、压缩等功能。

目前，金属储氢主要存在充放氢速度慢、易于粉化、传热效果不佳、价格昂贵等问题。

4）活性炭吸附储氢。活性炭低温吸附具有相当好的储氢能力，在−196℃、4.2MPa时，活性炭的储氢质量分数约5%。但是考虑到−196℃的低温及4.2MPa的压力，活性炭吸附储氢兼有高压容器法和液氢法的弱点，在燃料电池汽车上应用也不可行。

5）碳纳米材料储氢。纳米碳管被认为是一种非常有潜力的高容量的储氢材料。一些研究者则报道纳米碳管在室温下其储氢质量分数达到6.5%（满足美国能源部燃料电池汽车对储氢材料要求的基准），但这一结果有待进一步验证。此外，纳米碳管目前还未解决其规模制备的方法，因此价格昂贵。即使纳米碳管有较高的储氢容量，但纳米碳放氢难，放氢的容量低，放氢速率低，实际应用困难，其技术的发展还难以预测，至少在较短的时间内，它在燃料电池汽车上应用是不现实的。

（2）车载制氢　用于车载制氢的燃料可以是醇类（甲醇、乙醇、二甲醚等）、烃类（汽油、柴油、甲烷、液化石油气等），还有其他类型的物质也可以作为制氢原料，如金属或金属氢化物等。

由于甲醇是大宗化工产品，在能源与环保的压力下，世界许多国家，特别是我国对甲醇作为汽车替代燃料已经做了大量的工作，在部分地区有甲醇汽车在使用，也有用甲醇添加汽油作燃料的。从技术上看，甲醇制氢的温度较低，制氢反应容易实现。特别值得注意的是，甲醇重整制氢燃料电池汽车，如戴姆勒-克莱斯勒公司的Necar-5已于2002年开发成功。因此，与其他几种燃料原料相比，甲醇车载重整制氢燃料电池汽车的技术较为可行。

车载甲醇重整制氢一般包括了重整、变换、一氧化碳脱除及燃烧等几个过程。车载甲醇重整制氢系统的原理如图7-12所示。

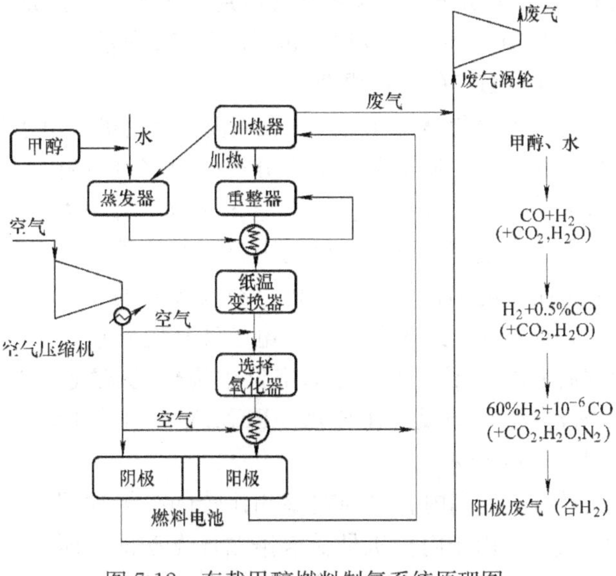

图7-12　车载甲醇燃料制氢系统原理图

（3）燃料电池汽车对燃料电池的要求　燃料电池可以持续地进行发电，但不能时开时停，也不能接受燃料电池汽车在制动和下坡时所反馈的电能；需要配备其他形式的蓄电池来储存燃料电池的多余电能和在制动和下坡时所反馈的电能；要求达到或超过美国先进电池联合体（USABC）提出的电池性能指标水平。

1）由单元电池组成的燃料电池组的比能量不低于150～200W·h/kg，比功率不低300W/kg。达到或超过USABC提出的电池性能指标水平。

2）各种辅助装备的外形尺寸和质量应尽可能地减少，符合燃料电池汽车的要求。

3）燃料充添方便迅速，燃料电池能够打开进行电极、电解质和催化剂的修理和更换。

4）可以在常温条件下工作，不会发生燃料气体和电解液的泄漏或结冰，有可靠的安全性能。

5）可以在负荷变化情况下正常运转，各种结构件有足够的强度和可靠性，能够耐受燃料电池汽车行驶时的振动和冲击。

二、质子交换膜燃料电池

质子交换膜燃料电池（Proton Exchange Membrane Fuel Cell，PEMFC）是指以质子交换膜作为电解质的电池，又称固体高分子电解质燃料电池（Polymer Electrolyte Membrane Fuel Cell）。PEMFC是继AFC、PAFC、MCFC、SOFC之后正在迅速发展起来的第五代燃料电池。20世纪60年代，美国杜邦公司（Du Pont）研发的全氟磺酸离子交换膜出现后，质子交换膜燃料电池（PEMFC）得到迅速的发展。20世纪60～70年代，美国开始将燃料电池用于“双子星”号和“阿波罗”号航天飞机上；20世纪70年代美国开始将PEMFC用于电动车辆上；20世纪80年代，德国将燃料电池应用在潜艇上作为动力电源。经过20多年的发展和改进，PEMFC的性能有了快速的提高。PEMFC的能量转换效率理论上可达到70%～80%，现在各国研发的PEMFC实际能量转换效率已达到50%～60%。加拿大Ballard公司生产的PEMFC如图7-13所示。

图7-13 质子交换膜燃料电池

1. PEMFC的工作原理

外部供给的燃料（氢气）在阳极（燃料极）由于催化剂的作用发生氧化反应变成了质子（H^+）和电子。质子和数个水分子一起穿过电解质（质子交换膜），到达阴极（空气极）。另一方面，电子穿过有电子导电性的电极，经过外部的负载电路（电动机等）向阴极（空气极）的方向移动。从外部电路转移而来的电子和从电解质中转移而来的质子，利用外部空气中提供的氧气，在阴极发生还原反应生成水。PEMFC的工作原理如图7-14所示。

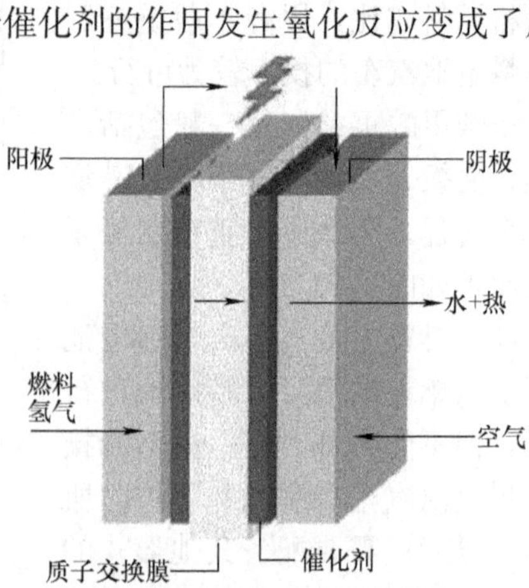

图7-14 PEMFC的工作原理

燃料电池和内燃机的效率相比较的结果如图7-15所示。由于内燃机是受卡诺循环支配的，所以一般情况下，工作温度越高，效率就越高，并且在发电规模比较大的系统中，效率也是比较高的。另一方面，燃料电池中，由于直接把化学能转换为电能，所以效率是很高的，而且，它的效率变化受负载变化的影响也很小。

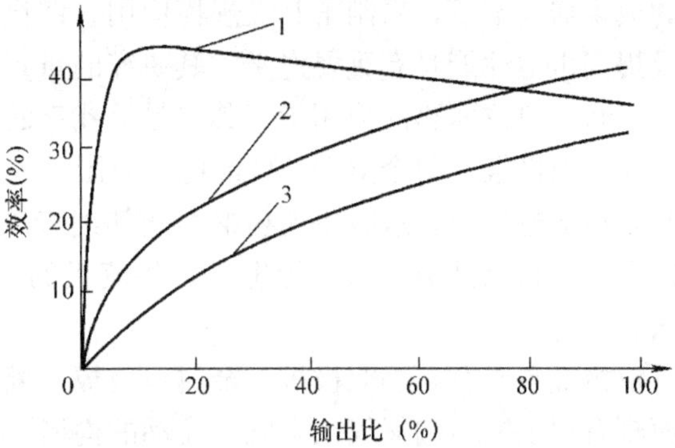

图 7-15 燃料电池和内燃机的效率的比较
1—燃料电池（甲醇改性） 2—柴油发动机 3—汽油发动机

由于汽车大多是在负载范围和输出功率比较小的情况下运行的，在这种情况下，高效率的燃料电池是比内燃机更合适的能源。此外，其在反应中排出气体的主要成分是水蒸气，而且反应在比较低的温度下进行，所以不会生成 NO_x。从这些方面来看，燃料电池是环境性很优越的汽车专用的能源。

2. PEMFC 的结构

PEMFC 的单体结构如图 7-16 所示。PEMFC 主要由膜电极组件和双极板组成。PEMFC 的电解质是固体聚合物质子交换膜，两侧是阴、阳两个多孔电极。为了减少阻力，加快反应速度，阴、阳两极需要紧密接触到固体电解质上。因此在制作电极时，需要将电极与膜压合到一起，所以 PEMFC 的电极（阴极、阳极）与膜（质子交换膜）被视为一个整体，称为膜电极组件，它是 PEMFC 的核心部分。阴极和阳极又分别包括双极板（集流板）、流道、气体扩散层、催化层。

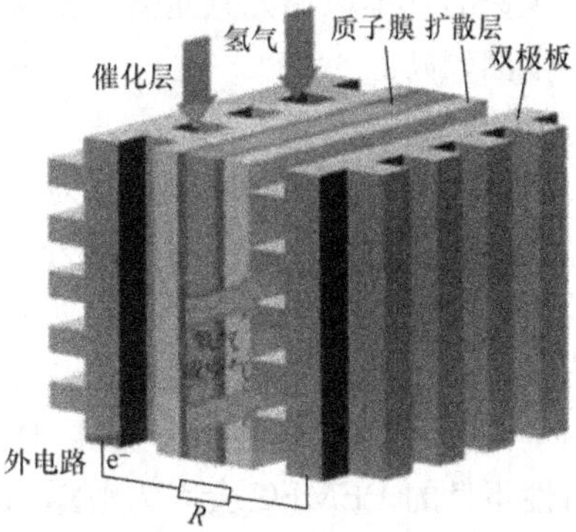

图 7-16 PEMFC 单体结构示意图

（1）质子交换膜 质子交换膜是 PEMFC 的核心部件，其性能的优劣直接影响着燃料电池的工作性能。质子交换膜是一种厚度仅为 50～180μm 的膜片，是电极活性物质（催化剂）的基底，其微观结构非常复杂。质子交换膜兼有隔膜和电解质的作用。其隔膜功用就是阻止阴极和阳极之间气体相通以及电子透过，防止氢氧混合气爆炸；其电解质的功用是仅使质子通过，这样电子就被迫通过外电路流动向外输出电能。

目前常用的质子交换膜为全氟磺酸型固体聚合物，质子可以自由地通过电解质在膜中迁移，但是质子的移动受质子交换膜润湿条件的制约，膜润湿越好，质子传递阻力越小，也就越容易通过。如果质子交换膜干涸，质子传递则受阻，燃料电池性能就下降。

（2）催化剂 催化剂是质子交换膜燃料电池的另一项核心技术。质子交换膜燃料电池的阳极反应为氢的氧化反应，阴极为氧的还原反应。为了加快电化学反应的速度，气体扩散电极上都含有一定量的催化剂。催化剂包括阴极催化剂和阳极催化剂两类。对阴极催化剂的要求是要有足够的催化活性和稳定性。阳极催化剂的选用原则与阴极催化剂的选用原则是相似的，但阳极催化剂应具有抗 CO 中毒的能力，对于使用烃类燃料重整的质子交换膜燃料电池系统，阳极催化剂系统尤其应注意这个问题。

目前，国内外催化剂采用贵金属 Pt 作为电催化剂。虽然它对两个电极反应均具有催化活性，而且可以长期稳定工作，但由于Pt的价格昂贵、资源匮乏，使得质子交换膜燃料电池的成本居高不下，限制了其大规模应用。催化剂的研究对降低质子交换膜燃料电池的成本以及提高电池性能具有重要意义，其研究的重点主要在两个方面：其一是尽量提高Pt的利用率，减少单位面积的使用量；其二是寻找新的价格较低的非贵金属催化剂。

（3）双极板　单个PEMFC的电压有限，为了取得更高的电压，需要把若干个单体电池叠起来组成电池组。这时集流板的两侧都刻有流场，一侧为阴极流场，另一侧为阳极流场，所以也称之为双极板。除了导电外，集流板的主要作用还包括导流燃料和氧气以及导流冷却水。

双极板主要有石墨双极板、金属双极板、复合型双极板等几种类型。双极板面向电极的表面刻有用于燃料和氧气（空气）流动的沟槽。双极板中间的沟槽是冷却水的通道，用来带走反应生成的富余热量。

双极板的设计主要考虑导电性能、密封、气体分布和水、热的排除等。目前制作双极板的材料主要有石墨、表面改性的金属、炭黑-聚合物合成材料等，其制造工艺已经比较成熟。对于实用的PEMFC而言，双极板主要考虑用低成本材料，如碳或碳的合成材料，这一点对于大规模的汽车应用尤其重要。然而，即使采用无孔碳板作为极板的原材料，双极板的加工成本依然较高。

3. PEMFC电堆

PEMFC产生的标准电动势为1.23V，但是由于空气极和燃料极的气体泄露损失等原因，实际只能达到1V左右。此外，在有外部负载的情况下，内部阻抗的存在也会引起损失，输出电压会进一步下降。在实际中电动汽车采用PEMFC时，是将单体电池以叠加的结构形式串联连接组成电池组，得到100～300V的电压之后再使用，称之为PEMFC电堆，如图7-17所示。在模压成整体的PEMFC电堆中，各个单体电池之间的密封性要求很高，密封性不良的PEMFC会因为泄露而降低氢气的利用率，使PEMFC的效率降低。

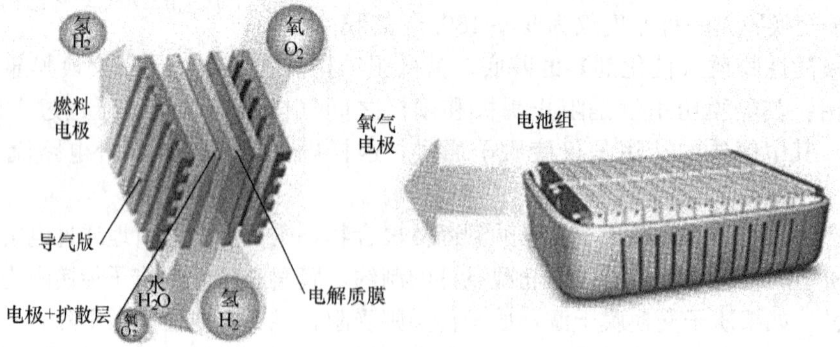

图7-17　PEMFC电堆

4. PEMFC的水、热管理

水、热管理是PEMFC发电系统的重要环节之一。电堆运行时，质子交换膜需要保持一定的湿度，反应生成的水需要排除。不同形态的水的迁移、传输、生成、凝结对电堆的稳定运行都有很大影响，这就产生了PEMFC发电系统的水、热管理问题。通常情况下，电堆均需使用复杂的纯水增湿辅助系统用于增湿质子交换膜，以免电极“干死”（质子交换膜传导质子能力下降，甚至损坏）；同时又必须及时将生成的水排出，以防电极“淹死”。由于质子交换膜燃料电池的运行温度一般在80℃左右（此时其运行效能最好），因此反应气体进入电堆前需要预加热，这一过程通常与气体的加湿过程同时进行。电堆发电时产生的热量将使电堆温度升高，必须采取适当的冷却措施，以保持质子交换膜燃料电池电堆工作温度稳定。这些通常用热交换器与纯水增湿装置进行调节，并用计算机进行协调控制。

5. PEMFC的特点

（1）优点　质子交换膜燃料电池备受关注，主要是由于它与传统能源相比有着诸多优点：

1）高效节能，通过氢的氧化合作用，直接将化学能转化为电能，能量转化效率高达50%～60%。

2）使用固体电解质膜，可以避免电解质腐蚀。

3）环境友好，可实现零排放，其唯一的排放物是纯净水或水蒸气，运行噪声低，是环保型能源。

4）工作电流大，比功率高，比能量大。

5）可靠性高，维护方便。PEMFC内部构造简单，无机械运动部件，工作时仅有气体和水的流动，电池模块呈现自然的“积木化”结构，使得电池组的组装和维护都非常方便，也很容易实现“免维护”设计。

6）发电效率受负荷变化影响很小，非常适合用作分散型发电装置，也适于用作电网的“调峰”发电机组。

7）冷起动时间短，可在数秒内实现冷起动。

8）设计简单，制造方便，体积小，重量轻，便于携带。

9）燃料的来源极其广泛，可通过天然气和甲醇等进行重整制氢，也可通过电解水制氢、光解水制氢、生物制氢等方法获取氢气。

10）效率高。燃料电池的化学反应不受卡诺循环的限制，理论上能量效率可接近80%，实际效率已达50%～70%。

11）清洁无污染。氢/氧燃料电池的产物只有水，属于零排放或接近零排放（考虑到燃料重整时）。

12）效率随输出功率变化的特性好。燃料电池的效率在额定功率附近可达60%；部分功率下运行时效率会高于额定功率下的效率，可达约70%；过载功率下运行时效率略低于额定功率的效率，可达50%～55%。燃料电池的效率随输出功率变化的特性比内燃机更适合于汽车的实际运行。

13）过载能力强。燃料电池的短时过载能力可达200%的额定功率，更适合于汽车的加速、爬坡等工况。

（2）缺点　质子交换膜燃料电池在未来的发展还面临很大的挑战，必须克服它自身的一些缺点：

1）质子交换膜的价格高，生产所需技术高，能生产的厂家少。

2）对CO敏感，需要尽可能降低燃料中CO的浓度，以避免催化剂中毒。

3）目前由于主要以贵金属铂作为催化剂，因此催化剂成本高。

4）寿命短，在使用的过程中容易出现性能的衰减。

因此，质子交换膜燃料电池要想迈上商业化的道路还有很长的路要走，必须在质子交换膜的改性、开发低廉并存储量大的元素作为催化剂、提高电池寿命等方面有较大突破，才能降低燃料电池成本，使燃料电池尽早提上商业运作日程。

6. 在燃料电池汽车上的应用举例

搭载 PEMFC 的汽车（以下简称 FCEV）的基本结构如图 7-18 所示。电动汽车也有行驶模式要求加速等情况下的瞬时大功率输出。要满足这个特性，就会导致 PEMFC 设计上的大型化。此外，汽车在减速的时候，通过使用电动机也可以进行电能的回收，但是不能通过 PEMFC 直接对这种回收电能进行储存也是个问题。因此，FCEV 是与蓄电池组合，以混合的方式被设计的。

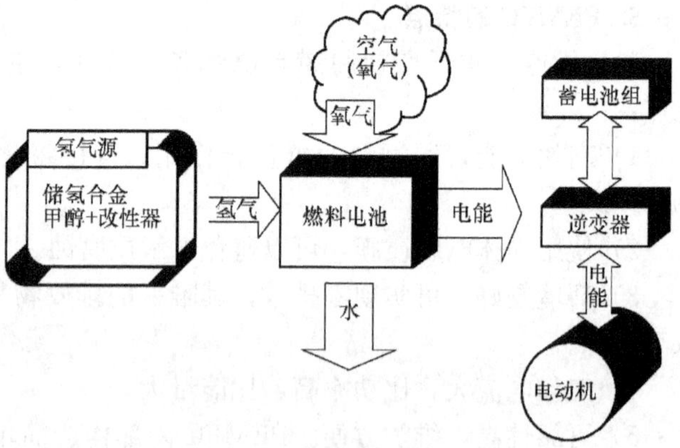

图 7-18 FCEV 的基本结构

在 2008 年底特律车展上，克莱斯勒汽车公司发布了 EcoVoyager 燃料电池汽车，如图7-19所示。该车也采用了电-电混合燃料电池技术，使用 45kW 质子交换膜燃料电池（PEMFC），同时装备了 16kW · h 的锂电池，氢气存储方式为高压氢气，压力为 700bar（10,000psi）（1bar$=10^5$Pa），具备制动能量回馈功能，0～100km/h 加速时间为 8.8s，最高时速可达 184km/h，总续驶里程为 480km，纯动力电池驱动模式（仅使用二次电池）下可行驶 64km。

图 7-19 装用 PEMFC 的克莱斯勒 EcoVoyager 燃料电池轿车

三、其他类型的燃料电池

根据电解质性质的不同，除质子交换膜燃料电池之外，燃料电池还有碱性燃料电池、磷酸燃料电池、熔融碳酸盐和固体氧化物燃料电池四种。五种燃料电池主要性能简单的比较见

表 7-2。

表 7-2　五种燃料电池的主要性能比较

燃料电池	典型电解质	工作温度/℃	优　点	缺　点	效率（%）
碱性燃料电池	$KOH\text{-}H_2O$	80	1）起动快 2）室温常压下工作	1）需以纯氧作氧化剂 2）成本高	70
磷酸燃料电池	H_3PO_4	200	对 CO_2 不敏感	1）对 CO 敏感 2）工作温度较高 3）低于峰值功率输出时性能下降	40
固体氧化物燃料电池	$ZrO_2\text{-}Y_2O_3$	1000	1）可用空气作氧化剂 2）可用天然气或甲烷作燃料	工作温度高	>60
熔融碳酸盐燃料电池	Na_2CO_3	650	1）可用空气作氧化剂 2）可用天然气或甲烷作燃料	工作温度高	>60
质子交换膜燃料电池	含氟质子交换膜	80～100	1）寿命长 2）可用空气作氧化剂 3）工作温度低 4）起动迅速	1）对 CO 敏感 2）反应物需要加湿 3）成本高	>60

1. 碱性燃料电池

碱性燃料电池（AFC）为第一代燃料电池，它以强碱（KOH、NaOH 等）为电解质，氢气为燃料，效率高且环境友好。与其他应用酸性电解质的燃料电池相比，AFC 可以有效防止电极的腐蚀，有极高的可靠性。在美国，AFC 多次安全、可靠地应用于阿波罗登月飞行和航天飞机中；欧洲航天局（ESA）在 20 世纪 80～90 年代资助发展 AFC 作为载人空间飞行动力；我国也在 20 世纪 70 年代形成了一个 AFC 的研制高潮，并发展了多种型号的 AFC。目前 AFC 技术发展比较成熟，价格也相对比较低廉，但由于其使用具有腐蚀性的液态电解质，有一定的危险性且系统复杂。

2. 磷酸燃料电池

为了降低采用富氢气体代替纯氢所带来的 AFC 系统的复杂化和高造价，20 世纪 70 年代末，各国科学家开始研究以酸为电解质的酸性燃料电池。磷酸燃料电池（PAFC）以磷酸为电解质，其设计目的是为了能使用天然气为燃料。PAFC 既可用于大规模供电，也可用于小区供电和不间断电源等，目前兆瓦级别的 PAFC 早已成功运行，千瓦级别的 PAFC 也已实现了商业化。虽然 PAFC 技术目前已比较成熟，但仍有很多缺点难以克服，如由于酸的阴离子吸附等原因，导致氧的电化学还原速度比碱性电池中慢得多。另外，磷酸的腐蚀性也比碱强很多，很容易造成电极的腐蚀。

3. 熔融碳酸盐燃料电池

熔融碳酸盐燃料电池（MCFC）属于第三代燃料电池。MCFC 工作时的导电离子为 CO_3^{2-}，而且与其他类型燃料电池不同的是，二氧化碳分别为其阴极反应物和阳极产物。MCFC 的工作温度为 650℃左右，排热品位高，其余热可用来压缩反应气体以提高电池性能，可以用于供暖；燃料适应性很广，可以使用多种初级燃料；催化剂不用贵金属，成本较低。MCFC 有较好的应用前景，如能解决电池关键材料的易腐蚀等问题，可在电站领域迅速实现商业化。

4. 固体氧化物燃料电池

固体氧化物燃料电池（SOFC）采用固体氧化物为电解质，其导电离子为 O^{2-}。SOFC 有很多显著的优点，如电池结构为全固体，避免了液态电解质的腐蚀和流失等问题；工作温度为 900～1000℃，使电极反应过程相当迅速，无须采用贵金属电极，电池成本大大降低，并且余热质量很高，能量综合利用率高；另外燃料使用范围广，可使用 H_2、CO 以及天然气、煤气及其他碳氢化合物等作为燃料。但目前 SOFC 的电池组装相对较困难，由高温引起的问题也较多。SOFC 的研究以美国、德国和日本的进展最为迅速，它们的很多公司早就研制出了千瓦级别的 SOFC。我国 SOFC 的研究处于起步阶段，国内中国科学院上海硅酸盐研究所、中国科学院大连化学物理研究所、中国科学院化工冶金研究所以及中国科技大学和吉林大学等都在进行 SOFC 的研发。目前，SOFC 的发展趋势是：一方面积极加速其商业化进程；另一方面，研发中温 SOFC 以解决高温所带来的一系列问题。

第三节 电 动 机

EV、FCEV 是纯粹依靠电动机驱动的车辆，HEV 则是利用电动机驱动作为辅助动力来降低燃料的消耗和实现低排放，或在纯电动驱动模式时实现零排放。因此，EV、FCEV 和 HEV 上都配备了电动机。

电动机驱动系统的组成及功能如图 7-20 所示，其功用是在驾驶员的控制（加速和制动踏板）下，高效率地将蓄电池（燃料电池或发电机）的能量转化为车轮的动能，或者将车轮上的动能反馈到蓄电池中。从功能的角度看，电动汽车的电动机驱动系统可分为电气和机械两大部分。电气系统由电动机、功率转换器和电子控制器等三个子系统组成；而机械系统主要包括机械传动装置（可选的）和车轮。电子控制器分为三个功能单元：传感器、中间连接电路与处理器。传感器把测得的数据，如电流、电压、温度、速度、转矩以及电磁通等，转变为电信号，通过连接电路把这些电信号调整到合适的值后输入到处理器。处理器的输出信号通常经过中间电路放大，驱动功率转换器的半导体元件。在驱动和能量再生过程（指把车轮上的动能反馈到蓄电池的过程）中，能量源与电动机之间的能量流动是通过功率转换器进行调节的。电动机与车轮通过机械传动装置连在一起，该传动装置是可选的，因为电动机也可以直接装在车轮上，用电动轮直接驱动。图 7-20 中虚线表示制动能量回收系统，不同的车辆略有不同。

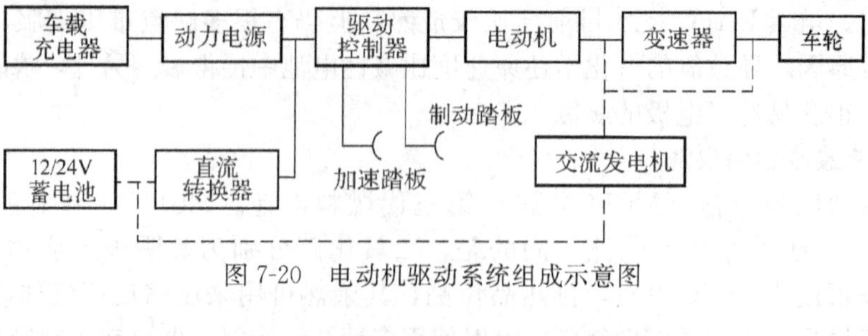

图 7-20 电动机驱动系统组成示意图

一、概述

1. 电动汽车驱动电动机的分类

适用于电力驱动的电动机可分为直流电动机（将直流电能转换为机械能的电动机）和交流电动机（将交流电动机转换为机械能的电动机）两大类，如图 7-21 所示。目前在电动汽车上常用的电动机有四种，分别为直流电动机、异步电动机、永磁电动机和开关磁阻电动机。

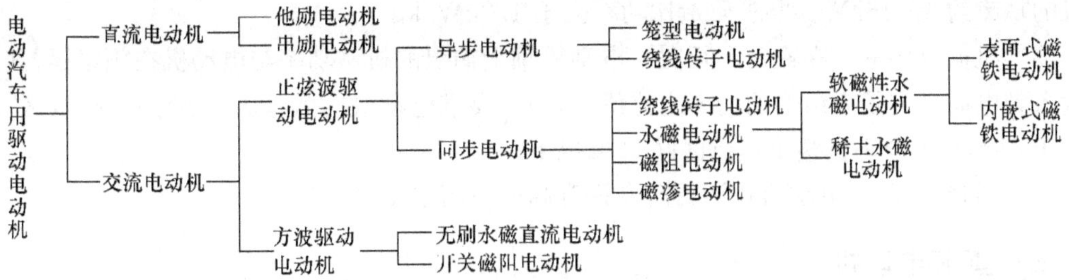

图 7-21　电动汽车驱动电动机的分类

2. 电动汽车对驱动电动机的基本要求

与常规工业电动机不同，电动汽车的驱动电动机通常要求能够频繁地起动/停车、加速/减速，低速或爬坡时要求高转矩，高速行驶时要求低转矩，并要求变速范围大；而工业驱动电动机通常优化在额定的工作点。因此，电动汽车驱动电动机比较独特，应单独归为一类。

电动车辆对电动机性能的基本要求为：

1）电动机应具有较大的起动转矩和较大范围的调速性能，以满足起动、加速、行驶、减速、制动等所需的功率与转矩。还应具有自动调速功能，以减轻驾驶员的操纵强度，提高驾驶的舒适性，并且能够达到与内燃机汽车加速踏板同样的控制响应。

2）能够承受 4～5 倍的过载，以满足短时加速行驶与最大爬坡度的要求，并能够实现四象限的运转，高效率地回收电动车辆在制动时反馈的能量。

3）高电压、高转速。有利于提高电动机的比功率，减小电动机的尺寸，降低电动机的质量及各种控制装置和导线的截面积。有利于在电动车辆上安装和布置，并可以降低成本。

4）电动机有良好的可靠性、耐温和耐潮湿，运行时噪声低，可以在恶劣的环境条件下长时期地运转。

5）质量轻，体积小，结构简单、使用维修方便，适合批量生产。

3. 电动机的主要性能参数

电动机输出轴功率和各种性能指标为：

（1）额定电压 U_e(V)　在额定运行时，电动机定子绕组应输入的线电压值，一般三相交流电为 380V，单相交流电为 220V。

我国研发的电动车辆用电动机的工作电压大多数为 120～400V，要求蓄电池组、超级电容器、燃料电池发动机等电源提供的直流电压超过 400～500V。

（2）额定电流 I_e(A)　在额定电压下，电动机轴上输出的机械功率为额定功率时，电动机定子绕组通过的线电流值。

（3）额定转速（r/min）　在指定的频率（我国为 50Hz）时，电动机在额定电压下，电动机输出轴上输出的机械功率为额定功率时的电动机的转速。

根据电动车辆速度、动力性能的要求，需要选择不同转速的驱动电动机，一般低速电动机的转速为 3000～6000r/min，中速电动机的转速为 6000～10000r/min，高速电动机的转速为 10000～15000r/min。

（4）额定功率 P_e(kW)　在额定运行时电动机轴上输出的机械功率

$$P_e = U_e I_e \eta_e$$

轿车电动机的功率约为30～50kW，客车和货车电动机的功率约为50～150kW。ISG电动机的功率约5～15kW。要求质量比功率大于1.2kW/kg。

（5）机械效率 η_e　在额定运行时，电动机轴上输出的机械功率与电动机在额定运行时电源输入到电动机定子绕组上的功率之比值（%）。要求电动机的效率大于93%，高效区（效率大于85%）占电动机整个运行区间50%以上。

（6）温升（℃）　电动机在运行时允许升高的最高温度。

二、直流电动机

直流电动机是1883年英国人发明的，后来经过不断的发展，形成如今成熟的一种将电能转化成机械能的装置，在日常生活和工程技术等领域获得广泛的应用。直流电动机可分为采用电磁铁的励磁绕组式电动机和采用永久磁铁的永磁式电动机。前者有励磁绕组且磁场可由直流电流控制，而后者没有励磁绕组且永磁体的磁场是不可控制的。中、小功率电动机采用的是永磁电动机（PM直流电动机），而大功率的电动机大多采用的是串励、并励以及复励电动机等有励磁绕组的电动机。由于技术成熟，控制简单，它们在各种电动汽车驱动系统中有广泛的应用。

1. 直流电动机的工作原理

当一载流导线放置在磁场中时，则将产生作用于导线上的磁场力。该力垂直于导线和磁场。此磁场力与导线长度、电流大小，以及磁感应强度成正比。

由主磁极的励磁磁动势单独建立的磁场是电动机的主磁场，有时也称之为励磁磁场。励磁方式是指励磁绕组的供电、产生励磁磁动势而建立主磁场的方式。根据励磁方式的不同，直流电动机可以分为他励和自励两类。他励电动机的励磁绕组与转子电枢的电源分开。他励直流电动机能够通过分别控制它的励磁电流 I_f 和电枢电流 I_a，来实现对他励直流电动机的控制。他励直流电动机具有线性特性和稳定输出特性，可以扩大其调速范围，能够实现在减速和制动时的再生制动，回收一部分能量。他励直流电动机的励磁电路如图7-22a所示，由其他直流电源单独供给，而与电枢绕组无连接关系。自励直流电动机的励磁电流由自身供给，根据励磁绕组与电枢绕组的连接关系，又可以分为并励、串励和复励三种。并励直流电

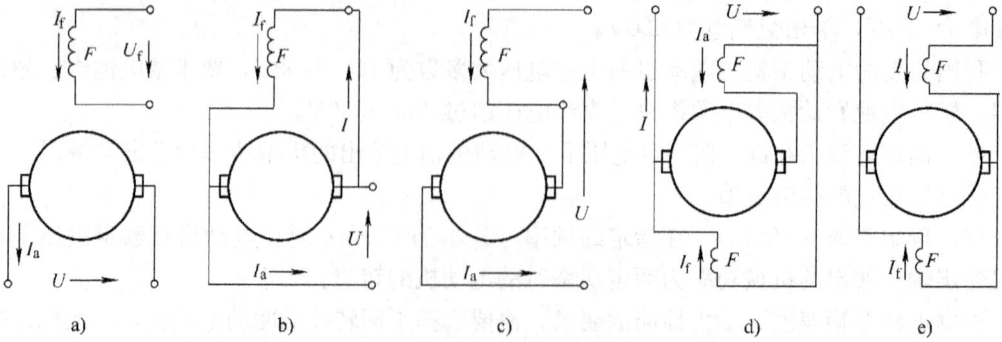

图7-22　各种励磁方式的电动机

a）他励　b）并励　c）串励　d）积复励　e）差复励

动机的电路如图 7-22b 所示，励磁绕组与电枢绕组并联，励磁绕组与转子电枢的端电压相同为U，励磁电流为I_f。串励直流电动机的电路如图 7-22c 所示，励磁绕组与电枢绕组串联。串励直流电动机的励磁电流和电枢电流相等，能获得每单位电流的最高转矩，具有起动转矩大、有较好的起动特性以及较宽的恒功率调速范围，这种励磁方式采用的较少。复励直流电动机的主磁极上装有两个励磁绕组，一个与电枢绕组并联，称为并励绕组，另一个与电枢绕组串联，称为串励绕组。这两个励磁绕组若产生的磁动势方向相同称为积复励，否则称为差复励，两种连接方式如图 7-22d、e 所示。励磁绕组所消耗的功率虽然仅占直流电动机额定功率的 1%～3%，但是直流电动机的性能随着励磁方式的不同将产生很大差别。

2. 直流电动机的基本构造

直流电动机主要由转子、定子、端盖和电刷架四部分组成，利用通电导体在磁场中受力的电磁原理制成。励磁绕组式直流电动机结构如图 7-23 和图 7-24 所示。

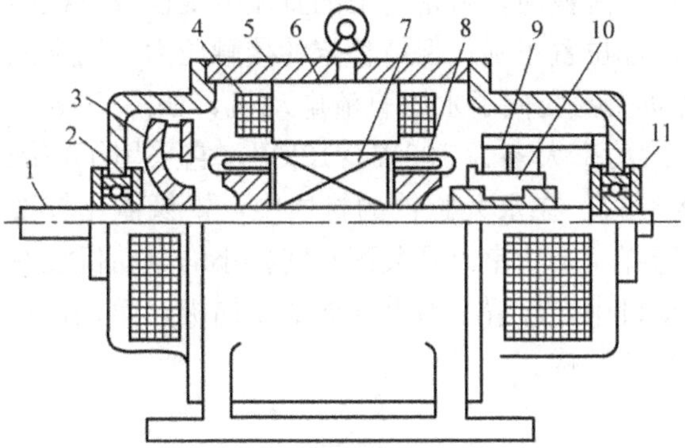

图 7-23　直流电动机的构造

1—轴　2—端盖　3—风扇　4—励磁绕组　5—机座　6—磁极　7—电枢铁心　8—电枢绕组　9—电刷　10—换向器　11—轴承

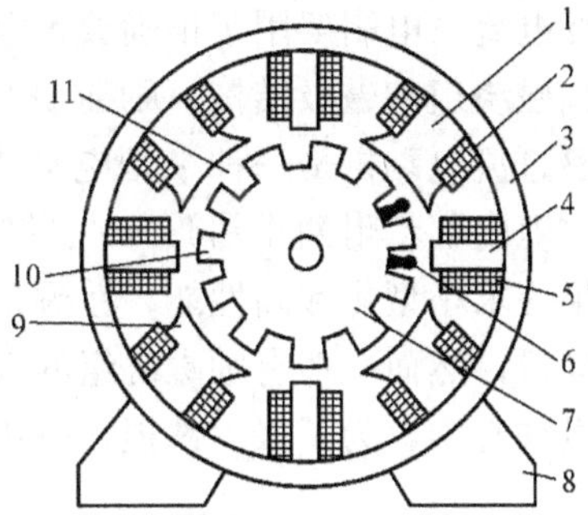

图 7-24　直流电动机的剖面图

1—极身　2—励磁绕组　3—定子磁轭　4—换向极　5—换向极绕组　6—电枢绕组　7—电枢磁轭　8—底脚　9—极掌　10—电枢齿　11—电枢槽

定子由磁场铁心（主磁极）、磁场绕组、电动机的外壳等组成，主磁极的作用是产生气隙磁场。磁场磁极通常制成马鞍形，如图 7-25 所示。磁场绕组绕制在磁极上，通电后形成 N 极或 S 极。

转子也叫电枢，由线圈、电枢铁心、换向器、电枢轴等组成，它的作用是通电后在磁场中受力产生电磁转矩。

电枢的铁心由圆形硅钢片叠成圆柱体，构成电动机的闭合磁路，并减小涡流损失。其圆柱表面开有纵向槽，用于嵌放电枢绕组。通电后位于磁场中的电枢线圈产生电磁力，作用在电枢上形成转矩。换向器的换向片与电枢绕组的首尾端连接，与电刷配合，将电流送入和引出电枢绕组。电枢轴用于输出电磁转矩。直流电动机的电枢铁心如图 7-26 所示。

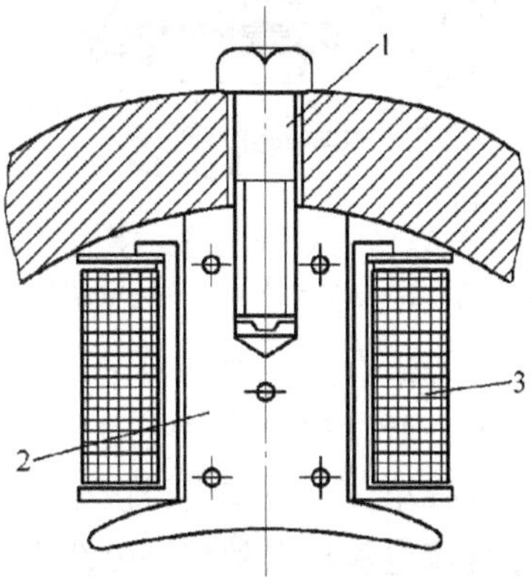

图 7-25　直流电动机的主磁极

1—固定主磁极的螺钉　2—主磁极铁心　3—励磁绕组

换向器是直流电动机的一种特殊装置，其外形如图 7-27 所示，主要由许多换向片 3 组

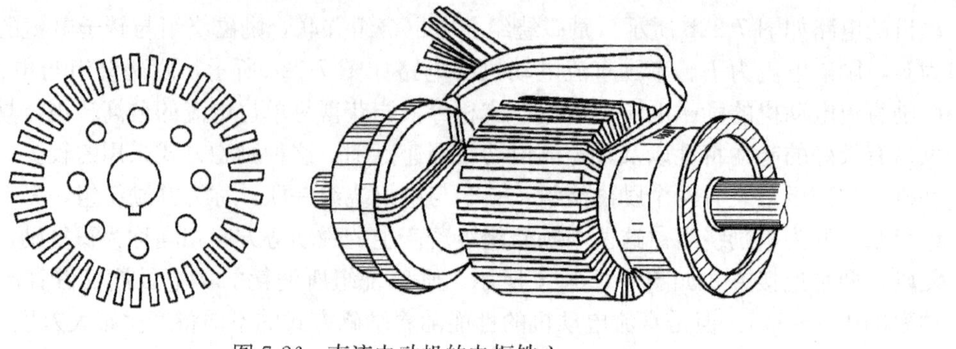

图 7-26 直流电动机的电枢铁心

成，每两个相邻的换向片中间是云母绝缘片 2。在换向器的表面用弹簧压着固定的电刷，使转动的电枢绕组得以同外电路连接。换向器是直流电动机的结构特征，易于识别。

电刷与电枢的换向器配合，实现电枢绕组的电流换向，将蓄电池的直流电变换成电枢内部的交变电流。电刷架用于正确放置电刷，要保证位置正确，保持稳定的接触压力。用永磁体取代励磁绕组和磁极结构，励磁绕组直流电动机就变成了永磁直流电动机，如图 7-28 所示。永磁直流电动机是一种小型电动机，其输出功率大多为 100W～10kW，它采用了在圆柱形的磁轭内部粘附两个弓形永久磁铁的结构形式。在永久磁铁的材质中，铁氧体比较廉价，如果要求小型化和高性能，钕硼是较好的选择。小功率以及装配空间狭小的电动机没有设置换向极，然而，在有励磁绕组的大功率电动机中，设置了帮助换向的换向极；而且，在励磁磁极铁心中，为了减少铁损，采用了叠压片的结构。

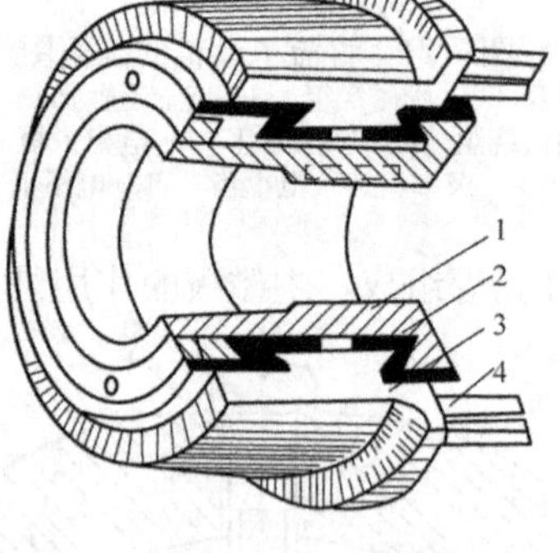

图 7-27 直流电动机的换向器

1—V 形套筒 2—云母绝缘片 3—换向片 4—连接片

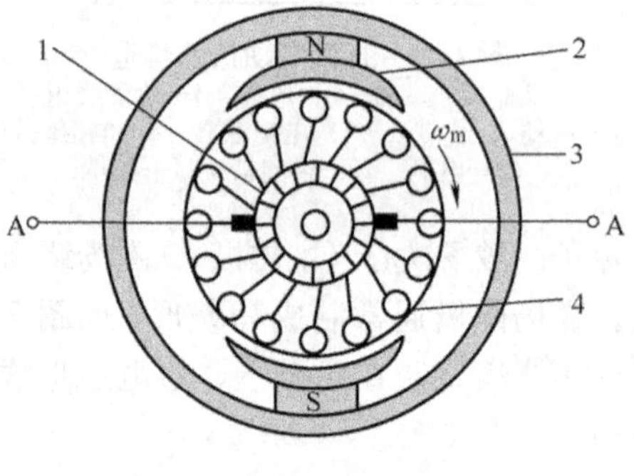

图 7-28 永磁的换向器

1—换向器 2—永久磁铁 3—磁轭 4—电枢绕组

与励磁绕组直流电动机相比，永磁直流电动机由于采用永磁体，大大节省了空间并且没有磁场损失，所以它的功率密度和效率都较高。永磁体的磁导率和空气的磁导率差不多，所以电枢反应减小，电磁交换得以改善。不过，由于永磁直流电动机的励磁不能控制，所以不能从永磁直流电动机得到与励磁绕组直流电动机相似的工作特性。

由于励磁绕组式和永磁式直流电动机中都有换向器-电刷结构，所以存在着机械面接触，而且由于磨损和接触不良，也衍生了电火花等问题，其寿命就比较短。

3. 直流电动机的特点

直流电动机中，影响转矩产生的电磁力可根据左手定则进行判断。由于直流电动机的驱动装置很简单，所以在早期的电动汽车以及期望获得更简单的结构的电动汽车中都有应用。

在电动汽车中用于驱动的直流电动机有以下优点：直流电动机具有优良的电磁转矩控制特性，起动转矩、制动转矩大，易于快速起动、停机；调速比较方便，调速范围宽，易于平滑调节；控制装置简单、价廉；直流电动机的磁场和电枢可以分别控制，因此控制起来比较容易，而且控制性能较好；直流电动机的容量范围很广，可以根据所需的转矩和最高转速来选用所需要的容量，市场上有各种不同结构的直流电动机供选用；直流电动机的制造技术和控制技术都较成熟，驱动系统价格较便宜。

但是，直流电动机也存在一些问题，例如：由于存在电刷、换向器等易磨损器件，所以有必要定期对其进行维护和更换；并且限于转子电枢的结构，直流电动机不适合用于高速旋转的情况等，所以与其他类型的电动机相比，直流电动机一般体积比较大。因此，目前除了在小型汽车中广泛使用外，在其他汽车的使用中，交流电动机正日益取代直流电动机。

电动汽车专用的直流电动机的结构和一般的直流电动机的结构没有显著的差别，同一般工业用的电动机相比，有以下特点：

1）电枢轴要延长，以便安装用于速度检测的脉冲发生器和推力轴接头。

2）转子直径要设计得小些，轴要设计得长些以适应高速旋转。

3）为了便于散热，电枢槽要设计得多些。

4）为了换向片、电刷等的定期检查和维护，检查口应制造得大些。

5）由于振动，为了防止电刷的误动作，应提高电刷的预压紧力。

6）和其他电动汽车用电动机相同，短时功率（最大功率值）和额定功率应记录在铭牌上。

由此，电动汽车专用的直流电动机和其他通用的电动机相比，需要考虑的事项有：耐高温性、抗振动性、低损耗性、抗负载波动性等，此外还有小型轻量化、免维护性等技术上的难题。

4. 直流电动机的机械特性

对于电动汽车用电动机，其机械特性是非常重要的。机械特性是指在额定电压和电磁绕组不变情况下，转矩与转速之间的关系。电动机的种类不同，其机械特性也是不同的，串励电动机的转速 n 和转矩 T 的关系如图 7-29 所示。以电动汽车中常用的串励式电动机为例说明。

串励电动机的特点是励磁线圈的电流和电枢线圈的电流相同。在理想情况下，$n\to\infty$时，$T=0$。但实际上负载转矩不会为 0，电动机不会工作在 $T=0$的状态，因为电动机有空载损耗转矩存在。空载时 T 很小，n 很高。因此串励电动机不允许空载。随着转矩的增大，n 下降得很快，这种特性属软机械特性。

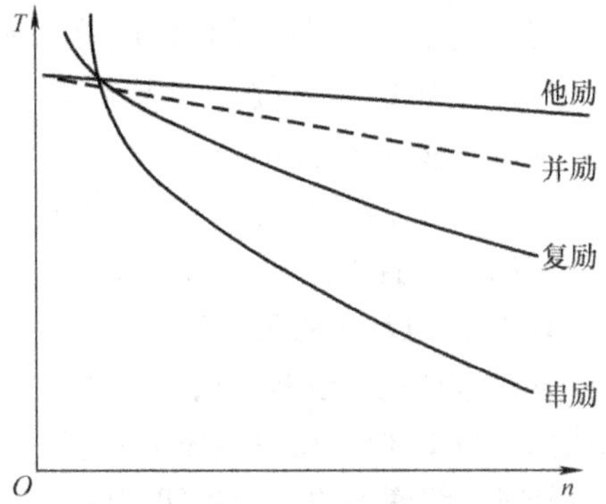

图 7-29 直流电动机的机械特性

5. 直流电动机的控制

由图 7-29 可知，普通直流电动机的机械特性无法满足汽车对驱动动力的要求。因此，车用电动机多具有复杂的控制系统。一般而言，直流电动机的控制可以通过两种方法实现，即电枢控制和励磁控制。当直流电动机电枢电压减小时，电枢电流和电动机转矩就会降低，由此引起电动机转速降低。反之，当电枢电压增加时，电动机转矩就会增加，由此也会引起电动机转速增加。由于电枢的最大允许电流不变，且磁场是固定的，所以通过电枢电压的控制可在任何转速下保持最大转矩不变。然而，由于电枢电压不能超过其额定值，这种控制方法只适于直流电动机的工作转速低于额定转速（基速）的场合。另外，当电枢电压值恒定，直流电动机的励磁电压减弱时，电动机的感应电动势就会降低。由于电枢电阻很小，电枢电流增大的程度比磁场减弱的程度要大，因此，电动机转矩增加，电动机转速也随之增大。由于电枢的最大允许电流是常数，当电枢电压保持不变时，无论转速多大，感应电动势都是恒定的。因此，电动机所允许的最大功率恒定，允许的最大转矩随电动机转速的变化而逆向变化。

为使电动汽车的直流电动机有较宽的转速控制范围，电枢控制必须和励磁控制相结合。当电动机转速在零与额定转速之间时，励磁电流保持在额定值，采用电枢控制。当电动机转速超过额定转速时，电枢电压保持在额定值，采用励磁控制。采用电枢控制和励磁控制后电动机的转矩和功率随转速的变化如图 7-30 所示。但对于不同的汽车驱动系统而言，实际电动机的机械特性曲线形状可以是不同的，串励直流电动机的转矩、功率和转速的关系如图 7-31 所示。串励直流电动机几乎没有等功率部分，他励直流电动机的等功率部分也非常近似。

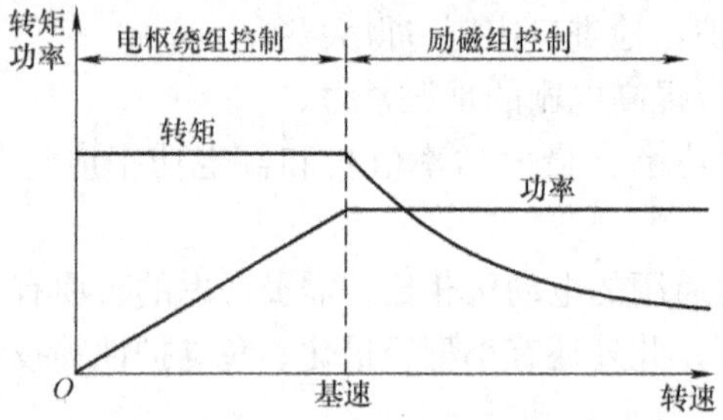

图 7-30 直流电动机的电枢励磁与励磁绕组的混合控制

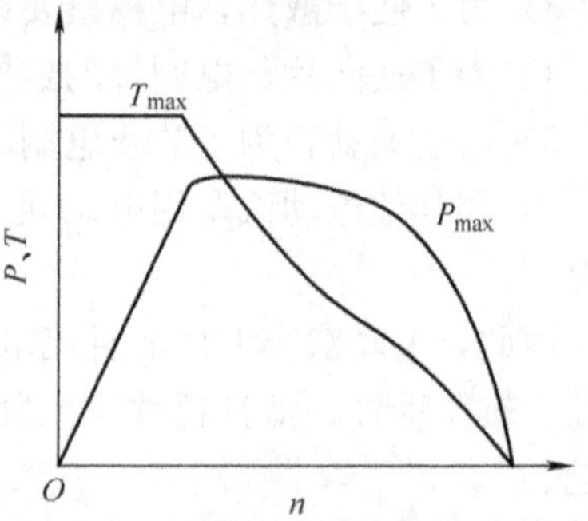

图 7-31 串励直流电动机的转矩、功率和转速的关系

三、异步电动机

异步电动机按转子结构可以分为笼型和绕线转子电动机两类，如图 7-32 所示。在电动汽车中，使用的只有笼型异步电动机，笼型异步电动机能够现高速运转，由于其结构简单，所以造价便宜、坚固，而且维护起来也很容易。

a） b）

图 7-32 异步电动机类型
a）笼型 b）绕线转子

1. 异步电动机的工作原理

异步电动机是根据电磁感应原理制成的，当 U 形磁铁以转速 n_1 逆时针旋转时，线圈中的导线将切割磁力线，从而产生感应电动势 e，且有

$$e = Blv$$

式中 B——磁感应强度（T）；

l——导体长度（m）；

v——线圈的切割速度（m/s）。

感应电动势方向满足右手定则，如图 7-33 中箭头所示，因为线圈是闭合的导体，所以产生感应电流，电流方向如箭头所示。带电的导体在磁场中将受电磁场的 F 作用，且有 $F=Bil$，方向满足左手定则，方向如图 7-33 所示，在电磁力 F 的作用下，线圈也将逆时针方向旋转，与磁场旋转方向相同，转速为 n，且 $n<n_1$。

异步电动机的旋转磁场是由通入定子绕组的三相对称交流电产生的，设流入三相定子绕组的电流方程为

$$i_A = I_m \sin\omega t$$
$$i_B = I_m \sin(\omega t - 120°)$$
$$i_C = I_m \sin(\omega t + 120°)$$

波形如图 7-34 所示。

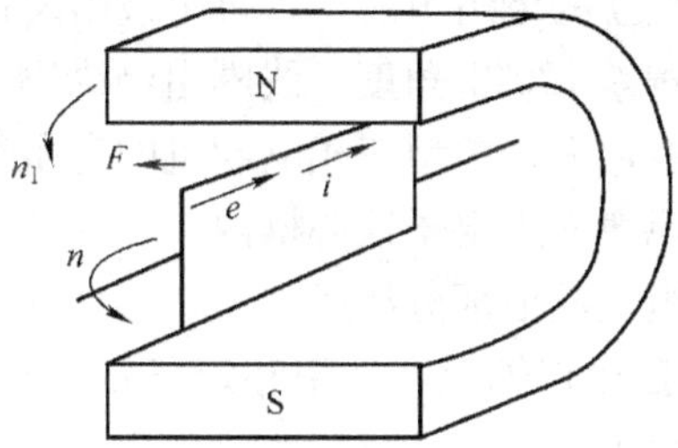

图 7-33　异步电动机工作原理

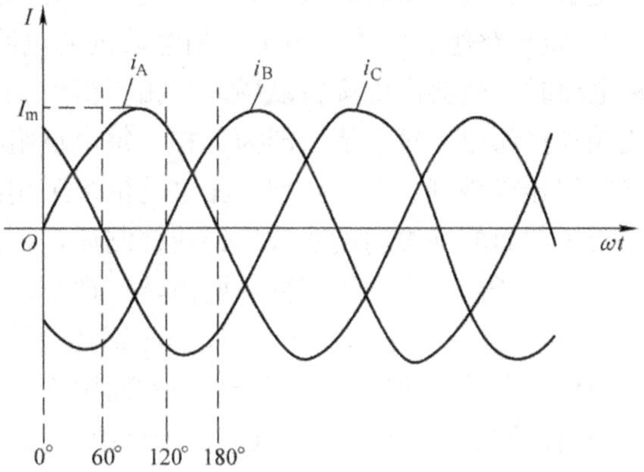

图 7-34　三相对称交流电波图

2. 异步电动机的基本构造

三相异步电动机的种类很多，但各类三相异步电动机的基本结构是相同的，它们都由定子和转子这两大基本部分组成。定子和转子之间具有一定的气隙。此外，还有端盖、轴承、接线盒、吊环等其他附件。三相笼型异步电动机的主要结构如图 7-35 所示。

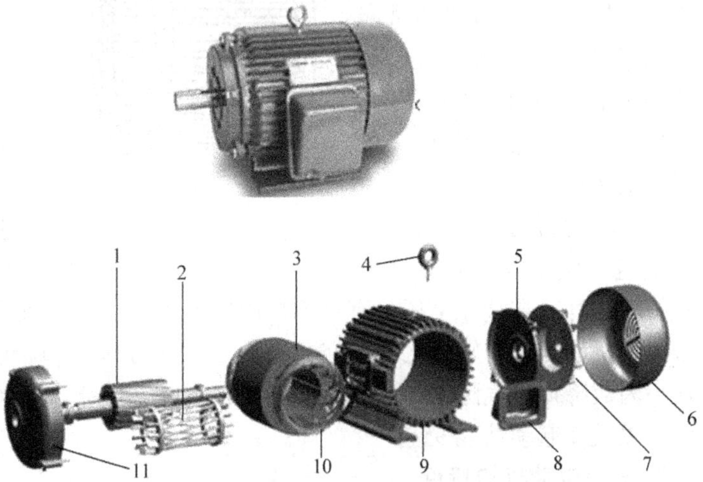

图 7-35　三相笼型异步电动机的主要结构图
1—转子铁心　2—转子绕组　3—定子前端盖　4—吊环　5—后端盖
6—风罩　7—风扇　8—出线盒　9—机座　10—定子绕组　11—前端盖

（1）定子部分　定子是用来产生旋转磁场的。三相电动机的定子一般由外壳、定子铁心、定子绕组等部分组成。

1）外壳。三相电动机外壳包括机座、端盖、轴承盖、接线盒及吊环等部件。

① 机座：铸铁或铸钢浇铸成型，它的功用是保护和固定三相电动机的定子绕组。中、小型三相电动机的机座还有两个端盖支承着转子，它是三相电动机机械结构的重要组成部分。通常，机座的外表要求散热性能好，所以一般都铸有散热片。

② 端盖：用铸铁或铸钢浇铸成型，它的功用是把转子固定在定子内腔中心，使转子能够在定子中均匀地旋转。

③ 轴承盖：也是铸铁或铸钢浇铸成型的，它的功用是固定转子，使转子不能轴向移动，另外起存放润滑油和保护轴承的功用。

④ 接线盒：一般是用铸铁浇铸，其功用是保护和定子绕组的引出线端子。

⑤ 吊环：一般是用铸钢制造，安装在机座的上端，用来起吊、搬抬三相电动机。

2）定子铁心。异步电动机定子铁心是电动机磁路的一部分，由 0.35～0.5mm 厚表面涂有绝缘漆的薄硅钢片叠压而成。由于硅钢片较薄而且片与片之间是绝缘的，所以减少了由于交变磁通通过而引起的铁心涡流损耗。铁心内圆有均匀分布的槽口，用来嵌放定子线圈。

3）定子绕组。定子绕组是三相电动机的电路部分。三相电动机有三相绕组，通入三相对称电流时，就会产生旋转磁场。三相绕组由三个彼此独立的绕组组成，且每个绕组又由若干线圈连接而成。每个绕组即为一相，每个绕组在空间相差120°电角度。线圈由绝缘铜导线或绝缘铝导线绕制。中、小型三相电动机多采用圆漆包线，大、中型三相电动机的定子线圈则用较大截面的绝缘扁铜线或扁铝线绕制后，再按一定规律嵌入定子铁心槽内。

（2）转子部分　转子部分主要由转子铁心、转子绕组及其他部分组成。

1）转子铁心。是用 0.5mm 厚的硅钢片叠压而成，套在转轴上，功用和定子铁心相同，一方面作为电动机磁路的一部分，一方面用来安放转子绕组。

2）转子绕组。异步电动机的转子绕组分为绕线型与笼型两种，由此分为绕线转子异步电动机与笼形异步电动机。这里仅介绍笼型转子绕组。

在转子铁心的每一个槽中插入一根铜条，在铜条两端各用一个铜环（称为端环）把导条连接起来，称为铜排转子，如图 7-36a 所示。也可用铸铝的方法，把转子导条和端环风扇叶片用铝液一次浇铸而成，称为铸铝转子，如图 7-36b 所示。100kW 以下的异步电动机一般采用铸铝转子。

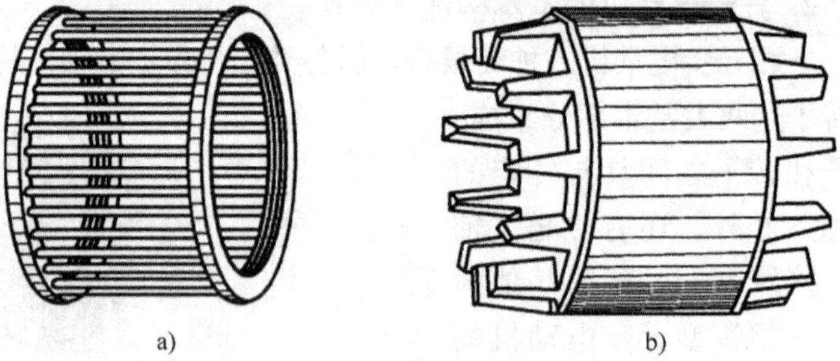

a）　　　　b）

图 7-36　笼形转子绕组

a）铜排转子　b）铸铝转子

（3）其他部分　其他部分包括端盖、风扇等。端盖除了起防护作用外，在端盖上还装有轴承，用以支承转子轴。风扇则用来通风冷却电动机。三相异步电动机的定子与转子之间的空气隙，一般仅为 0.2～1.5mm。气隙太大，电动机运行时的功率因数降低；气隙太小，使装配困难，运行不可靠，高次谐波磁场增强，从而使附加损耗增加以及使起动性能变差。

3. 异步电动机的特点

异步电动机成本低且可靠性高，逆变器即使损坏而产生短路也不会产生反向电动势，所以没有出现紧急制动的可能性。因此，异步电动机在大型高速的电动汽车中使用得很多。

为了满足以上各项要求，各大公司均对其进行了研究开发，制造了如下特征的异步电动机：一般情况下，作为电动汽车专用的电动机，由于安装条件受限制，而且要求小型轻量化，因而电动机在 10000r/min 以上的高速运转时，大多采用一级齿轮减速器实现减速。此外，振动等工作环境是非常恶劣的，低转速状态下需要高转矩，并且要求较宽的速度范围内的恒输出功率特性，因此电动汽车用异步电动机与一般工业用的电动机不同，在设计上采用了各种新的方法。

首先，出于对工作环境的考虑，电动汽车用异步电动机大多采用全封闭式结构，为了电动机框架、托座等的轻量化，采用压铸铝的方式制造，也有采用将定子铁心裸露在外表面的无框架结构。而且为了实现小型轻量化，大多采用了通过水冷却定子框架的水冷式电动机。此外，提出了无框架结构中在定子铁心内部安装冷却管道的结构。

4. 异步电动机的控制

在电动汽车上，一般采用发电机或动力电池组作为电源，三相异步电动机不能直接使用直流电源，另外，三相异步电动机具有非线性输出特性。因此，在采用三相异步电动机时，需要应用逆变器中的功率半导体交换器件，将直流电变换为频率和幅值都可以调节的交流电，来实现对异步电动机的控制。

在电动汽车上，通常功率电路有：交-直-交逆变器系统、交-交变频器系统和直-交逆变器系统。在有些装有交流发电机的 HEV 上，根据动力系统的结构模型的要求，可采用前两种变频器或逆变器系统。第三种普遍应用在 EV 和 FCEV 上。

四、永磁电动机

永磁驱动电动机有多种分类方法。根据输入电动机接线端的电流种类可分为永磁直流电动机和永磁交流电动机。永磁交流驱动电动机没有电刷、换向器或集电环，因此称为永磁无刷电动机。

根据输入电动机接线端的交流波形，永磁无刷电动机可分为永磁同步电动机和永磁无刷直流电动机。输入永磁同步电动机的是交流正弦或近似正弦波，采用连续转子位置反馈信号来控制换向；而输入永磁无刷直流电动机的是交流方波，采用离散转子位置反馈信号控制换向。

由于方波磁场与方波电流之间相互作用而产生的转矩比正弦波大，所以，永磁无刷直流电动机的功率密度大，但是由功率器件的换向电流引起的转矩脉动也大；而正弦波产生的转矩基本是恒转矩或平稳转矩，这与绕线转子同步电动机相同。

还有一种电动汽车驱动用的永磁无刷电动机，即永磁混合式电动机。这种新型驱动电动机的特点是既有永磁体又有励磁绕组，永磁体通常嵌入转子之中，励磁绕组固定于定子上。这种驱动电动机没有采用任何特殊的控制策略，通过调节直流励磁电流来控制气隙磁通，就可获得比其他永磁电动机宽的转速范围。特别是在高速区，弱磁控制能很好地满足电动汽车恒功率运行的要求。由于这种电动机的结构和磁路与其他电动机不同，它可归为另一类永磁无刷电动机。

已有的永磁电动机可分为永磁直流电动机、永磁同步电动机、永磁无刷直流电动机及永磁混合式电动机四类。其中，后三类由于没有传统直流电动机的电刷和换向器，故统称为永磁无刷电动机。

近年来，电动汽车上应用较多的是永磁无刷直流电动机。

1. 永磁材料

永磁体给电动机提供长久励磁，永磁电动机的性能优劣与永磁材料密切相关。目前用于电机的永磁体材料有三类：铝镍钴、陶瓷、稀土永磁材料。

近年来，随着以低廉的钕（Nd）和铁为基础的第二代稀土永磁体的发明，降低原材料成本已获得极大进展。现在产量不断上升的 NdFeB 永磁体与 SmCo 相比，仅在室温下具有更好的磁性能。钕铁硼的退磁曲线，特别是矫顽力，很大程度上取决于温度。其 B_r 的温度系数为（0.095～0.15）%/℃，而 H_c 的温度系数为（0.40～0.7）%/℃。最高工作温度为150℃，而居里点温度为 310℃。

2. 永磁无刷直流电动机

（1）基本结构及工作原理　在直流电动机的转子上装置永久磁铁，转子采用径向永久磁铁做成的磁极，将磁铁插入转子内部，或将瓦形磁铁固定在转子表面上，转子上不再用电刷和换向器为转子输入励磁电流，所以电动机的转子磁路是各向均匀的，这种直流电动机称为永磁无刷直流电动机。

永磁无刷直流电动机驱动主要由无刷直流电动机、基于 DSP 的控制器和基于电力电子的功率变换器所构成，如图 7-37 所示。位置检测器 H1，H2 和 H3 检测电动机转子的位置，转子的位置信息输入到基于 DSP 的控制器，随即由该控制器向功率变换器提供门控信号，从而导通和关断特定的电动机定子磁极绕组，按这种方式控制电动机的转矩和转速。

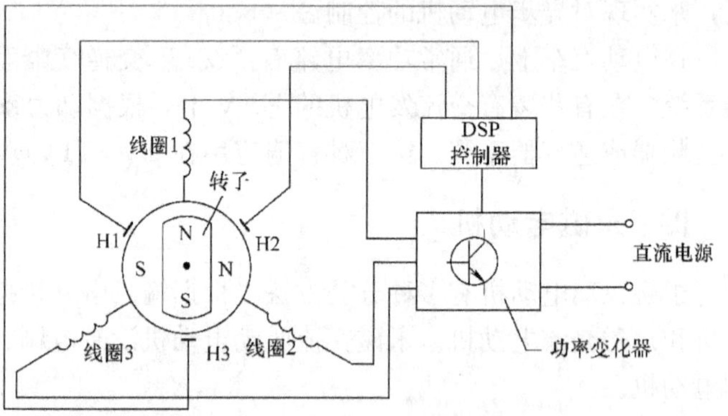

图 7-37　永磁直流无刷电动机

（2）性能分析　永磁无刷直流电动机在工作时，直接将方波电流输入永磁无刷直流电动机的定子中，控制永磁无刷直流电动机运转。永磁无刷直流电动机具有很高的功率密度和宽广的调速范围，其控制系统较为复杂，有多种控制策略，采用方波电流（实际上方波为顶宽不小于 120°的矩形波）的永磁无刷直流电动机的控制则比较容易，驱动效率也最高。方波电动机可以比正弦波电动机产生大 15%左右的电功率。由于磁饱和等因素的影响，三相合成产生的恒定电磁转矩是一种脉动电磁转矩。永磁无刷直流电动机实际上是一种隐极式同步电动机，正常运行时电极电流磁动势与永磁磁极的磁动势在空间位置相差 90°电角度，高速运行时是通过弱磁调速的技术来升速。

（3）控制分析　在车辆牵引应用中，输出转矩要求按照驾驶员的期望，并通过加速和制动踏板予以控制。因此，转矩控制是其基本要求。

永磁无刷直流电动机驱动的转矩控制策略示意图如图 7-38 所示。期望的电流通过转矩控制器由所控制的转矩给出。电流控制器和换向序列发生器从位置检测器接收到期望电流场的位置信息，或可能通过电流检测器得到电流反馈，然后产生门控信号。这些门控信号被送入三相逆变器（功率变换器），以产生永磁无刷直流电动机期望的相电流。

（4）特点　通过采用高能量的永磁体为励磁机构，永磁电动机驱动具有设计成高功率密

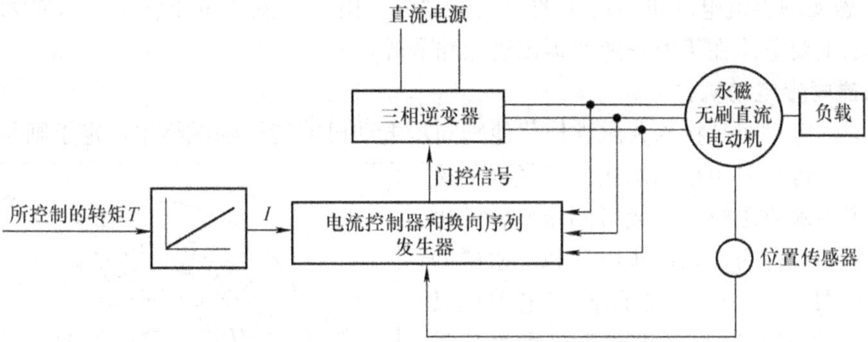

图 7-38　永磁无刷直流电动机驱动的转矩控制策略示意图

度、高转速和高效率电动机的潜力。这些显著优势使其在电动汽车（EV）和混合动力电动汽车（HEV）中的应用突出。在永磁电动机系列中，无刷直流电动机驱动是应用于 EV 和 HEV 的最有希望的选择对象。

1）永磁无刷直流电动机的优点：

① 高效率。永磁无刷直流电动机在所有电动机中效率最高。这是因为励磁采用了永磁体，没有功率消耗。此外，没有机械式换向器和电刷意味着机械摩擦损耗低，因此效率更高。

② 体积小。最近高能量密度永磁体（稀土永磁体）的引入使永磁无刷直流电动机能获得非常高的磁通密度，相应地有可能获得高转矩，从而能使电动机体积减小、质量减轻。

③ 易控制。永磁无刷直流电动机与直流电动机一样易控制，因为在电动机的全运行过程中控制变量容易获得，且保持不变。

④ 易冷却。转子中没有环行电流，因此永磁无刷直流电动机的转子不会发热，仅在定子上有热量产生。定子比转子更易于冷却，因为定子是静止的，且位于电动机的边缘。

⑤ 维护费用低，寿命长，有良好的可靠性。没有电刷和机械式换向器就不需要相关的定期维护，也排除了相关部件出现故障的危险。因此，电动机的寿命仅随线圈绝缘、轴承和永磁体寿命而变化。

⑥ 噪声低。由于采用电子换向器，而不是机械式换向器，故不存在与换向器相伴随的噪声。驱动逆变器的开关频率足够高，致使谐波噪声处于听不见的范围。

2）永磁无刷直流电动机的缺点：

① 成本高。稀土永磁体比其他永磁体昂贵得多，故导致电动机成本上升。

② 恒功率范围有限。大的恒功率范围对获得高的车辆效率是至关紧要的。永磁无刷直流电动机不可能获得大于基速两倍的最高转速。

③ 安全性较差。在电动机制造过程中，由于大型稀土永磁体可以吸引飞散的金属物体，故可能有危险性。万一车辆失事，若车轮自由地自旋，而电动机仍然由永磁体励磁，则在电动机的接线端将出现高电压，可能会危及乘客或援救者。

④ 磁体退磁。永磁体可被大的反向磁动势和高温退磁。对每一种永磁材料，其临界去磁力是不同的。当冷却电动机时，特别是如果电动机构造紧凑，必须非常小心。

⑤ 高速性能。永磁体采用表面安装方式的电动机不可能达到高速，这是因为受限于转子磁轭与永磁体之间装配的机械强度。

⑥ 永磁无刷直流电动机驱动中的逆变器故障。由于永磁体位于转子，永磁无刷直流电动机呈现的主要危险在于万一逆变器出现短路故障。

3. 永磁同步电动机

永磁同步电动机是将永久磁铁取代他励同步电动机的转子励磁绕组，定子则与普通同步电动机一样。转子采用径向永久磁铁做成的磁极，且为多层永磁磁极，形成可同步旋转的磁极，这种电动机称为永磁同步电动机。永磁同步电动机如图 7-39 所示。永磁同步电动机具有高效率（达 97%）和高比功率（远远超过 1kW/kg）的优点。输出转矩与转动惯量比值都大于相类似的三相异步电动机。在高速转动时有良好的可靠性，运转平稳，工作时电流损耗小。永磁同步电动机在材料的电磁性能、磁极数量、磁场衰退等多方面的性能都优于其他种类的电动机，工作噪声也低。

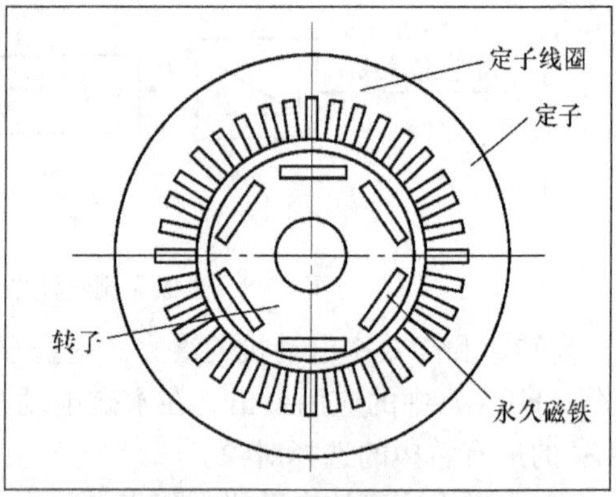

图 7-39 永磁同步电动机

在同步电动机的轴上装置转子位置传感器和速度传感器，它们产生的信号是驱动控制器的输入信号。永磁同步电动机具有功率密度高、调速范围宽、效率高、性能更加可靠、结构更加简单、体积小的优点。与相同功率的其他类型的电动机相比较，更加适合作为电动汽车的驱动电动机。

4. 永磁混合电动机

永磁混合电动机的结构特点是其转子是混合式永磁型磁性转子。在永磁型磁性转子中嵌入附加励磁绕组来对磁通量进行控制，达到加宽转速范围及改变电动机机械特性的目的。因此，控制励磁电流就成了控制这种电动机的关键。一般在高速恒功率区运行时，对永磁体产生的气隙磁场进行弱磁控制。永磁混合式电动机一般采用串联和并联结构。由于永磁体磁导率低，串联结构通常要求感应电动势比较高，所以没有并联结构受人们青睐。

永磁混合电动机的优点有四个方面：①永磁体有励磁绕组，气隙磁通密度和功率密度高。②通过采用磁通集中排列来安装永磁体，使其气隙磁通密度高于单独安装的永磁体。通过调节直流励磁电流的方向和大小，气隙磁通可以灵活调节，因此，转矩-转速特性能满足电动汽车驱动的特殊要求。③调节励磁电流可减弱永磁体产生的气隙磁通，使恒功率运行的速度范围显著提高。④适当调节电源电压和直流励磁电流，可以优化电动机驱动范围的效率图，因此可以提高电动汽车驱动如爬坡时低速高转矩和巡航时高速低转矩工作区的效率。这类电动机的主要缺点是结构相对较复杂。

5. 永磁直流电动机

用永磁体代替励磁绕组和磁极，传统的绕线式励磁直流电动机就变成了永磁直流电动机。使用永磁体可节省空间，减少励磁损失，因此永磁直流电动机的功率密度和效率较高；永磁体的磁导率低，因而可以减少永磁直流电动机的电枢反应，使换向得以改善。这些优点促进了它在电力驱动中的应用。

与绕线式励磁直流驱动电动机类似，永磁直流驱动电动机也采用变压控制的直流斩波器输入。两者的不同之处在于永磁直流驱动电动机的励磁不能控制，而绕线式励磁直流电动机的励磁电流可用另外一种斩波器单独控制。因此，永磁电动机不能得到类似于绕线式直流电动机的工作特性。

五、开关磁阻电动机

开关磁阻式（Switch Resistance，SR）电动机也叫可变磁阻式（Variable Reluctance，VR）电动机，最初的磁阻式电动机是 1838 年 Davidson 制造的，但在其后一段漫长的时间内，它一直被认为是一种效率、功率因数、利用系数等不高的电动机，故仅应用于少数小功率场所。

20 世纪 70 年代，各种高速、全控开关器件的先后问世，带来了电力电子技术的蓬勃发展，这对开关磁阻电动机调速系统（SRD）的研究也起了较大的推动作用。因此，自 20 世纪 80 年代以后，国际上掀起了开关磁阻电动机研究热，并持续至今，使开关磁阻电动机的应用领域不断扩大。开关磁阻电动机的应用已扩展到矿山机械（采煤机、输送带等）、航空发动机、电梯、电动汽车、洗衣机、食品加工机、火车空调机、织布机等领域。

我国于 1984 年左右也开始了 SRD 的研究和开发工作，1992 年初中国电工技术学会中小型电机专业委员会下设了开关磁阻电机学习小组，以推动开关磁阻电机研究工作的进一步发展。至此，我国许多单位先后开展了 SR 电机的研究工作，如中国纺织总会纺织机电研究所、南京航空航天大学、华中理工大学、浙江大学、清华大学及华南理工大学等。现在，已有一批中小功率的 SRD 系统成果，并开始由实验室阶段发展到工业试用和推广应用阶段，如南京瑞鹏科技有限公司研制的功率为 0.37～7.5kW 的 SRD 产品和北京中纺锐力机电有限公司研制的 2.2～400kW 系列产品。这些产品已被用于纺织机械、电动车辆、煤矿设备、吸尘器、洗衣机、风机水泵和通用调速系统等领域。

总之，从 20 世纪 70 年代至今，经过国内外学者的不断努力，SRD 系统的研究已经在理论分析、性能仿真、转矩波动及电气噪声、电机设计、有限元分析、功率变换器设计、能耗计算、优化性能、控制策略、位置传感器等方面取得了丰硕的成果，并且将随着基础理论、电子元器件等的发展而继续发展。

1. SR 电动机的组成结构

SR 电动机的结构与普通电动机有很大的不同，其定子、转子为双凸极结构，均由硅钢片叠成，定子上绕有集中绕组，转子上没有绕组。SR 电动机的运行原理也有其特殊性，它是工作在一种连续的开关模式。一般开关磁阻驱动电动机系统由开关磁阻电动机、功率变换器、传感器和控制器四部分组成，如图 7-40 所示。

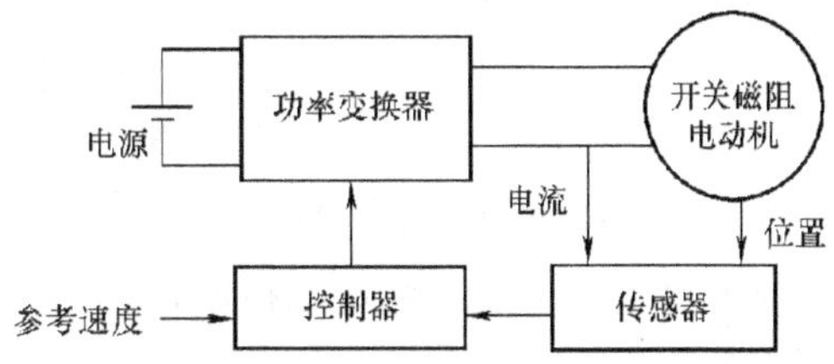

图 7-40　开关磁阻驱动电动机系统的构成

功率变换器是向电动机直接提供能量的部件，由蓄电池或交流电整流后得到的直流电供电。它以功率开关为主要器件，在控制器的控制下起到开、关的作用，使绕组与电源接通或断开，同时还为绕组提供能量回馈路径。

控制器是 SR 电动机调速系统的中枢，它综合处理速度指令，速度反馈信号及电流传感器、位置传感器的反馈信息，控制功率变换器中主开关器件的工作状态，实现对 SR 电动机运行状态的控制。

位置检测器的功用是正确地提供转子位置信息，这些信息经过相应的逻辑处理后形成变换器主开关器件的触发信号。因此位置检测器是开关磁阻电动机调速系统的关键部件和特征部件。

开关磁阻电动机的定子和转子极数不同，有多种组合方式。SR电动机可由相数不同而分为单相、两相、三相电动机等，且定子、转子极数有不同搭配，但低于三相的电动机没有自起动能力。对于有自起动能力的电动机，一般选择定子、转子极数组合方案见表7-3。相数多，步距角小，利于减小转矩脉动，但结构复杂，并且主开关器件多，成本高。目前用得最多的是四相（8/6）和三相（6/4）电动机。三相开关磁阻电动机的定子上有6个凸极，转子上有4个凸极。四相开关磁阻电动机的定子上有8个凸极，转子上有6个凸极。在定子相对称的两个凸极上的集中绕组互相串联，构成一相，但在转子上没有任何绕组。因此，定子上有6个凸极的称为三相开关磁阻电动机，定子上有8个凸极的称为四相开关磁阻电动机，如此类推。

表7-3 开关磁阻电动机定子、转子极数组合方案

相　数	3	4	5	6	7	8	9
定子极数	6	8	10	12	14	16	18
转子极数	4	6	8	10	12	14	16
步距角（°）	30	15	9	6	4.28	3.21	2.5

开关磁阻电动机只在电动机的定子上安装有简单的集中励磁绕组，在互相对称的两个定子凸极上的定子绕组互相串联，构成一相，励磁绕组的端部较短，没有相间跨接线，磁通量集中于磁极区，通过定子电流来励磁。各相磁路的磁阻随转子位置不同而变化。电动机的转子上没有集电环、绕组等转子导体和永久磁铁等。转子的运转依靠磁引力来运行。各种开关磁阻电动机的结构如图7-41所示。

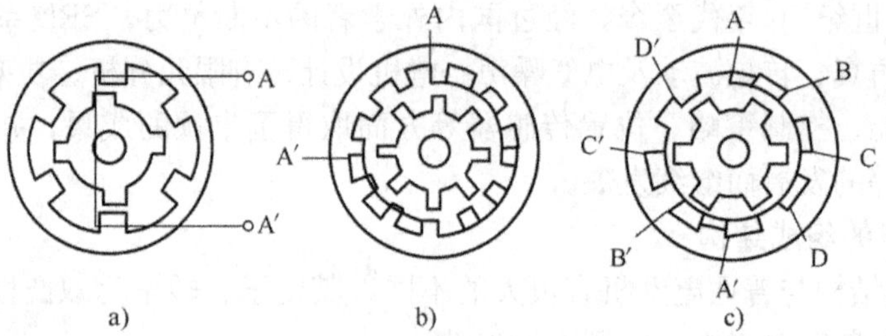

图7-41　不同的凸极开关磁阻电动机的结构示意图

a）三相6/4凸极　b）三相12/8凸极　c）四相8/6凸极

2. SR电动机的工作原理

四相8/6极开关磁阻电动机原理如图7-42所示。图中仅画出一相绕组情况，当定子绕组通电时，电动机内建立磁场。当转子与定子两极弧不对齐时，磁力线通过气隙建立全回路，磁力线呈弯曲状态。凸极受到磁力线的拉力产生转矩，使转子转动，转子极弧向定子极弧趋近，转子转动一个角度，直到磁力线拉直，或者根据磁阻最小原则，磁力线拉直，磁阻最小为止。当两极对齐，满足气隙最小，即磁阻最小条件后，切断绕组的激励，给相邻相绕组施加激励，这样连续按要求准时依次通断定子相电流，转子就会连续旋转。这种准确判断转子凸极位置的装置就是凸极位置传感器。转子极与定子极相对位置传感器安装于电动机内部，控制单元根据位置传感器提供的位置信息进行处理，并且判断和决定电动机定子绕组的关断和导通时刻，确保电动机连续换向运转。

三相绕组电动机工作原理如图 7-43 所示，当Ⅰ相绕组受到激励时，为减小磁路的磁阻，转子顺时针旋转克服转子阻力，直到转子极与定子极Ⅰ相对，此时磁路的磁阻最小（电感最大）。然后切断绕组Ⅰ的激励，给绕组Ⅱ施加激励，磁阻转矩使转子极 b 与定子极Ⅱ相对；给绕组Ⅲ施加激励，磁阻转矩使转子极 c 与定子极Ⅲ相对。一般转矩方向指向最近一对的磁极相对的位置，因此根据转子位置传感器的反馈信号，相绕组按Ⅰ→Ⅱ→Ⅲ→Ⅰ的顺序导通，使转子沿顺时针方向连续旋转。

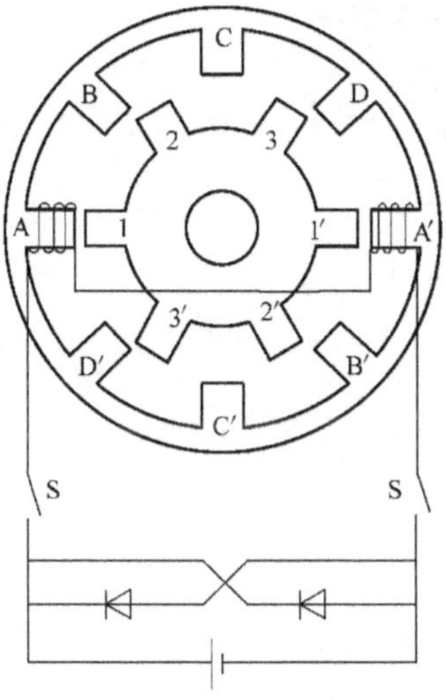

图 7-42 四相 8/6 极开关磁阻电动机的工作原理

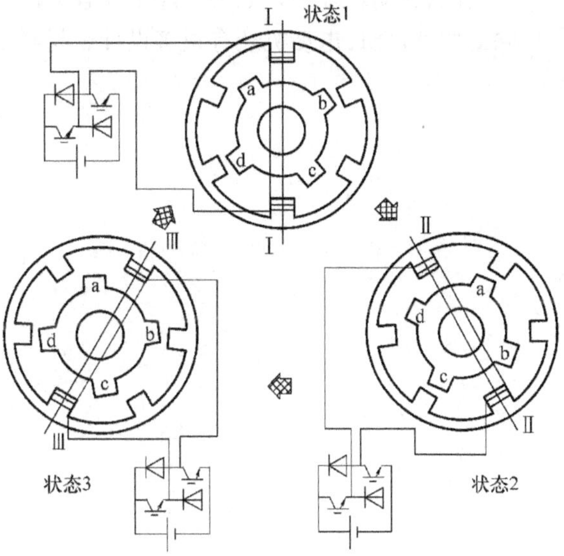

图 7-43 三相绕组电动机工作原理

3. SR 电动机的机械特性

开关磁阻电动机的驱动系统多采用计算机控制。在电动机速度小于或等于第一转折点转速 n_f 时（又称临界转速），通常用电流或电压斩波控制方式（CCC 方式）调节定子绕组中的电流（或电压）大小，来控制电动机转矩和过电流保护控制，实现恒转矩运行。当电动机转速大于 n_f 小于或等于 n_s（第二转折点转速），采用角度位置控制（APC）方式，电动机的转矩 M 随电动机转速的增加而下降，电动机功率保持不变，实现恒功率运转。在电动机转速大于 n_s 时，由于可控条件超过象限，转矩不再随转速的一次方下降，电动机变为串励特性运行，电动机的转矩连续随转速的增加而下降。开关磁阻电动机的控制方案如果设计合理，电动机可以实现低转速时恒转矩运行，高转速时恒功率运行，满足电动汽车使用要求。开关磁阻电动机机械特性如图 7-44 所示。

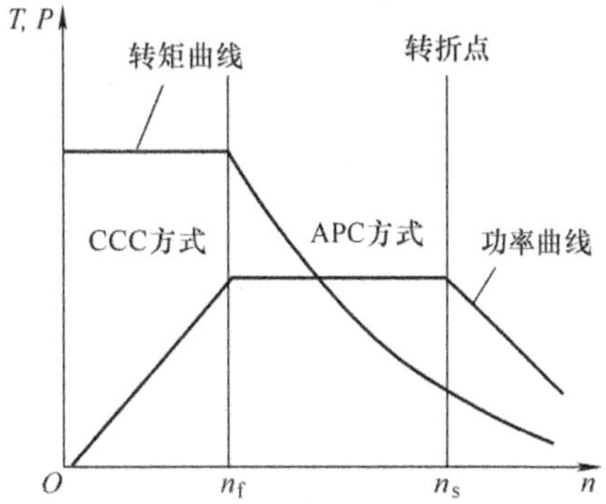

图 7-44 开关磁阻电动机机械特性

4. SR 电动机的特点

（1）优点 对 SR 电动机的理论研究和实践可以证明，SR 电动机具有许多显著的优点，具体表现在以下几个方面：

1）转子中没有磁铁和绕组，所以发热少，冷却容易。

2）材料为容易获得的硅钢板，有可能实现大批量生产。

3）高速情况下的运转是可能的，由于有凸极性，可以用电子的方法从电压电流等量中推定出转子的旋转角度，极低速情况下可以实现无传感器的运转等。

（2）缺点

1）如果不减小气隙，就得不到高效率和高的功率因数。

2）磁通量变化剧烈时会产生磁性噪声。

3）在高振动环境中，如果气隙小就容易出问题。

除此之外，SR电动机还有很多设计、材料上的难题尚未解决。

第八章　电动汽车的能源管理系统与辅助装置

传统燃油汽车供给的能源为燃料的化学能。无能量回收系统的纯电动汽车和燃料电池电动汽车的能源均只有一个，分别为电源和燃料电池。装备能量回收系统的纯电动汽车的能源则为两个：电源和汽车回收的动能。混合动力电动汽车的能源一般有三个：燃料的化学能、储能装置储存的能量和回收的汽车动能。燃料电池混合动力汽车的能源也有三个，与 HEV 的区别是其用燃料电池替代了内燃机。与燃油车类似，电动汽车也需要许多辅助子系统来提高汽车的操纵性和驾驶员的舒适性。其中有些辅助子系统，如蓄电池的充电器、电池管理系统（BMS）及再生制动系统是电动汽车所独有的。本章对电动汽车能源供给的管理系统、能量回收系统和能源供给系统的辅助装置进行介绍。

第一节　电动汽车的能源管理系统

一、概述

电动汽车能源管理系统是对动力系统能源转换装置的工作能量进行协调、分配和控制的软、硬件系统。能源管理系统的硬件由传感器、ECU 控制单元和执行元件组成，软件系统主要是对传感器输送来的信号进行计算处理，对能源转换装置的工作能量进行优化分析，并向执行元件发出指令，控制其动作。

电动汽车能源管理系统的功用是在满足汽车基本技术性能和成本等要求的前提下，根据各部件的特性及汽车的运行工况，使能量在各个能源转换装置之间按最佳路线流动，从而达到最高的整车能源利用效率。各能源转换装置为发动机、储能装置、电动机动力传递装置、功率变换模块、发电机和燃料电池等。

一辆设计优良的电动汽车，除了有良好的机械性能、良好的电驱动性能、选择适当的能量源以外，还应该有一套协调各功能部分工作的能量管理系统，使有限的能量得到最大限度的利用。因此，能源管理系统是电动汽车整车设计的一个重要环节。

由于不同种类的电动汽车其能源转换系统构成不同，其能量管理的软、硬件系统装置构成就有很大的差别。电动汽车中，能源管理系统最为简单的是纯电动汽车，能源转换装置由蓄电池、电动机/发电机、功率变换器及动力传递装置等组成，能源传递路线主要有由蓄电池到车轮（行驶）和由车轮到蓄电池（能量回收）两条。纯燃料电池电动汽车也与其类似。混合动力燃料电池汽车和混合动力电动汽车的能量转换装置通常有发电装置（发动机/发电机或燃料电池）、功率变换器、动力传递装置、能量储存装置、充放电装置等。其有四条能量传递路线：一是由发电装置到车轮；二是由蓄电池到车轮；三是由发电装置到能量储存装置；四是由车轮到能量储存装置（能量回收）。

二、纯电动汽车的能源管理系统

因为所有的电动汽车辅助子系统都涉及电能的控制，所以能量管理系统（Energy Management System，EMS）在现代电动汽车中起着非常重要的作用。输入能源管理系统电控单元ECU的参数有：车辆运行状态参数，如行驶速度、电动机功率等；各电池组的状态参数，如工作电压、放电电流和电池温度等；车辆操纵状态，如制动、起动、加速和减速等，如图8-1所示。能量管理系统采集纯电动汽车各子系统通过传感器收集到的运行数据，完成下列功能：选择电池的充电方案、显示蓄电池的荷电状态（SOC）、监控蓄电池的动作、预测剩余行驶里程、调节车灯亮度、调节车内温度以及回收再生制动能量为蓄电池充电等。其中，电池管理系统（Battery Management System，BMS）是能量管理系统中的一个主要子系统，它处理蓄电池的显示、测量、预测和全面管理等问题。

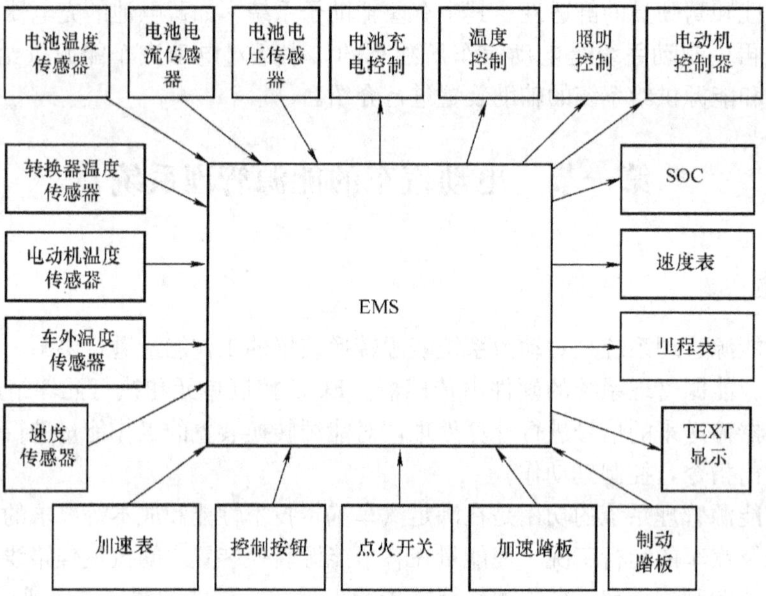

图8-1 电动汽车的能源管理系统

1. 电池管理系统

电池技术的进步与性能的提高对于电动汽车具有重要意义。为解决电动汽车商品化的问题，主要从两个方面进行研究改进：一是从产品角度，开发满足电动汽车使用要求的新型蓄电池。当前开发的电池主要有铅酸电池、镍氢电池、锂基电池和高温钠硫电池，其中铅酸电池，镍氢电池和锂基电池应用较多。另一方面是从使用角度研究，采用电池管理系统，充分发挥现有电池的性能，以提高其使用寿命。

根据电池特性对电池组实施有效的管理，对于保持电池组性能和延长寿命、提高电池使用效率、确保电动汽车的安全具有重要意义。我国已开发出多种应用在电动汽车上的蓄电池管理模块。根据电动汽车所采用的动力电池的类型和动力电池组的组合方法，电池组管理系统主要包括：动力电池组管理系统、热（温度）管理系统、高压电线线路管理系统。

动力电池组需要多节单体电池或多个蓄电池串联起来组成，其总电压为200～400V。动力电池组管理系统一般采用微处理器通过标准通信接口、CAN总线和控制模块等进行管理。

（1）动力电池组管理　监控动力电池组充电和放电时的电压和电流、动力电池组的温度变化等。通过显示装置来动态显示蓄电池在充电和放电工作过程中的SOC变化，避免动力电池组过充或过放，保护蓄电池不受损害，保持电池组的最佳工作状态。

（2）单节电池管理　对单节电池动态电压和温升的变化进行实时测量，对电池组中各个电池的不一致性进行监控和管理，能够及时发现和剔除有性能缺陷的单体蓄电池。

2. 电池管理系统的功能

1995年国际电工委员会（IEC）制订的电池管理系统标准中，规定电池管理系统应有的主要功能包括：显示荷电状态（SOC）、提供电池温度信息、电池高温报警、电池性能异常早期警报、显示电解液状态、提供电池老化信息、记录电池关键数据。

随着电动汽车的发展，对先进电池的需求以及对电池管理系统的要求也日益提高。电动汽车的电池管理系统比较复杂，需要针对车用动力电池专门研究。实用的电池管理系统的主要功能包括：数据采集、电池状态估计、热管理、能量管理、安全管理和通信功能。图8-2所示为电池管理系统的功能简图。

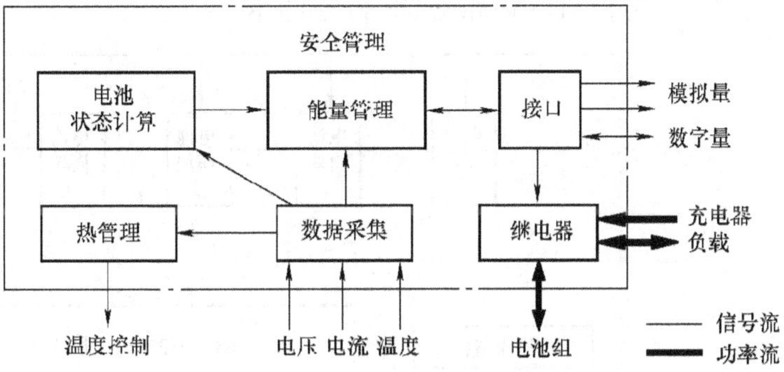

图8-2　电动汽车电池管理系统功能示意图

（1）数据采集　电池管理系统的所有算法都以采集的数据作为输入，采样速率、精度和前置滤波特性是影响电池管理系统性能的重要指标。电动汽车电池管理系统的采样速率一般要求大于200Hz（50ms）。

（2）电池状态估计　电池状态估计包括SOC（state of charge）和SOH（state of health）两个方面。SOC告诉驾驶员电池的荷电量，以此可以估计汽车还能行驶的里程；SOH告诉驾驶员电池的寿命还有多久。SOC和SOH是进行能量管理的重要参数。最常用的SOC估计方法是Ah计量结合效率补偿的方法。

（3）能量管理　在能量管理中，SOC、SOH、电流、电压、温度等参数作为输入用来完成下列功能：①用SOC、SOH和温度限制电池放电电流；②控制充电过程，包括均衡充电。充放电过程的监控和限制与电池种类、电池工艺关系很大。

（4）热管理　热管理的功能是使电池单体温度保持在合理的范围内并且要求均衡，对高温电池实施冷却，在低温条件下对电池进行加热等。对于大功率放电和高温条件下使用的电池，电池的热管理功能更为重要。

（5）通信功能　电池管理系统与车载设备或非车载设备的通信也是重要功能之一。根据应用需要，数据交换可采用不同的通信接口，如模拟信号、PWM信号、CAN总线或I^2C串行接口。

（6）安全管理　安全管理的具体功能为：防止电池过热而发生热失控；监测电池的电压、电流是否超过限制；防止电池过度放电，尤其是防止个别电池单体过度放电。

3. 典型的电动汽车电池管理系统

（1）美国通用汽车公司EV1电动汽车的电池管理系统　EV1电动汽车是世界上最为成

功的电动汽车之一，由美国通用汽车公司开发。该电动汽车由 27 个铅酸电池供电，电池寿命为 450 个深放电周期，可放电深度 80%，一次充电市内行驶里程 113km，高速公路行驶里程 145km。

EV1 电动汽车的电池管理系统包括：电池模块、电池组控制模块 BPM、电池组热管理系统和电池组高压断点保护装置四个组成部分。其中，电池组控制模块的功能如下：电池组高压保护；电池单体电压监测；电流采样；热敏电阻对不同部位温度采样；电量或里程计算；控制充放电；高压回路继电器。

（2）德国柏林大学研制的电池管理系统　柏林大学设计的电池管理系统总体结构如图 8-3所示，整个系统包括：温度调节模块、上位机诊断模块、显示模块、速度调节模块、为各个电池模块配备的平衡器。该系统采用 CAN 总线方式作为总体控制方案，微处理单元采用西门子公司的 Microcontroller 80C167CR。

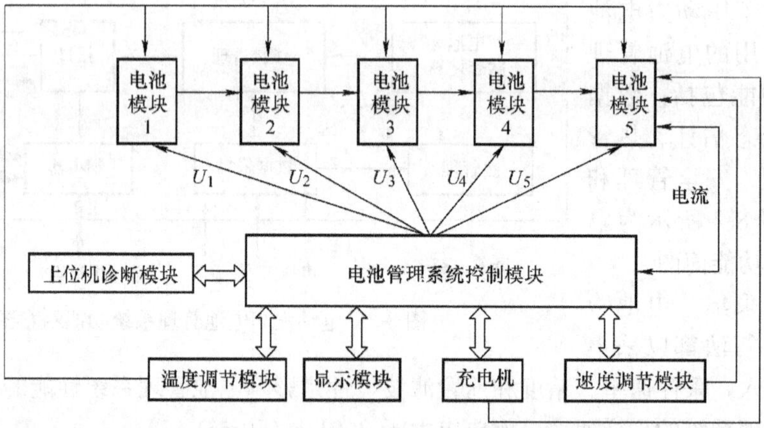

图 8-3　柏林大学设计的电池管理系统总体结构

该电池管理系统主要功能包括：防止电池过充过放；电池模块加平衡器实现均衡充电；基于模糊专家系统的剩余电量估计；电池组热管理；用神经元网络辨识电池老化信息；电池故障诊断，并且能及时调整模糊专家系统的参数、数据记录和存储，存储是为了电池诊断和维护工作保存历史数据。该电池管理系统是目前国际上功能比较齐全、技术含量比较高的先进的电动汽车用电池管理系统。

4. 电池 SOC 的估计和故障诊断

动力电池组管理系统应具有对 SOC 的显示功能或汽车在线可行驶里程显示功能。SOC 的误差应小于 8%。配备故障诊断专家系统，可以早期预报动力电池组的故障和隐患，具有自检和诊断功能，以及高抗干扰能力。

5. 电池的热管理系统

在电动汽车和混合动力汽车上，电池模块以串联或并联的方式组成电池组，以达到容量和电压的要求。要使电池组发挥出良好的性能，具有更长的寿命并保证使用安全，电池的工作温度需要限定在一个比较小的范围。电池热管理系统必须具有以下功能：电池组温度过高时有效散热；低温条件下快速加热；保证所有电池单体较好的温度一致性以及有害气体产生时的有效通风。

带有温度测量装置的动力电池组的强制冷却系统如图 8-4 所示。动力电池组在工作时有发热现象，需要用温度传感器来测定每一个电池在工作过程中的温度，对蓄电池组进行管理，并且采取强制通风来保证电池组正常的工作温度和延长蓄电池的寿命。

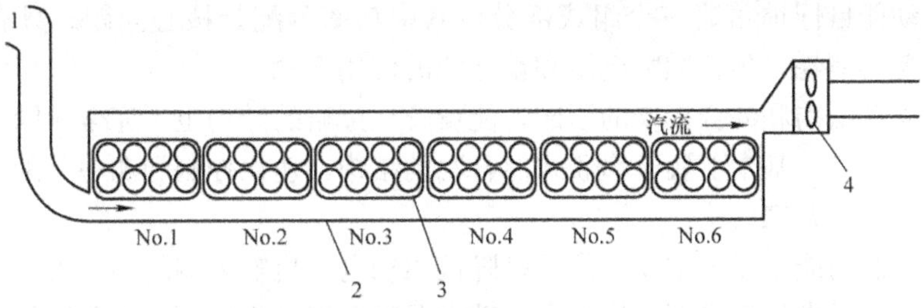

图 8-4 带有温度测量装置的动力电池组的强制冷却系统
1—空气吸入管道 2—动力电池组密封支架 3—分电池组 4—风扇

电池组中电池单体或模块之间的温度差异主要由以下两个因素引起：一方面是电池单体由于内阻的差异而引起的在工作中发热量的不一致性，主要源于生产商的质量控制水平；另一方面是电池单体或模块在电池箱中所处位置的差异而引起的电池单体或模块传热效率的不一致性，处于电池箱中间位置的电池单体容易积累热量，边上的电池散热条件要好些。

电池组内单体或模块之间温度的不一致性会加剧电池内阻和容量的不一致性，进而影响电池组的性能和寿命。

利用不一致性的电池在充电过程中电池的温度高于正常电池温度的原理，来识别具有不一致性的蓄电池，从而对蓄电池的不一致性进行监测。如果发现某个电池的温升处于不正常状态，故障诊断系统会报告该蓄电池所在位置。

6. 安全防护

动力电池组的总电压可以达到 200～400V，而高电压应采取有效的隔离措施。一般要求将动力电池组与乘坐区分离。汽车停止使用时，自动切断电源；电动汽车发生碰撞或倾覆时，电池管理系统应能立即切断电源并报警，不会发生电解液对人体的伤害或引起火灾。

电动汽车上实现能量管理的难点在于如何根据所采集的每块电池的电压、温度和充放电电流的历史数据，来建立一个确定每块电池还剩余多少能量的较精确的数学模型。美国通用休斯电子公司已研制并在电动汽车上应用了铅酸电池能量管理系统。在电动汽车上，除了有必要使用电池能量管理系统外，在选用电池组中的电池时，应尽量选用各种特性参数接近的电池，这对提高电池组中各电池单体的使用寿命也是非常重要的。

三、燃料电池汽车和混合动力汽车的能源管理系统

由燃料电池或燃油发动机与储能装置组成的混合动力汽车，其能量传递路线有四条，每一条能量流动线上的能量流的开始和关闭时刻以及大小等对整车的性能都有重要影响。能源管理系统属于汽车控制系统的一部分，应在汽车控制系统选定的工作模式下，对能量流的分配进行优化和最佳控制。

1. 燃料电池汽车的能源管理系统

相对于纯电动汽车来说，燃料电池电动汽车的能源管理系统比较复杂。

能量管理策略的任务就是控制汽车动力系统的能量传输和转换过程，从而达到期望的系统响应。具体地说，就是在不影响汽车性能和部件寿命的前提下，均衡各部件的工作负荷，

从而降低能量损失，提高燃料经济性。

对于具有多个能量源的燃料电池汽车来讲，能量管理策略主要包括功率分配策略、速比控制策略和制动能量回馈策略三个组成部分，其中功率分配是核心问题。只有三者紧密结合，才能降低燃料消耗，延长燃料电池和蓄电池的使用寿命。

根据混合驱动结构和混合程度的不同，能量管理策略的结构也不完全相同。对于燃料电池混合动力汽车来说，基本上属于串联式混合驱动结构，速比控制和功率分配是解耦的，相对来说不复杂，可分开来讨论。

速比控制和制动能量回馈主要目的就是降低驱动电动机输入端的功率需求；而功率分配是研究在给定功率需求的情况下，协调多个动力源的功率输出比例，从而增加能量利用效率并且提高整体的燃料经济性。

（1）能量管理策略的任务　对于采用蓄电池的燃料电池汽车来说，能量管理策略的主要任务为：

1）在不损害蓄电池的情况下，满足汽车动力性的设计要求，保证可接受的驾驶性。

2）确定燃料电池系统的运行状态（开启或关闭），从而获得最大的燃料经济性。

3）根据驾驶员转矩需求和子系统的限制条件来确定车轮转矩命令。

4）确定动力系统的驱动模式和各模式之间的转换机制，确定传动系的速比。

其中，蓄电池工作状态的控制是能量管理策略所要解决的基本问题。主要考虑以下因素：

1）蓄电池效率是SOC的函数，并与内阻密切相关。必须选择一个蓄电池的最佳工作区域，降低充放电损失，同时保留额外的吸收峰值功率的空间。

2）控制蓄电池的充放电深度，放电深度和频率会影响到电池的循环寿命。

3）电池所储存的能量在整个循环工况下要达到平衡。

（2）能源管理系统的结构　燃料电池汽车能源管理系统的结构如图8-5所示，能源管理系统根据当前状态，如车速、电池SOC等，以及驾驶员的转矩需求信号，决定当前汽车的最佳挡位。如果转矩需求为负值，即为制动状态，就需要根据预先设定的制动能量回馈策略来确定电动机的回馈转矩。在确定了所有负载的功率需求后，可以根据功率分配策略计算出对燃料电池系统的需求功率，来保证在满足当前动力需求的前提下获得较好的整车能量效率。

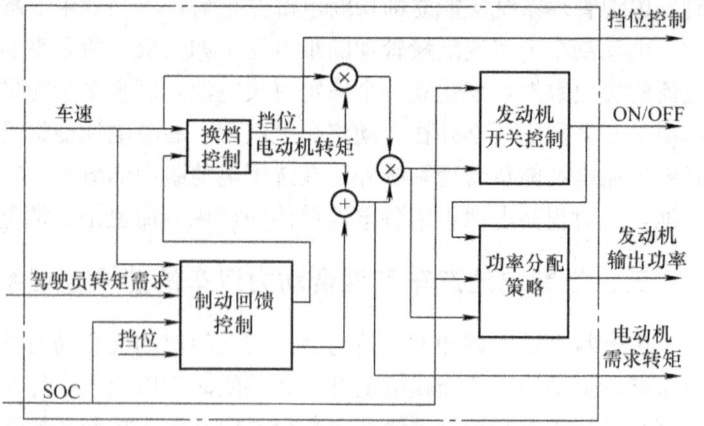

图8-5　燃料电池汽车能源管理系统结构

2. 混合动力汽车的能源管理系统

（1）长安混合动力汽车的系统结构　能源管理系统与汽车各个系统的关系以长安混合动力汽车的系统结构为例说明，如图8-6所示。图中CVT为无级自动变速器，MT为手动换挡变速器。该车的能源传递路线有四条：第一条路线为从四缸电喷发动机到轮胎；第二条路线为动力电池组到轮胎；第三条为从发电装置 ISG 到动力电池组；第四条路线为轮胎到动力电池组，在汽车下坡或制动工况时，由发电机/电动机 ISG 将汽车的再生或制动的能量储存到动力电池。

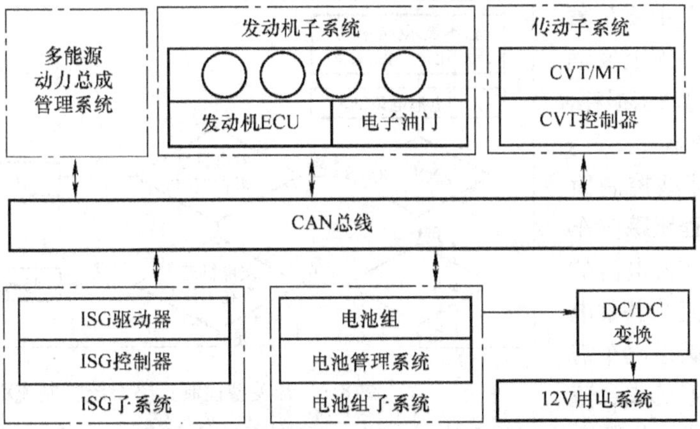

图 8-6　长安混合动力汽车的系统结构

发动机 ECU 和电子油门对发动机进行控制。ISG 子系统通过 ISG 控制器和驱动器进行控制。电池管理系统对电池组的荷电状态进行控制。通过 CAN（Controller Area Network）总线，混合动力系统中所有控制子系统向多能源动力总成管理系统发送子系统运行信息，并且接受多能源总成管理系统的控制命令，通过多能源动力总成管理系统来实现混合动力系统的控制协调。

（2）串联型混合动力电动汽车的能源管理系统控制策略　混合动力电动汽车的能源管理系统非常复杂，随系统组成的不同而有很大差别。对由内燃机和储能装置组成的串联式混合动力汽车的结构，能源管理系统相对来说比较简单，分析如下：

能源管理系统的目标是使发动机工作在最佳效率区和排放区，尽量减少系统自身能耗，从而实现最高的能量转换效率。串联型混合动力汽车的发动机与汽车行驶工况没有直接联系，能量的来源主要有：由电网充入蓄电池的电能、由燃料化学能燃烧转变来的电能以及回收的制动减速的能量。系统所消耗的能量除了驱动车轮的动力能量以外，还有一些损耗，如电动机自身的损耗、发动机/发电机组的损耗、电池充放电过程中的损耗等。要尽量使这些损耗降到最低限度。

串联型混合动力汽车的发动机能源管理系统的控制策略有多种，如开关型控制策略和功率跟踪型（Power-Follower）控制策略。

1）开关型控制策略也称为恒温器型（Thermostat）控制策略，其特点是让发动机开机后恒定地工作于效率最高点。为了保证良好的蓄电池组充放电工作性能，预先设定蓄电池充电状态的最大值与最小值。当蓄电池的充电状态为最小值时，发动机工作并向蓄电池充电；当蓄电池的充电状态为最大值时，发动机停止向蓄电池充电。

开关型控制策略系统控制流程如图 8-7 所示，由系统初始化模块、数据采集模块、数据处理模块和数据显示模块组成主要的系统软件。蓄电池充电状态的最小值和最大值分别设定为 60％和 80％。系统主要功能包括：控制发电机控制器；监控和管理电动机控制器；监控电池组工作状况；根据电池组电量自动起动或关闭发电机组，对电池组进行充电或停止充电。

开关型控制策略的优点是保证发动机工作于效率最高点，所以其热效率高，有害排放少。其缺点主要是蓄电池充放电频繁，加上发动机起动、停止时的动态损耗，系统总的损失功率增大。

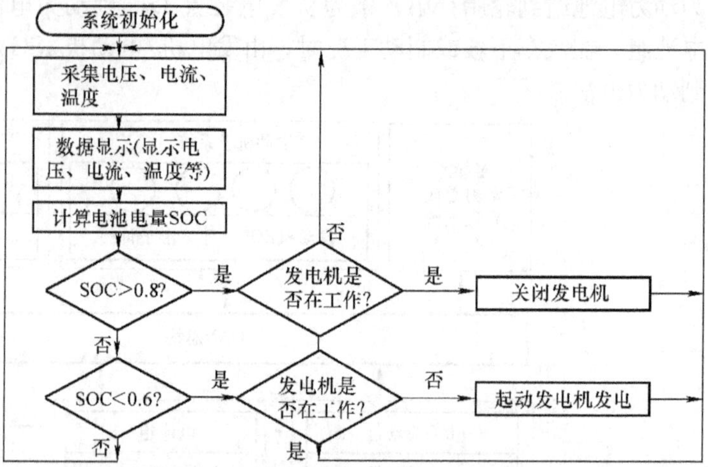

图 8-7　开关型控制策略系统控制流程

2）功率跟踪型控制策略是由发动机全程跟踪汽车功率需求，只有在蓄电池的充电状态为最大值并且蓄电池提供的功率能满足汽车需求时，发动机才停机或怠速运行。此策略的优点是蓄电池充放电次数减少，因而系统内部损失减少；另外可以采用小容量的蓄电池，从而减轻汽车质量，减小行驶阻力。其主要不足是发动机必须在较大的工况范围运行，平均热效率较低，有害排放较多。

第二节　充　电　器

电动汽车的蓄电池在放电后要及时充电，否则不仅汽车不能继续使用，还会缩短蓄电池的使用寿命。对于电动汽车而言，蓄电池充电器是不可缺少的子系统之一，蓄电池的电能用完之后，用它来充电。

用蓄电池组成的动力电池组是 EV 上唯一的电源；在 FCEV 和 HEV 上，用蓄电池组成的动力电池组是二者的辅助电源。任何蓄电池都不会自行产生电荷，只有向蓄电池进行充电后，蓄电池才能工作。而且蓄电池放电到电压达到终止电压时，必须再次进行充电。蓄电池的工作是以充电—放电—充电—放电的循环方式进行的。

电动汽车的充电器一般分为车载和非车载两种。有的电动汽车自身带有充电器，可直接与工频电连接，利用车载充电器进行充电。多数电动汽车无车载充电器，需要独立的充电器进行充电。带车载充电器的现代电动汽车也可以利用非车载充电器进行充电。目前的电动汽车蓄电池仍以铅酸蓄电池为主，正确使用蓄电池，及时进行充电可有效降低汽车的使用成本。

一、蓄电池的充电方法

电动汽车的动力电池组是由同类型和同型号的蓄电池，用串联、并联或串并联方式组合而成的。对蓄电池的充电是动力电池组的主要管理方面，正确地充电是保证动力电池组正常工作和延长使用寿命的基本保养方法。蓄电池的充电方法有恒压充电、恒流充电和快速充电等。不同的充电方法有相应的充电工艺要求，具体实施时应重视这一点，否则会损坏蓄电池。

1. 恒压充电

恒压充电是保持蓄电池充电压一定的充电方法，对每个单体蓄电池均以某一恒定电压进行充电。其特点是充电速度较快，且随着充电的进行，充电电流会逐渐减小，电压设定适当时，充足电时会自动停充。

恒压充电的缺点是不能保证蓄电池彻底充足电，如果蓄电池放电深度过深，充电的电流会很大，不仅会危及充电器的安全，而且可能对蓄电池造成损害。若充电电压选择过低，后期充电电流过小，又会导致充电时间延长。

通常采用恒压限流的方法来弥补恒压充电的缺点：在充电电源与蓄电池之间串联一个限流电阻。当电流大时，限流电阻上的电压降也大，从而降低了充电电压；当电流小时，限流电阻上的电压降也小，从而提高了充电电压，这样就使充电电流得到自动调整，使充电初期的电流控制在一定限度内。

2. 恒流充电

恒流充电是保持蓄电池的充电电流不变的充电方法。恒定电流用调整充电器的电流来控制，在一般的硅整流器充电器中即可实现，充电操作简单方便，但要求采用小电流、长时间的充电模式，恒流充电一般需要 15h 以上。

将恒流充电变型为分阶段恒流充电，也称为递减充电，使充电电流能够在充电后期逐渐减小，适应蓄电池的特性。恒流充电的方式通常分为两个阶段：第一阶段的充电电流取额定容量的 1/10；第二阶段的充电电流减小一半，即取额定容量的 1/20。当蓄电池的单格电压上升到 2.4V（相对铅酸电池而言），电解液中有气泡冒出时，由第一阶段转入第二阶段。蓄电池充足电的标志是：单格蓄电池的充电电压达到约 2.7V；电解液中有大量气泡产生；电解液的密度上升到最大值。

恒流充电分阶段既能缩短充电时间，又可以减少蓄电池充电时的能量消耗和电解液中水的损失，保证蓄电池充足电。恒流充电的优点是，可以保证蓄电池彻底充足电，延长蓄电池的使用寿命，减少蓄电池硫化故障产生的倾向。其不足之处是充电时间比较长。到目前为止，恒流两阶段充电法是铅酸蓄电池充电中最常用的方法。恒流充电的特性如图 8-8 所示。

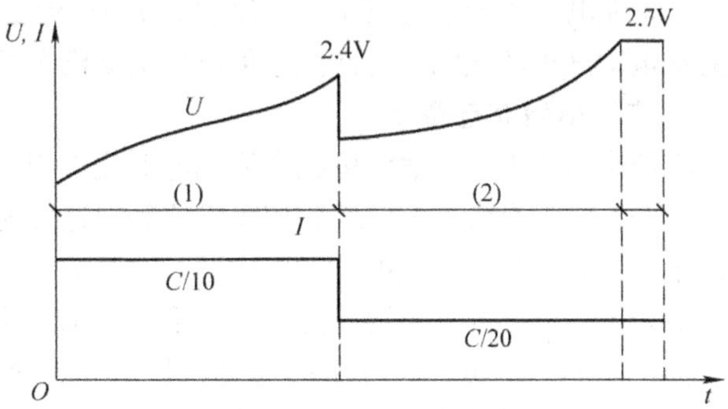

图 8-8 恒流充电的特性

3. 快速充电

快速充电是一种快捷方便的充电方法，对铅酸蓄电池的充电可以缩短到 2～3h。快速充电过程中遵循的原则是：在可能的情况下，向蓄电池施以尽量大的充电电流，又不使蓄电池的析气量过大，同时还要防止蓄电池过充电。

对蓄电池进行快速充电既不能用较高的恒压充电，也不能用恒流大电流充电，否则蓄电池温度会很快上升，损伤电极和耗费电能。快速充电是使电流以脉冲的方式输送给蓄电池，对电池充电，然后让电池短时间、大脉冲放电，在整个充电过程中使电池反复充、放电。

4. 智能充电

智能充电应用 dU/dt 的技术，跟踪检测蓄电池端电压在单位时间内的变化量，尤其在蓄电池充电的后期，各种蓄电池在充电后期呈现不同的变化规律；并且要动态跟踪蓄电池可接受的充电电流，使充电电流始终处于蓄电池可接受的充电电流曲线附近。dU/dt 的值只要得到确定，蓄电池的充电深度就基本确定，并可以判断终止的条件。

5. 均衡充电

在全浮式或半浮式充电运行的动力电池组中，虽然动力电池组中的蓄电池都是运行在相同的条件下，但由于种种原因可能出现各蓄电池之间的不均衡。

均衡充电是以小电流进行 1 ～ 3h 的过充电过程，一般来说，均衡充电不能频繁进行。

在电动汽车上根据发动机-发电机的发电情况和动力电池组的情况，选择不同的充电方法，各种充电方法可以兼用。

二、充电器的类型

1. 充电站、停车场和维修站用大中型充电器

充电站、停车场和维修站用大中型充电器通常采用 380V 三相交流充电器。这类充电器要求体积小、质量轻、操作简便、工作可靠、能够自动控制和有自检系统等，可供多辆汽车在夜间停驶时进行充电，充电时间一般为 5～10h。

2. 家庭用小型充电器

家庭用小型充电器一般采用单相交流充电器或单相/三相交流充电器。这类充电器一般要求体积小、质量轻、便于安装和移动、操作简便、工作可靠、显示准确和能够自动控制等，可供私家汽车在夜间停驶时进行充电，功率为 3～5kW，充电时间为 5～10h。它也可以用于快速充电。美国福特汽车公司研制的 Posicharge 快速充电器，只用 10～20 min 时间即可完成电动汽车的充电，每次充电可以供电动汽车行驶约 90km。

3. 车载小型充电器

车载小型充电器一般为单相交流充电器或单相/三相交流充电器，要求体积小、质量轻、可靠性好、便于在汽车上安装、使用方便等。这类充电器通常以感应式为主要形式，能够全天候地进行充电和快速充电。

清华大学研制的车载智能充电器，采用 IGBT 功率器件控制和优化多段充电方法，能够对电池进行电流、温度、电压的检测、显示和报警，输出电压为 12～360V，最大电流为 9A。该充电器具有自检、安全保护和简单故障判断功能，可以对充电电压、电流进行分析和调控，并能控制均衡充电，提高充电效率和缩短充电时间。

充电器的基本参数是端电压、充电电流和充电时间等。端电压和充电电流是决定充电器的容量大小、电源输入相数和电路形式的主要因素。端电压越高，所需要的电源容量就越大，输入电源的相数也越多，一般为三相交流电源。

用于 EV 的家庭用小型充电器和车载小型充电器，是容量不低于 10～15kW 的单相或单相/三相交流充电器，具有快速充电的能力。

三、电动汽车的蓄电池充电器

电动汽车蓄电池充电器的基本功能有三个：一是由市电进行电力变换提供直流电；二是

供给与蓄电池额定条件相对应的电力；三是当蓄电池充满后自动停止充电。

根据充电器是否安装在车内，充电器可分为车载和非车载两种。车载充电器一般设计为小充电率，充电时间长，一般为5～8h，要求其尽可能体积小、质量轻（一般小于5kg）。由于充电器和电池管理系统都装在车上，所以它们相互之间容易利用电动汽车的内部线路网络进行通信，而且蓄电池的充电方式是预先定义好的。

非车载充电器没有质量和体积的限制，一般设计为大充电率。由于非车载充电器和电池管理系统是分开的，它们之间必须通过某种方式进行通信。根据电池管理系统提供的关于电池的类型、荷电状态、电压和温度等信息，非车载充电器选择一种合适的充电方式为蓄电池充电，以避免蓄电池的过充和过热。

根据充电时的能量转换方式的不同，充电器分为接触式和感应式两类。接触式是将带插头的交流动力电缆线插到电动汽车的插座中给电池充电，而感应式则通过电磁感应耦合的方式进行能量转换给电池充电。两者分别适合于户内和户外充电。车载和非车载充电器都可以是接触式或感应式的。

1. 接触式充电器

接触式充电器采用插头与插座金属接触的方式来导电，优点是工艺简单、技术成熟和成本低廉。这种充电器有很多种电路结构。无调节装置的充电器电路如图8-9所示，带调节装置的充电器电路如图8-10所示。

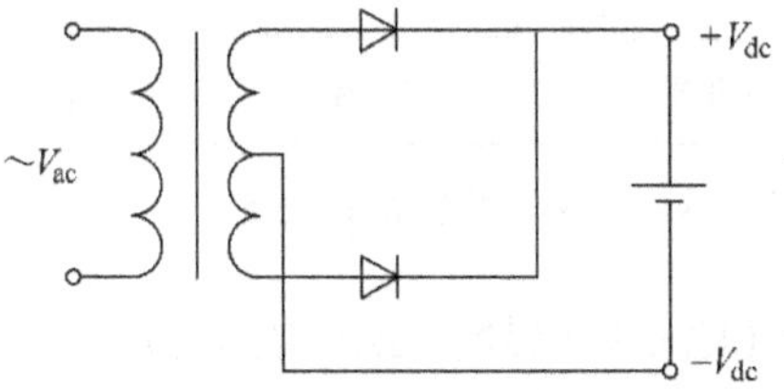

图8-9　无调节装置的充电器电路

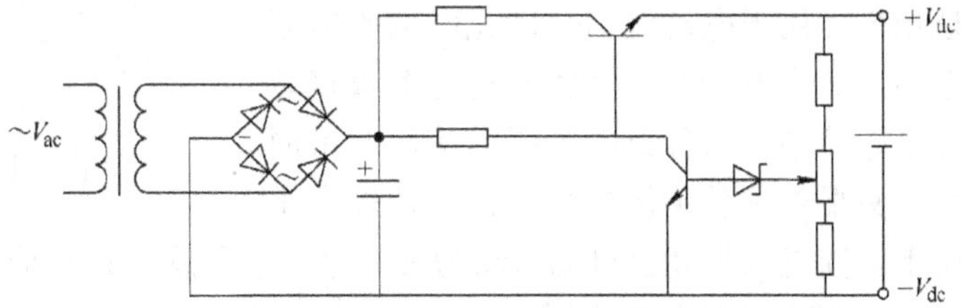

图8-10　带调节装置的充电器电路

电动汽车所用的非车载接触式充电器的典型布置方案如图8-11所示。该充电器由两部分组成：一个是将输入的交流电转换为直流电的整流器；另一个是调节直流电功率的功率转换器。把电线的插头插入电动汽车上相对应的插座中，直流电能就输入蓄电池对其充电。为了方便插入和取出插头，充电器设置了一个锁止杠杆，杠杆还能提供一个确定已经锁紧的信号，如果没有此信号，充电器就不会给电池充电以确保安全。根据非车载充电

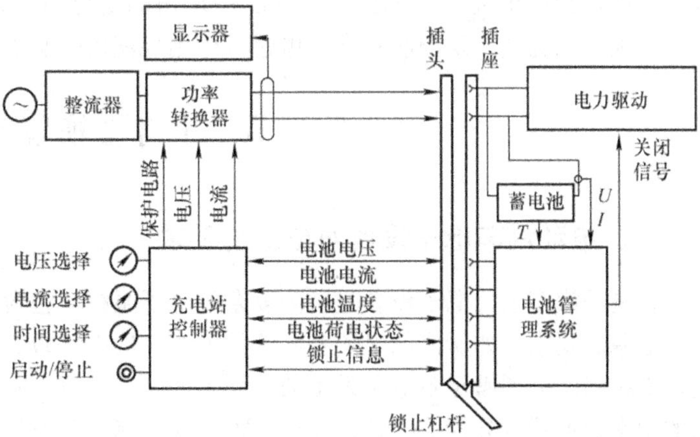

图8-11　非车载接触式充电器的布置方案

器和车上电池管理系统相互之间的通信，功率转换器能在线调节直流充电功率，而且非车载充电器能显示充电电流、电压、充电的电能、所需的充电费用等。

2. 感应式充电器

感应充电器将电能从充电器感应到电动汽车上来给蓄电池充电。如图 8-12 所示，感应充电器是利用高频变压器原理，高频变压器的一边绕组装在离车的充电器上，另一边绕组嵌在电动汽车上。充电器将 50～60Hz 的市电转换成 80～300Hz 的高频电，然后再感应到电动汽车一方。整流电路将高频交流电变换为能够为蓄电池充电的直流电。由于在充电过程中充电器与电动汽车之间无任何金属接触，电动汽车的充电更为安全可靠。感应充电方式可以在任何天气条件下，包括雨雪天或者是暴风雨，安全地进行充电，其不足之处是充电时不可避免地有感应损耗，而且投资成本高。

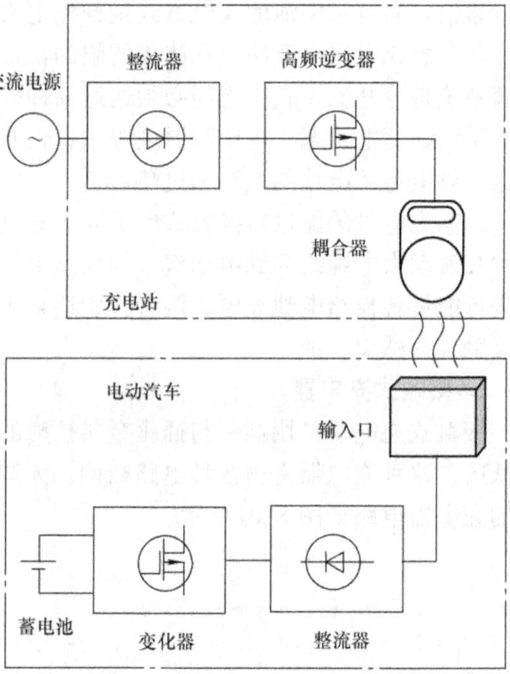

图 8-12 感应式充电器的充电原理

电磁充电已应用到电动汽车感应充电器之中，其功率范围为 1～120kW。目前还出现了用于电动汽车自动充电的感应充电器，其充电方式是将感应充电器直接装在泊车位中。这种充电系统的使用非常简单，只要驾驶员确保将汽车正确地停在车位上，充电系统就会自动启动为其充电。这种感应式自动充电系统已经在法国得到应用。

3. 镍氢电池的充电器

由于充电电流的影响，镍氢电池在充电过程中会出现电池温度过高的现象，影响电池的充电效率。一般采用智能充电器对镍氢电池进行充电。

根据镍氢电池在充电前的温度和电压，智能充电器决定对其的充电方式，而且能够根据其在充电过程中出现 T、$+\Delta T$、U、ΔU 的增值的变化情况，自动轮流转换充电方式，直到镍氢电池充满为止，从而防止在充电过程中出现温度过高的不良现象。

第三节 电源变换装置

一、电动汽车电子设备对电源的要求

在电动汽车上，电子设备是极为复杂的电子系统，包含许多作用不同的功能块，各功能块对电源的要求，如所需的电压和电流的大小、功率等级、电磁兼容性、安全可靠性等指标也各不相同。为了满足各电子设备的不同需要，电动汽车必须使用各种功率变换器。目前使用的功率变换器可分为 DC/DC、DC/ AC、AC/DC 三种类型。它们各自有不同的适用范围，使用最多的是前两种。

二、DC/DC 功率变换器

(一) DC/DC 功率变换器的功用

在电动汽车的电子系统中，由于直流总线不可能满足性能各异、种类繁多的元器件对直流电源的电压等级、稳定性等要求，因此必须采用各种 DC/DC 功率变换模块。DC/DC 变换模块的直流输入电源来自系统中的电池或者直流总线。例如，一个 12V 的汽车电池在起动电动机时电压可低至 6V，充电时其电压可高达 15V 以上。要使汽车电子设备正常工作，必须使用一个 DC/DC 功率变换模块，将宽范围变化的直流电压变换成稳定性能良好的直流电压。

电动汽车的 DC/DC 变换器的主要功用是给 ECU 控制单元、车灯、小型电器等汽车附属设备提供电力和向附属设备电源充电。传统燃油汽车依靠发动机带动交流发电机发电供给附属用电设备和附属设备的电源。由于纯电动汽车和燃料电池电动汽车无发动机，混合动力汽车的发动机间断地工作，并且多带有自动停止怠速装备，因此电动汽车必须靠主电池向附属用电设备及其电源供电，DC/DC 功率变换器因此成为电动汽车必不可少的设备。

(二) DC/DC 功率变换器的分类

从开关控制方式来分，DC/DC 功率变换电路有脉宽调制式 PWM（Pulse Width Modulation)、脉冲频率调制式 PFM（Pulse Frequency Modulation）及脉宽和频率混合调制式硬开关电路，也有零电压或零电流软开关 PWM 电路和各种谐振式、准谐振式变换器。

从拓扑结构来分，DC/DC 功率变换电路有升压型、降压型、升/降压型、正激型、反激型、反相型、全桥式正激型、半桥式正激型及推挽式正激型等。

适用于电动汽车辅助子系统能量供给的两种基本的 DC/DC 变换器：非绝缘型和绝缘型，如图 8-13 所示。非绝缘型的特点是负极与车身相连，结构简单，成本低；绝缘型的特点是负极与车身绝缘，主电源的高等级电压与辅助电源的低等级电压隔离开来。这两种 DC/DC 变换器的工作效率都很高，一般为 85%～95%，并且适于商用。

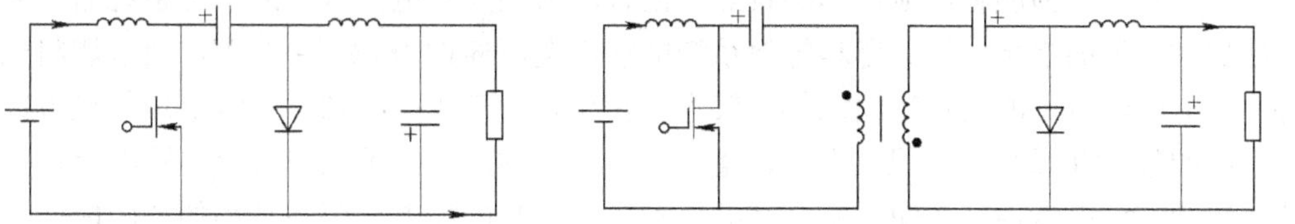

a)　　b)

图 8-13　两种基本的 DC/DC 变换器

a）非绝缘型　b）绝缘型

(三) DC/DC 变换器的电路举例

DC/DC 变换器的构成示意图如图 8-14 所示，由功率回路和控制回路组成。

以控制电路的驱动信号为基础，功率回路打开或者关闭晶闸管，输入直流电，供给变压器交流电压，在变压器中变压之后得到交流电压，再经过整流二极管的整流作用，得到断续直流电压，然后经平滑电路平滑后对辅助电池充电。控制回路还具有输入过电压保护、输出限流、过热保护和报警功能。

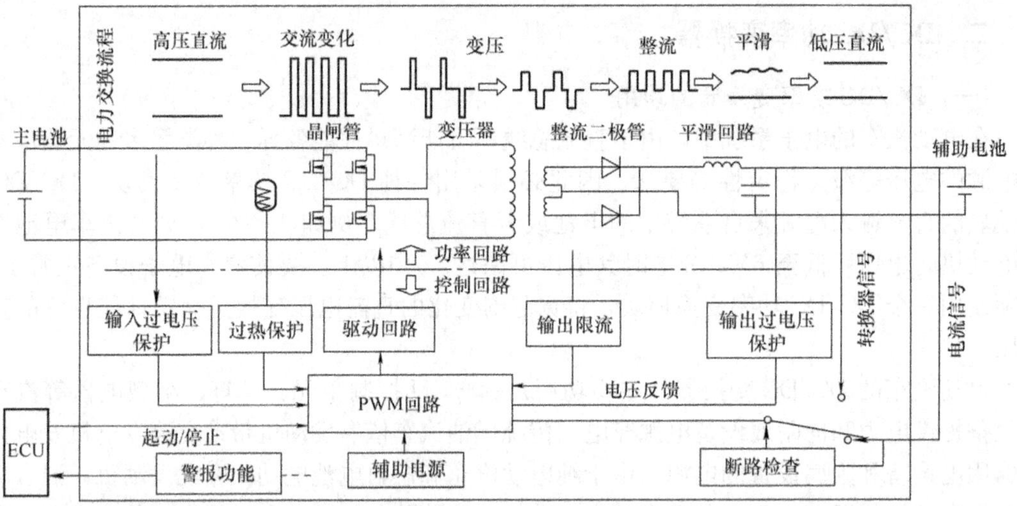

图 8-14 DC/DC 变换器构成示意图

（四）燃料电池汽车的 DC/DC 功率变换器

1. 燃料电池汽车 DC/DC 功率变换器的功用

对于燃料电池电动汽车来说，DC/DC 功率变换器的作用更为重要，是燃料电池汽车的关键技术之一。

（1）燃料电池的特性　一般来说，燃料电池输出的电压比电动汽车动力总线的电压要低，且随着输出电流的增加，电压下降幅度比较大，也就是说特性比较软。由燃料电池的特性和其动态响应特性所决定，直接利用燃料电池作为 FCEV 的动力源有一定困难，为了实现燃料电池输出电压与动力总线电压匹配，就需要有一个 DC/DC 功率变换器。另外，为了控制燃料电池的能量输出，也需要有一个 DC/DC 功率变换装置。因此有必要引入动力 DC/DC 功率变换器来与燃料电池配合使用。

（2）混合动力型燃料电池汽车的特点　混合动力型燃料电池汽车的动力系统通常采用燃料电池加蓄电池的混合结构。燃料电池系统的输出电压通常为 240～430V，而且燃料电池的外特性（电压随电流的变化）曲线斜率较大。相反，由于较高的动力总线电压等级可以提高驱动系统的效率并减小其体积及重量，蓄电池组的标称电压一般设计在 380V 以上；而且由于蓄电池的充放电特性及其使用安全性的要求，蓄电池的端电压应在较小的范围内变化。所以燃料电池难以直接和蓄电池并联使用。解决的方法是在燃料电池的输出端串接一个对燃料电池的输出电压进行升压变换及稳压调节的 DC/DC 功率变换器，使 DC/DC 功率变换器的输出电压和蓄电池工作电压相匹配，并且控制燃料电池的最大输出电流和功率，起到保护燃料电池系统的目的。

混合型燃料电池汽车所采用的电源有不同的特性，燃料电池或发动机-发电机组只提供电能，电流的方向是单向的。而蓄电池和超级电容器在充放电时，电流的方向是可逆的。各种电源的电压和电流受工况变化影响而不稳定，但驱动电动机不能适应其变化，所以在电源与驱动电动机之间需要装置 DC/DC 功率变换器。在燃料电池或发动机-发电机组与电动机之间需要装置单向 DC/DC 功率变换器。在蓄电池和超级电容器与电动机之间需要装置双向 DC/DC 功率变换器。

2. DC/DC 功率变换器的工作原理

（1）双向 DC/DC 功率变换器　在以蓄电池和超级电容器组成的混合电源上，超级电容器在接受外电源充电或制动反馈的电能时，以大电流的充电的形式工作；在电动汽车起动或加速时，以大电流的放电的形式工作。一般蓄电池以稳态充、放电的形式工作。蓄电池和超级电容器与电力总线之间装置双向升、降压型 DC/DC 功率变换器。

双向 DC/DC 功率变换器的结构如图 8-15 所示。输入端装置由两个导通开关和两个整流器分别组成的两个大功率的直流电变换器（IGBT），以及电容 C 和电感 L_2，输出端装有电感 L_1。

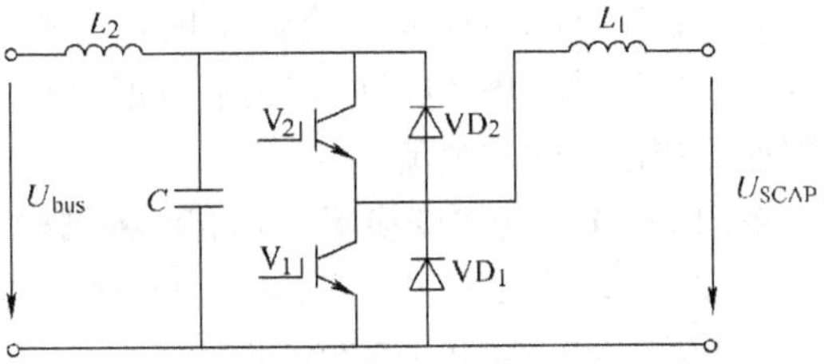

图 8-15　双向 DC/DC 功率变换器

C—电容　V_1、V_2—导通开关

VD_1、VD_2—整流二极管　L_1、L_2—电感

当双向 DC/DC 功率变换器处于充电工况时，导通开关 V_1 切断、V_2 导通，充电时的电流或者储存制动反馈时的电流经动力总线向蓄电池或超级电容器充电，在通过电感 L_1时，部分电流暂时存留在 L_1 中；当 V_2 关闭后，L_1 中存留的电流通过整流器 VD_2 转存在 C 中。双向 DC/DC 功率变换器在对超级电容器充电时处于降压（Buck）状态。超级电容器电路上装置的电感 L_1 可以减小进入超级电容器线路的电流脉冲。

当双向 DC/DC 功率变换器处于放电工况时，导通开关 V_1 导通，V_2 切断，蓄电池或超级电容器放电，电容 C 中储存的电荷也同时放电，电流由超级电容器向动力总线流动，双向 DC/DC 功率变换器对外放电处于升压（Boost）状态。总线电路上装置的电感 L_2 可以减小进入总线的电流脉冲。

对超级电容进行充放电控制的双向 DC/DC 功率变换器位于电压总线与超级电容之间。当总线电压对超级电容进行充电时，它起到降压变换器的作用；当超级电容对电压总线释放能量时，它起到升压变换器的作用。

（2）单向 DC/DC 功率变换器　燃料电池汽车 DC/DC 功率变换器的关键技术之一是设计合理的输出特性，实现从燃料电池输出电压到蓄电池工作电压之间的变换，并且为了保证燃料电池的安全运行，需要限制燃料电池的输出功率和电流。

在 FCEV 上由于燃料电池是由燃料直接产生电能，因此采用了单向 DC/DC 功率变换器。DC/DC 功率变换器的控制结构如图 8-16 所示，根据整车动力系统的设计要求，确定 DC/DC 功率变换器的输出电压给定值。当燃料电池电流逐渐增大时，电压基本保持平稳，通过对输出电压的闭环控制，实现变换器的恒压输出，如图 8-17 所示的 AB 段。随着燃料电池电流的继续增大，燃料电池输出电压下降，DC/DC 功率变换器实时检测燃料电池的输出电压，当该电压下降到下限值时，DC/DC 功率变换器就根据燃料电池的输出功率进行恒

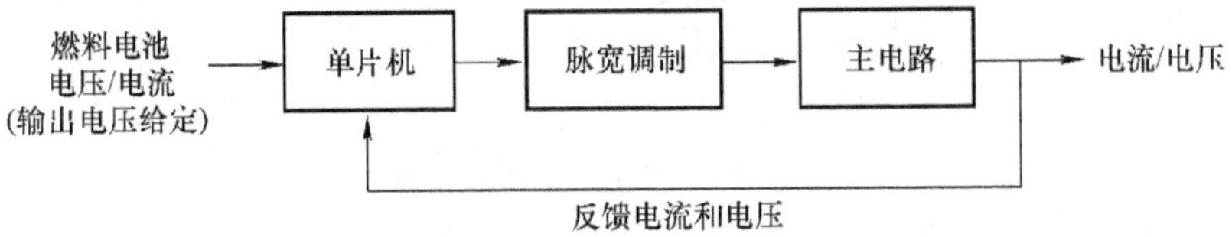

图 8-16　DC/DC 功率变换器的控制框图

功率输出，如图 8-17 所示的 *BC* 段。由于在输出电压下限值时的燃料电池输出功率要受到反应温度、压力等外部环境条件影响，所以 *BC* 段的功率大小不能提前确定，只能通过检测此时燃料电池输出的电压和电流，实时对 DC/DC 功率变换器的输出功率进行调节，这是保证燃料电池不发生过电流的重要措施，也是车载 DC/DC 功率变换器的关键技术。当 DC/DC 功率变换器达到最大电流输出时，电压迅速下降，图 8-17 中 *CD* 段为恒电流段，其电流值决定 DC/DC 功率变换器的最大输出电流。

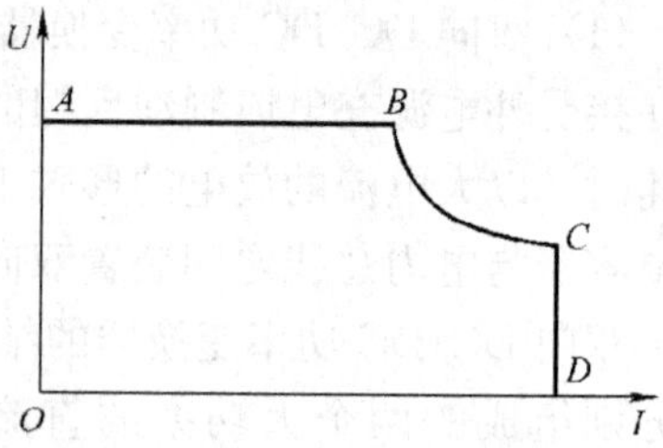

图 8-17　DC/DC 功率变换器的外特性

单向 DC/DC 功率变换器一般有两种结构：Boost 型功率变换器和全桥式功率变换器。

1）Boost 功率变换器。Boost 型 DC/DC 功率变换器电路原理如图 8-18 所示，由二极管 VD_1、开关管 V_1、储能电感 L_1 和输出滤波电容 C_1 组成。当 V_1 导通时，从输入端 AO 流入能量并储存于电感 L_1 中，由于 V_1 导通期间正向饱和管压降很小，二极管 VD_1 反偏，由滤波电容 C_1 提供变换器输出能量。当 V_1 截止时，L_1 中的电流不能突变，它所产生的感应电动势的极性为右正左负，感应电势阻止电流减小，VD_1 导通，电感 L_1 中储存的能量经二极管 VD_1 流入电容 C_1，并供给输出端 BO。如果开关管 V_1 周期性地导通和截止，则当开关周期不变，改变导通时间时，就能获得所需的上升的电压值。

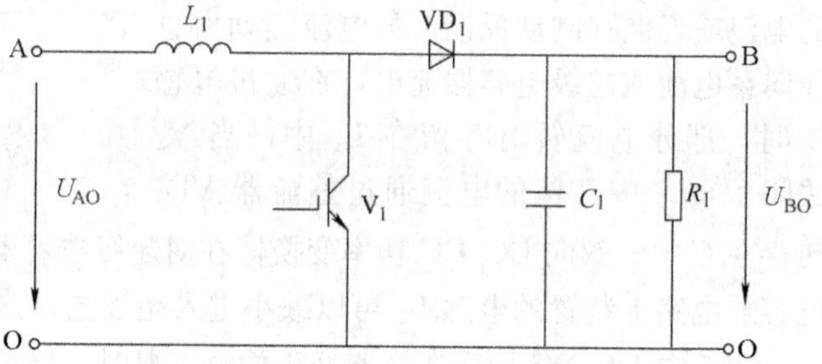

图 8-18　Boost 型 DC/DC 功率变换器原理图

C_1—电容　V_1—开关管　VD_1—二极管　L_1—电感

当开关管 V_1 导通时，其饱和压降为 2～3V。在 V_1 截止期间，二极管 VD_1 的压降为 1V 左右，所以 Boost 型 DC/DC 功率变换器的效率很高，可以达到 90%以上，而且具有器件少、电路结构简单的特点。

2）全桥式 DC/DC 功率变换器。与 Boost 电路相比，全桥式 DC/DC 功率变换器的输入和输出是通过变压器隔离的。由于变压器具有一定的频率响应带宽，在变换器输入端和变压器一次电路产生的部分高频干扰信号不能传输到变换器的输出端，因此全桥式结构具有较好的电磁兼容性能。

全桥式 DC/DC 功率变换器结构如图 8-19 所示，输入端用 4 个导通开关和 4 管整流器共

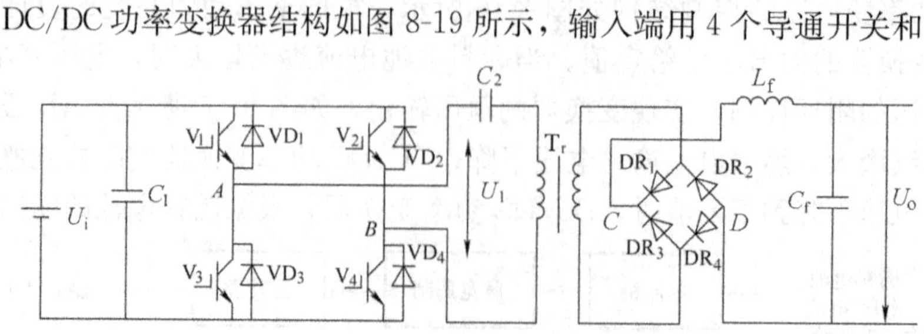

图 8-19　DC/DC 全桥变换器

C_1、C_2、C_f—电容　V_1、V_2、V_3、V_4—导通开关　VD_1、VD_2、VD_3、VD_4—整流二极管　T_r—高频变压器

DR_1、DR_2、DR_3、DR_4—4 管整流器　L_f—电感

同组成大功率 IGBT，中部为高频变压器 T_r，输出端用 4 个整流器共同组成整流部分。

① 电流转换。全桥式 DC/DC 功率变换器的第一部分为电流转换，将燃料电池输入的直流电通过 IGBT 转换为交流电。

在输入回路上并联电容 C_1，导通开关 V_1 先导通，在延迟一定的电位角后再导通 V_4，V_2 和 V_3 截止。V_1 和 V_4 轮流导通 180°电位角。此时电压 $U_1=U_{in}$。然后，V_2 先导通，在延迟一定的电位角后再导通 V_3、V_1 和 V_4 截止。V_2 和 V_3 轮流导通 180°电位角。此时电压 $U_1=-U_i$。通过对 4 个开关管的轮流导通，将产生交变电压和电流，在 A、B 两个点上可以得到交流方波电压和电流。

② 电压变换和整流。为了防止变压器的磁偏心，在交流方波电压一次电路中串联一个电容 C_2。将交流方波电压 U_1 输入到变压器 T_r 的一次电路中，变压器通过调节占空比来调节输出电压 U_o，控制和保持二次电路输出电压 U_o 的稳定。变压器的二次电路将保持稳定的输出电压 U_o 输送到一个 4 管整流器中，通过整流后在 C、D 两个点上可以得到一个直流电压。在 C、D 电路中加入由电感 L_f 和电容 C_f 组成的滤波器，将直流方波电压中的高频分量滤除，得到一个平直的直流电压。

燃料电池发动机输出的电流经过动力 DC/DC 功率变换器进行电流、电压变换后，为燃料电池汽车提供稳定的直流电源。

由于燃料电池发动机电压受温度的影响较大，另外起动时响应速度也较慢，直接用燃料电池发动机带动电动机起动有一定的困难，因此采用燃料电池与普通蓄电池组成的混合动力系统，以普通蓄电池组作为辅助电源，在起动时提供电能，并且在制动时回收再生制动反馈的能量。

燃料电池汽车中，除了上述三种 DC/DC 功率变换器外，还有对 DC24V 低电压电池进行充电的降压变换器。由于电压变比大，输出功率较小，因此降压变换器一般采用推挽式或半桥式的电路结构形式。

DC/DC 功率变换器与其他车载电气的电磁兼容性也是燃料电池电动汽车的关键技术。采用开关技术导致了 DC/DC 功率变换器产生宽频电磁噪声。例如频率为 20kHz 的开关电路，产生的电磁噪声频谱范围主要为 15kHz～5MHz。电磁噪声通过分布电容及电缆与电缆之间的互感进行传输，这会对电气控制系统的正常运行产生干扰。其预防措施应该从分系统级和设备级两个层次进行。分系统级措施的原理是为噪声信号在 DC/DC 功率变换器主电路与负载之间提供一条低阻抗的泄放回路，通过泄放回路来避免噪声信号通过公共地线对电气设备造成干扰。设备级措施主要包括：DC/DC 功率变换器主电路与控制电路的隔离；应用电源去耦电容以及控制电路板的合理布线。

三、DC/AC 功率变换器

1. DC/AC 功率变换器的功用

DC/AC 功率变换器是将直流电变换为交流电的装置，也称为逆变器（电源模块）。在使用交流电动机的电动汽车上，必须通过 DC/AC 功率变换器将蓄电池或燃料电池的直流电变换为交流电，才能驱动交流电动机工作。

2. DC/AC 功率变换器的分类及原理

逆变分为有源逆变与无源逆变，其概念如图 8-20 所示。有源逆变是把直流电逆变成与交流电源同频率的交流电馈送到电网中去。在逆变状态下，变换电路的交流侧如果不与交流电网连接，而直接与负载连接，则称之为无源逆变，其将直流电逆变成某一频率或可调频率的交流电直接供给负载。

无源逆变电路模块的典型产品有 SWG 系列 DC/AC 电源模块。此模块电源也称为铃流源，在通信交换设备中为用户话机提供振铃信号和工作电源，在通信系统中应用广泛。常见的还有输出为方波或正弦波的 4NIC-NB 系列 DC/AC 模块。DC/AC 无源逆变电路模块具有体积小、质量轻、噪声低、稳定性好、工作可靠的特点，而且转换效率高，谐波失真小，有自动稳频稳压性能，保护功能完善。电动汽车中使用的 DC/AC 多为无源逆变器，除电动汽车外，DC/AC 无源逆变电路模块主要用于航天、航海及通信系统等。

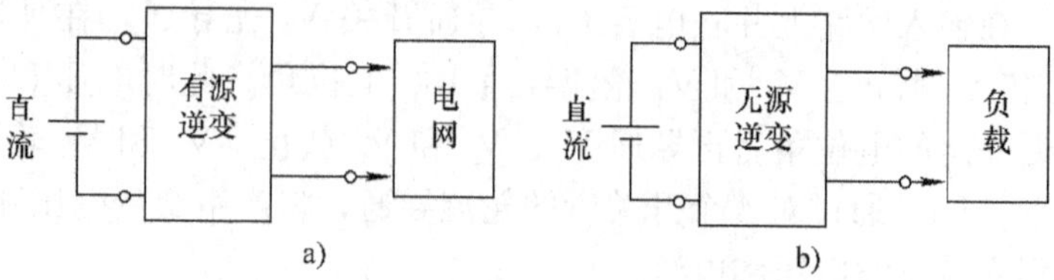

图 8-20 有源逆变与无源逆变的概念

a）有源逆变 b）无源逆变

四、AC/DC 功率变换器

AC/DC 功率变换器的功用是将交流电压转换成电子设备所需要的稳定直流电压。电动汽车中 AC/DC 功率变换器的功用主要是将交流发电机发出的交流电转换成直流电，提供给用电器或储能设备储存。

AC/DC 功率变换器由输入滤波电路、全波整流和滤波电路、DC/DC 变换电路、过电压和过电流保护电路、控制电路和输出整流电路组成。整流电路的功用是将交流电压变为直流脉动电压；输入滤波电路的功用是使整流后的电压更加平滑，并将电网中的杂波滤除以免对模块产生干扰。DC/DC 变换电路和控制电路实现直流电压的转换和稳压。保护电路的功用是在模块输入电压或电流过大时使模块关断，起到保护作用。为了解决整流后谐波畸变所导致的低功率因数问题，使模块效率进一步提高，越来越多的模块制造厂商在全波整流电路和 DC/DC 变换电路之间加入功率因数校正电路。

第四节 电动汽车制动能量回收系统

汽车在制动期间消耗了显著的能量，将 1500kg 车辆从 100km/h 的车速制动到静止，在几十米距离内约消耗了 0.16kW・h 的能量。如果能量仅消耗在克服滚动阻力和空气阻力而没有制动的惯性滑行中，则该车辆将行驶约 2km。当车辆在市区内以停车—起动形式行驶时，显著的能量消耗在频繁的制动上，将会导致大量的燃油消耗。

在典型的市区中，制动能量最高可达到总牵引能量的 25%以上。在美国纽约等大城市中，制动能量最高可达 70%。可以肯定地说，电动汽车的制动能量回收系统能显著改善电动汽车的燃油经济性。

电动机在切断电源之后，要在其本身及所带负载的惯性作用下旋转一段时间之后才能停止，这就给电动机制动过程提供了可利用的剩余能源。在机械式制动时，大量的能量被消耗，若能在此时将电动机的状态改变为发电状态，将发电机发出的电能储存于电池之中，即在制动的同时，将一部分能量转换为电池能量，这样既可以减小机械制动系统的损耗，又能提高整车能量的使用效率，达到节约能源和提高电动汽车续驶里程的目的。

由于回收制动发电仅能起到稳定运行的作用，设计时应全面综合地考虑回收制动发电的应用情况，例如制动时、高速运行时、低速运行时、下坡滑行时等多种场合，对不同场合应采用不同的对策。

电动汽车制动能量回收发电系统能充分发挥电动汽车的优点，把制动、高速运行、减速运行、下坡滑行等状态下的部分能量转化为电能反充给蓄电池，从而有效地利用能源，提高了电动汽车的续程里程，这是传统的燃油汽车所不能相比的。

一、制动能量回收系统的基本原理

1. 泵能原理

一般来说，制动能量回收系统发电电压总是低于蓄电池电压，因此为了使制动能量回收发电系统发出的电能充入蓄电池，必须采用专门的控制系统。所谓泵能，即为由低压向高压充电，其工作原理如图 8-21 所示。图中电池电压为 U，电容电压为 U_C，当 $U<U_C$ 时，对电容的充电电流为 i_C，电感电流为 i_L。

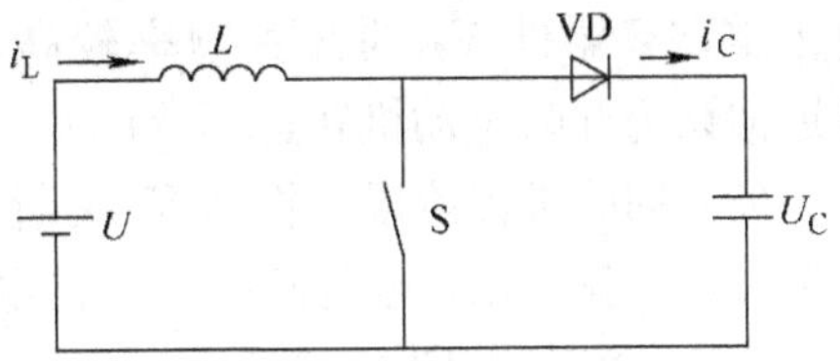

图 8-21　泵能原理图

当开关 S 闭合瞬间，有

$$U-L\frac{\mathrm{d}i_L}{\mathrm{d}t}=0 \tag{8-1}$$

$$i_L=\int_0^{t_1}\frac{U}{L}\mathrm{d}t \tag{8-2}$$

当开关 S 断开瞬间，有

$$U+L\frac{\mathrm{d}i_L}{\mathrm{d}t}-U_C=0 \tag{8-3}$$

$$i_L=\int_{t_1}^{t_2}\frac{U_C-U}{L}\mathrm{d}t \tag{8-4}$$

因为 $U<U_C$，所以 $i_L>0$，低压向高压的充电过程可以实现。

2. 能量回收系统工作原理

根据上述原理，设计出电动汽车的制动能量回收系统，其电路原理如图 8-22 所示。电路由两个 IGBT 器件 V_1 和 V_2、电阻 R、电动机 M、电感 L 等组成。图 8-21 中 S 的功能由 IGBT 器件执行，由控制单元控制 IGBT 的开启和关断。电动汽车正常行驶时，V_1 管导通，V_2 管关断，工作回路为 $ABCDEA$。当驾驶员需要制动减速而放松加速踏板时，V_1 和 V_2 均关断，电流通过 VD_2 续流，此时电流通过 $CDFGC$ 回路转化为热能消耗，如图 8-23a 所示，由于汽车的惯性，电动机

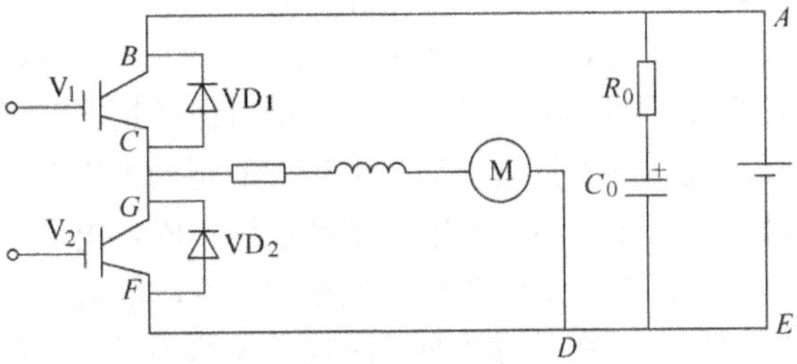

图 8-22　制动能量回收系统原理

此时工作于发电状态，电池电流反向，此时 V_1 关断，V_2 导通，电流流过 V_2 构成回路，如图 8-23b 所示。经过 T_{on}时间后，V_2 管关断，形成回路 *EDCBAE*，如图 8-23c 所示，电能反充回蓄电池。

制动能量回收的过程可分为以下三个阶段：

（1）续流阶段　此时电动汽车开始减速，控制 V_1、V_2 关断，电动机电感中的电能经 L-VD_2-R 消耗一部分，如图 8-23a 所示。

（2）电流反向阶段　由于电动汽车的惯性，电动机继续同向运转，电动机处于发电状态，电流反向为 GFD，由于 IGBT 器件 V_2 的开关频率较高，可近似认为此时电动机转速不变。

（3）回收馈能阶段　控制 V_2 关断，由于 L 的续流作用，电流通过 VD_1 向电池充电，回路变为 *EDCBAE*。

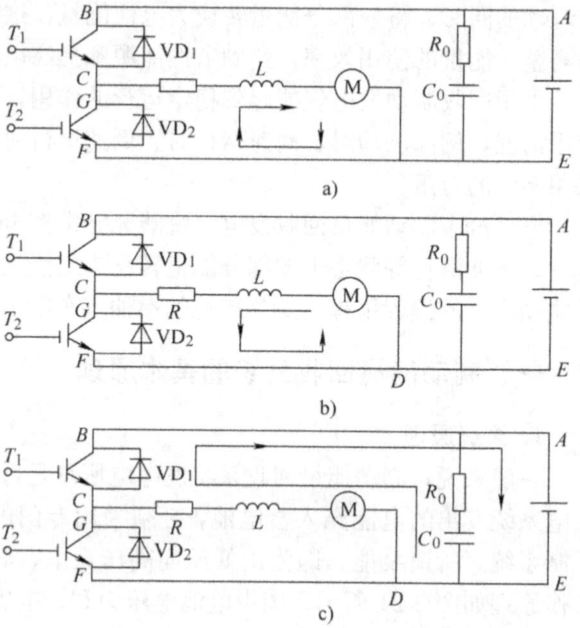

图 8-23　制动能量回收过程

a）V_1、V_2 关断　b）V_1 关断、V_2 导通　c）V_1 导通、V_2 关断

电动机反复工作于第二、二阶段，直至驾驶员踩下加速踏板或电动汽车停止行走为止。

二、电动汽车的制动能量回收系统

制动能量回收系统是电动汽车所独有的，它将减速制动（制动或者下坡）时汽车的部分动能转化为电能，并且把转化的电能储存在各种储能器中，如各种蓄电池、液压储能器、超级电容和超高速飞轮等，最终达到增加电动汽车行驶里程和降低运行成本的目的。如果储能器已经被完全充满，制动能量回收就不能起到制动作用，所需的制动力就只能由常规的液压制动系统来提供。由于制动能量回收系统是和液压制动系统一起工作的，所以二者合称为制动能量回收-液压制动混合系统。现在几乎所有的电动汽车都安装了制动能量回收-液压制动混合系统，制动能量回收-液压制动混合系统的功用是节约制动能源、回收部分制动动能，并为驾驶员提供常规制动性能。

当汽车减速或驾驶员放松加速踏板行驶，以及踩下制动踏板停车时，制动能量回收系统就会启动。正常减速时，制动能量回收的力矩通常保持在最大负荷状态。当电动汽车高速行驶时，其驱动电动机一般是在恒功率状态下运行，驱动力矩与驱动电动机的转速或者汽车速度成反比。因此，恒功率下驱动电动机的转速越高，制动能量回收的能力就越低。另一方面，当踩下制动踏板时，驱动电动机通常运行在低速状态，而低速时电动汽车的动能不足以为驱动电动机提供能量来产生最大的制动力矩，因而制动能量回收能力也就会随着车速降低而减小。与传统燃油车中的制动系统不同，电动汽车的制动能量回收力矩通常不能提供足够的制动减速度，所以在电动汽车中，制动能量回收系统和液压制动系统通常共同存在。应该注意的是，只有当制动能量回收已经达到了最大制动能力，但是还不能满足制动要求时，液压制动系统才起作用。

制动能量回收-液压混合制动系统是电动汽车所独有的，制动能量回收制动与液压制动之间的协调问题非常重要，一般应该考虑满足以下四方面的要求：

1）液压制动力矩应该可以根据制动能量回收力矩的变化进行控制，使驾驶员在制动时有平顺感，最终获得所希望的总力矩。并且液压制动的控制不应引起制动踏板的冲击，以免引起驾驶员产生不正常的感觉。

2）前后车轮上的制动力必须很好地进行平衡分配，以使汽车能够稳定地制动。

3）为了防止汽车发生滑移，加在前后轮上的最大制动力应该低于允许的最大值（主要由滚动阻力系数决定）。

4）由于在电动汽车上没有发动机驱动的液压泵，所以需要一个电动泵来提高液压。液压制动力矩是电控的，将产生的液压传到制动轮缸上，因此制动能量回收-液压制动系统需要设计防止制动失效的机构。系统一般采用双管路制动，当其中一条管路失效时，另一条管路必须能提供足够的制动力，以提高系统的可靠性，满足安全标准。

为了实现上述要求，制动能量回收-液压混合制动系统的组成如图 8-24 所示。在图中，粗线表示液压连接，细线表示电气连接，虚线表示控制信号连接，线上的箭头表示电功率和控制信号流动的方向。当驾驶员踩下制动踏板后，电动泵使制动液增压产生所需的制动力。制动控制子系统与电动机控制子系统协同工作，确定汽车前后轮上的液压制动力。回收制动能量时，制动能量回收控制系统回收制动能量，并且反充到蓄电池中。电动汽车上的 ABS 及其控制阀与传统燃油车上的相同，其作用是产生最大的制动力。

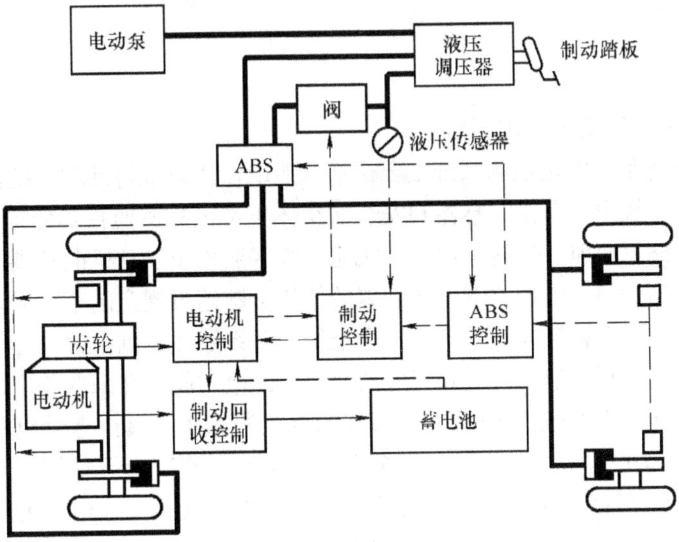

图 8-24　制动能量回收-液压混合制动系统的组成

电动汽车上的总制动力矩是制动能量回收力矩与液压制动力矩之和，两者之间的分配比例关系如图 8-25 所示。其目的是保持最大制动能量回收力矩的同时，为驾驶员提供与燃油车相同的制动感。当制动踏板力较小时，只有制动能量回收力矩施加在驱动轮上，并且与制动踏板力成正比；而非驱动轮上的制动力由液压制动提供，液压制动力也与制动踏板力成正比。当制动踏板力超过一定值时，最大制动能量回收力矩和液压制动力矩全部加在驱动轮上，以获得所需的制动力矩。因而最大制动能量回收力矩可以保持不变，以便能完全回收汽车的动能。

在整个制动过程中，汽车的动能不可能完全转换为储能器的充电电能。电动汽车采用制动能量回收后实际能回收的能量与汽车的行驶状态和制动能量回收-液压混合制动系统的结构特点等有关。现代电动汽车采用制动能量回收后能节省将近20%的能量。制动能量回收时所损失的能量包括滚动阻力损失、空气阻力损失、电动机损失、转换损失、制动系统损失及充电损失等。

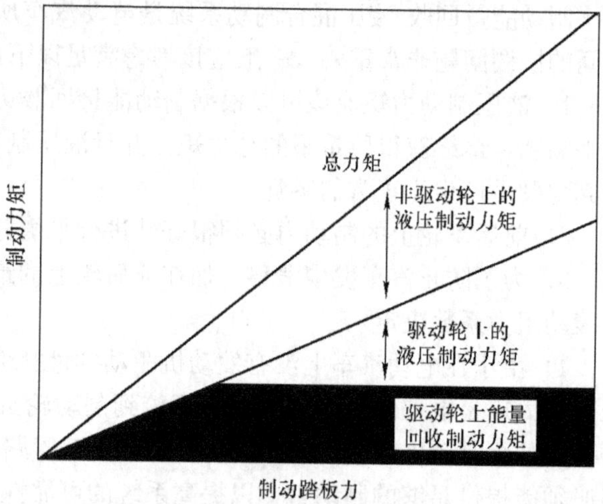

图8-25 制动能量回收力矩与液压制动力矩的分配

制动能量回收制动系统一般都需要一个回馈能量制动力和汽车制动系统制动力的协调系统。另外，采用车桥间电子制动力分配（Electronic Brake force Distribution，EBD）和电子控制制动系统（Electronically Controlled Brake System，ECB）等技术，可提高制动能量的回收比例。

第五节 燃料电池汽车氢安全系统

一、氢安全系统

1. 燃料电池汽车氢安全控制系统

燃料电池汽车整车氢安全控制系统主要包括氢泄漏监测及报警处理系统。燃料电池汽车内安装的氢泄漏监测系统由4个氢传感器和安装在车体下部的一套监控器组成，4个氢传感器分别安装在车顶部的储氢瓶舱、燃料电池发动机舱、乘客舱以及发动机散热器附近，实时检测车内氢的体积分数。当任何一个传感器检测到氢的体积分数超过规定的范围时，监控器会发出声光报警信号，并通知安全报警处理系统。安全报警处理系统接收到报警信号时，启动声光报警系统，驾驶员则关闭燃料电池发动机和氢气瓶组出口的电磁阀，并采取相应的处理措施。

燃料电池汽车上的氢安全处理系统中所用的继电器采用防爆固态继电器，氢检测传感器则采用防爆型的。为了确保安全，当氢安全系统报警时，汽车上严禁使用可能引起电弧的用电装置。燃料电池汽车存有氢气时，车内严禁进行可能引起火花、电弧的操作。

为了保证行车安全，燃料电池汽车车体底部设有接地导线，可以将加氢时及汽车行驶过程中产生的静电泄放回大地。

2. 燃料电池汽车车库的氢安全系统

车库是存放燃料电池汽车的场所，设置车库的氢安全控制系统十分必要。而且还应采取防爆和防静电措施以及制定严格遵守的氢安全操作规程等。

（1）车库氢安全控制系统　车库氢安全控制系统主要包括氢泄漏监测及报警处理系统以及能自动送、排风的设施等。燃料电池汽车车库内的氢泄漏监测系统由安装在车库顶部的多个氢传感器和安装在控制室的一套监控器组成。各个传感器实时检测车库内氢的体积分数，当有任何一个传感器检测到氢的体积分数超过规定范围时，监控器就会发出相应的声光报警信号，同时通知安全报警处理系统采取相应的安全措施。报警处理系统接收到报警信号后，启动车库外声报警系统，并打开车库上部的换气窗，开启排风机排风。

（2）氢安全操作规程　必须制定严格的氢安全操作规程，并在燃料电池汽车进、出库及调试过程中严格遵守，以确保安全。操作规程主要有：发动机起动前，对管路必须进行气密性检查；严禁在车库内对燃料电池汽车进行大规模的加氢操作；雷雨天气禁止做氢气系统调试及实验等。

二、燃料电池电动汽车的安全系统

1. 氢气监测系统

由于燃料电池电动汽车的燃料大多是氢气，而氢气的泄漏是十分危险的，所以在设计燃料电池电动汽车时，必须考虑到安全性的问题。一般来说，解决方案有两种：①从制造的角度考虑，制造或选用不易泄漏的氢气供给系统。②从监测的角度考虑，实时监测泄漏情况。监测泄漏的方法是在汽车上安装氢传感器报警系统。丰田 FCHV 燃料电池汽车的氢气传感器的布置示意图如图 8-26 所示。整车共有 4 只氢传感器，分别用于监测车内、氢气瓶、燃料电池组等处的氢气泄漏情况。当任何一个氢传感器检测到氢气泄漏时，会立即向控制单元发出报警信号。

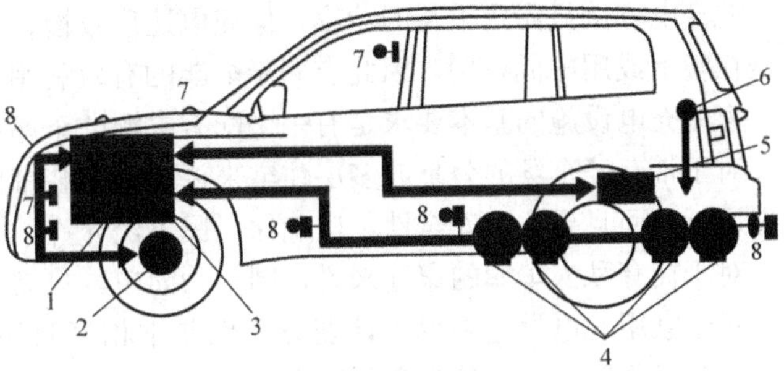

图 8-26　丰田 FCHV 燃料电池汽车的氢气传感器及碰撞传感器的布置示意图

1—动力控制单元　2—电动机　3—电池组　4—高压氢气瓶　5—蓄电池　6—加气口　7—氢传感器　8—碰撞传感器

2. 撞车保护装置

为了使燃料电池电动轿车在发生撞车事故时能及时切断气源和高压电源，燃料电池汽车通常还要安装碰撞传感器，安放位置如图 8-26 所示。此外，燃料电池汽车的车架一般都采用了特殊的结构来提高撞车的安全性，本田 FCX 的燃料电池汽车纵梁结构如图 8-27 所示，即为防撞车架的典型实例。此结构的特点是从侧面碰撞时，地板梁可吸收能量，减少驾驶室变形和对燃料电池系统的影响；从前面碰撞时，前纵梁可吸收能量，减少驾驶室变形，从而降低事故的危险性。

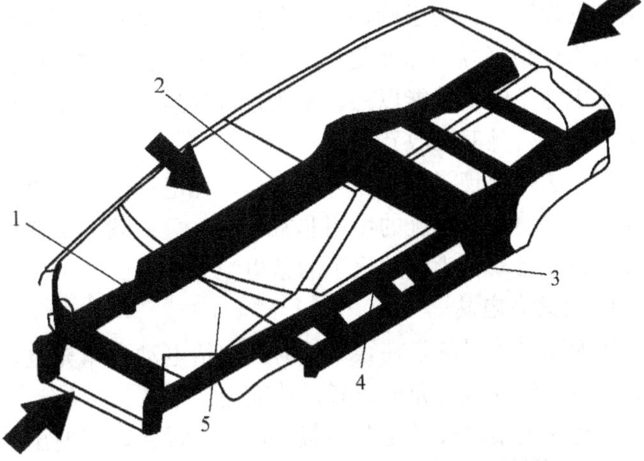

图 8-27　本田 FCX 燃料电池汽车的纵梁结构

1—前纵梁　2—地板梁　3—侧门框　4—横悬梁　5—横梁

采用车载高压氢气储存技术的燃料电池汽车带有高压氢气瓶，高压氢气瓶在撞车时一旦出现破损，后果不堪设想。为了避免恶性事故的发生，除了选用高强度的气瓶外，还要在设计时从汽车的结构上保证尽量减少撞车时对气瓶的冲击，保护高压氢气瓶。

第六节 电动汽车的基础设施

一、家用充电设施

对于需要为电动汽车充电的用户来说，在家里充电是最可取的充电方式，因为操作非常简单方便，只需将车载充电器的插头插到停车场或其附近的电源插座上即可进行充电。一个晚上就能将蓄电池充满，且汽车的行驶里程便可超过 100km。

此充电方法只需几千瓦的功率，但充电速度较慢，充电时间通常为 5～8h。在家充电通常是在晚上或用电低谷期，因此有利于电能的有效利用。

家用充电设施的基本要求是有一个配有电源的车库或停车场地。

对于带有停车场的公寓或多层住宅来说，可安装带保护回路的室外电源插座，保证能够独立运行；而且要注意安全性，应确保居民不经允许，不得靠近电源插座。

对于拥有私人车库的家庭来说，则更为简单，只需安装一个专用的充电电源插座即可。

对于家用充电设施来说，计费方式也非常相当简便，可以把电动汽车视为一种用电设备，直接采用现有的计价表和收费方法。

所以总的来说，由于不需要额外的装置和其他贵重的仪表，家用充电方式相应的初始成本比较低。

二、公共充电设施

公共充电设施就是一些公共充电站。公共充电站应该分布广泛，以保证电动汽车用户能够随时为电动汽车充电。相对于家用充电系统来说，发展公共充电系统的难度要大得多，因为要考虑很多因素，如用电安全性、天气情况、电动汽车的种类、蓄电池的类型、适于建设充电站的地区等。为了确保一个公用充电站适用于不同品牌和型号的电动汽车，建设充电站时，应当以相当高的标准化程度来设计电动汽车的辅助设施。另外，除了蓄电池充电器能实现给蓄电池充电的功能以外，基础设施还应具有其他一些功能，如识别授权的客户、显示蓄电池的容量、计时和收费等。

现在法国出现了用于电动汽车自动充电的感应式充电器，并由 Praxitele 协会负责监测。这种泊车自动充电系统的使用非常简单，只要驾驶员确保将汽车正确地停在车位上，充电系统就会自动启动，为电动汽车的蓄电池充电。

1. 快速充电站

快速充电的目的是在很短的时间内给电动汽车充电，充电时间应该与燃油车的加油时间接近，也被称为应急充电或者迅速充电。

快速充电站的关键是非车载快速充电设备，其输出的功率能够达到 35kW 甚至更高，相应的额定充电电压和电流分别为 45～450V 和 20～200A。由于具有如此高的额定功率和电流，因此这种充电设施被建在检测站或服务中心。快速充电的充电时间很短，20min 左右的时间即可充到蓄电池容量的 80％。这意味着每充电 1min，就可使电动汽车的行驶里程增加 8km。如果沿途有足够多的快速充电站，电动汽车总的行驶里程就会大大增加。电动汽车上的电池监测回路和充电站的快速充电组件之间应该有交流信号来实时监测蓄电池的状态，以避免蓄电池出现过充和过热，同时可以在线调整充电电流的大小。与普通充电站不同，快速充电站的典型电缆线由相线、零线、地线、控制线和通信电缆线组成。

显而易见，快速充电站是为电动汽车提供快速充电设施的场所。但是，快速充电的使用要受蓄电池充电特性的影响，因为在短时间内接受大量的电量会导致蓄电池过热，所以普通蓄电池不能进行快速充电。尽管快速充电站使得电动汽车有可能获得与燃油车相近的行驶里程，但是还有许多需要完善的地方。最主要的不足是它们给电力系统带来的负面影响，如谐波污染、用电高峰期的高电流需求等。对于电力部门来说，他们希望大量的电动汽车在夜间或用电低谷时充电，以此来提高电力设备的使用率，增加用电量。目前正在进行研究这些负面影响的解决方案，如为在一定程度上抑制谐波污染，可采用重新布置蓄电池充电、安装功率有源滤波器、采用新的拓扑蓄电池充电器等方法，而采取高税费的办法则可减少快速充电的使用。

2. 短时充电站

短时充电站可以在电动汽车停车的几十分钟至数小时内，为其提供短时充电服务，通常建在医院、停车场、学校、购物场所、娱乐场所、飞机场、火车站、会议中心、运动场馆和旅游胜地等。例如，电动汽车可能会在火车站附近停放 1/2h，电影院和饭店附近 2h，旅游景点几个小时等。

人们通常希望白天工作时把车停在普通的充电站，或者夜间在家里，充电 5～8h 把电动汽车充满电。但是由于受到各种因素的影响，期望电动汽车总是充满电行驶是不现实的。例如有些电动汽车白天和晚上都要使用，没有较长的停放时间用来充电，因此每次充电的时间都很短，都不可能使电池充满，或者有的电动汽车每天需要行驶很长的里程。

这种短时充电不是短时停车期间就把电池充满。相反，这只是增加蓄电池可用容量的机会，或者只是增加电池的储备能量而已。在短时充电站使用中等电流充电 1h，可以使电动汽车的行驶里程增加 40km。

3. 正常充电站

正常充电站是为带车载充电器的电动汽车设计，采用正常充电电流充电。这类充电站一般分布在居民区或工作场所附近，在这些地方电动汽车的停放时间比较长，一般来说能达到 5～8h。

正常充电站的设计规模一般比较大，可以同时为很多电动汽车用正常充电电流进行充电服务。使用时，电动汽车驾驶员只要将车停放在充电站指定的位置，把电线连接上就可以充电。正常充电站的电源插座是专门设计的，在充电过程中插头具有锁止保护功能。充电线路通常由相线、零线、地线和控制线 4 根连接导线组成，从单向系统中获得电能。

三、其他类型的充电方式

1. 移动式充电区

移动式充电（MAC）就是汽车在路上行驶时充电，对电动汽车蓄电池来说，这是最理想的充电方式。

移动式充电的优点是：电动汽车驾驶员不必再去寻找充电站、停放汽车并专门花费时间去充电了。MAC系统埋设在一段路面之下，不需要额外的空间，此即为充电区。

移动充电系统可以采用接触式或者感应式的充电方式。接触式的移动充电系统需要在车体的底部装一个接触拱，接触拱通过与嵌在路面上的充电元件相接触而获得瞬时高电流。当电动汽车通过MAC区时，即可进行充电，其充电过程为脉冲充电。

对于感应式的移动充电系统，感应线圈取代了车载式接触拱，嵌在路面上的充电元件则由可产生强磁场的高电流线圈所取代。可以看出，接触式的MAC由于机械损耗和接触拱的安装位置等因素的影响，应用受到限制。当前对MAC系统的研究主要集中在感应充电方式上，因为它不需要机械接触，也不会产生大的位置误差，使用起来简单便捷。但是这种充电方式的投资巨大，目前仍处于实验阶段。

2. 蓄电池更换站

除了即时给蓄电池充电外，还可以采用更换电池组的方式来使电动汽车获得续驶里程。也就是在蓄电池电量耗尽时，用充满电的电池组来进行更换。

蓄电池归服务站或电池厂商所有，电动汽车用户只是租用其电池。更换蓄电池的工作原理如图8-28所示，其过程是：电动汽车驾驶员把车停放在一个更换站指定的特定区域，然后由更换蓄电池组的专用机器将耗尽的蓄电池组取下，换上已充满电的蓄电池组。对于更换下来的电量耗尽的蓄电池组，可以直接放在更换站充电，也可以集中收集起来等以后再充电。通过使用机械设备，整个电池更换过程可以在10min内完成，与现有的燃油车加油时间大致相当。由于电池更换过程包括机械更换和蓄电池充电，因此也称它为机械“加油”或机械充电。

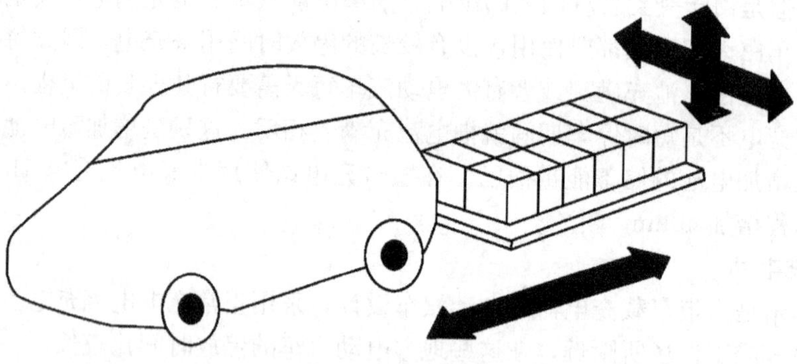

图8-28 蓄电池更换原理

蓄电池更换站可以用低谷电给蓄电池充电，又能在很短的时间内完成蓄电池的更换过程，可以说它同时具备正常充电站和快速充电站的优点。

但是，此种方式还存在一些有待于解决的问题。例如：由于存放大量电能耗尽的和已充电的蓄电池需要很多空间，因此修建一个蓄电池更换站所需空间远大于修建一个正常充电站或快速充电站所需的空间；其次，由于需要装备大量的蓄电池和昂贵的机械装置，导致很高的资金投入，所以这种电池更换系统的初始成本很高；最后，在蓄电池自动更换系统得到大量应用之前，需要对蓄电池的物理尺寸和电气参数制订统一的标准，以保证其通用性。尽管存在比较多的问题，这种蓄电池更换系统已得到小规模的应用，开始为几个电动汽车队更换锌/空气电池，预计其会有很好的发展前景。

参考文献

[1] 上海市石油学会．车用燃气加气站建设［M］．北京：中国石化出版社，2001.
[2] 郑耀鹏，等．燃气汽车［M］．乌鲁木齐：新疆科技卫生出版社，2002.
[3] 陈礼番，杜爱民，陈明．汽车节能技术［M］．北京：人民交通出版社，2005.
[4] 刘玉梅．汽车节能技术与原理［M］．北京：机械工业出版社．2008.
[5] 边耀璋．汽车新能源技术［M］．北京：人民交通出版社，2003.
[6] 崔心存．车用替代燃料与生物质能［M］．北京：中国石化出版社，2007.
[7] 李代广．氢能与氢能汽车［M］．北京：化学工业出版社，2009.
[8] 胡骅，宋慧．电动汽车［M］．北京：人民交通出版社，2006.
[9] 李兴虎．电动汽车概论［M］．北京：北京理工大学出版社，2005.
[10] 陈全世，仇斌，谢起成，等．燃料电池电动汽车［M］．北京：清华大学出版社，2005.
[11] 张金柱．混合动力汽车结构、原理与维修［M］．北京：化学工业出版社，2008.
[12] 吴铁庄．电动车辆及其使用与维修［M］．北京：人民邮电出版社，2002.
[13] 陈清泉，孙逢春．现代电动汽车技术［M］．北京：北京理工大学出版社，2002.
[14] 舒曼诺斯基．混合电动车辆基础［M］．陈清泉，孙逢春，译．北京：北京理工大学出版社，2001.
[15] 万沛霖．电动汽车的关键技术［M］．北京：北京理工大学出版社，1998.
[16] 中国汽车技术研究中心，等．2011 节能与新能源源汽车年鉴［M］．北京：中国经济出版社，2012.
[17] 崔胜民．新能源汽车技术［M］．北京：北京大学出版社，2009.
[18] 董海波．燃气汽车结构原理与维修［M］．北京：机械工业出版社，2004.